LA FAMILLE CATHOLIQUE DU XIXe À AUJOURD'HUI

Du même auteur

Les catholiques face au handicap (XXe-XXIe siècle). À la confluence du politique et du spirituel, Paris, Éditions du Cerf, 2021 (avec Cédric Landron).

Monseigneur Gabriel Matagrin (1919-2004). Plongée au cœur du politique et du spirituel, Paris, Éditions du Cerf, 2018.

Thérèse Cornille. Une femme de foi et d'engagement, Bruyères-le-Châtel, Éditions Nouvelle Cité, 2018.

Le cardinal Marty (1904-1994), Paris, Éditions du Cerf, 2017.

À la droite du Christ. Les catholiques traditionnels en France depuis le concile Vatican II, 1965-2015, Paris, Éditions du Cerf, 2015.

Le catholicisme français au rythme du chant et de la musique (XXe-XXIe siècle), Paris, Éditions Parole et Silence, 2014.

1875-1970, L'université catholique de l'Ouest. Enracinement et ouverture, Angers, Éditions CLD, 2012.

La vie chrétienne dans les prisons de France au XXe siècle, Paris, Éditions du Cerf, 2011.

Le catholicisme vert. Histoire des relations entre l'Église et la nature au XXe siècle, Paris, Éditions du Cerf, 2008.

Les communautés nouvelles. Nouveaux visages au catholicisme français, Paris, Éditions du Cerf, 2004.

OLIVIER LANDRON

LA FAMILLE CATHOLIQUE DU XIXe À AUJOURD'HUI

au prisme du politique

LES ÉDITIONS DU CERF

www.editionsducerf.fr
24, rue des Tanneries
75013 Paris

ISBN : 978-2-204-15830-5

À mes parents, Pierre et Chantal
à mon épouse, Anne-Sophie,
et à nos enfants, Cyprien, Marie-Laetitia et Clémence.

Introduction

Dès l'origine, l'Église a marqué un grand intérêt pour la famille, héritière en cela du judaïsme. La question familiale a toujours revêtu une dimension politique. C'est la raison pour laquelle les catholiques ont réfléchi au thème de la famille en relation étroite avec la Cité. Cette étude porte essentiellement ici sur la France, sans exclusivité néanmoins. Elle s'appuie aussi sur des sources d'archives variées, non exploitées jusque-là. Dans le monde catholique, le mariage, défini comme un sacrement, a servi de cadre au développement de la famille. Dès la fin du XIXe siècle, le catholicisme français s'est montré très dynamique pour promouvoir la famille. Dans son esprit, cette défense de l'univers familial était très liée à l'effondrement démographique de la France qui avait connu une accélération dès les années 1830. Cette situation est vite devenue une spécificité française car ses voisins européens n'étaient pas touchés par ce phénomène malthusien à cette époque. Pendant très longtemps, la préparation au mariage a été négligée dans l'Église catholique en France et au fond, elle n'a fait l'objet d'une attention sérieuse qu'au XXe siècle. En 1902, l'abbé Viollet, à travers les Œuvres du Moulin vert, est venu en aide matériellement aux familles. En 1918, en donnant naissance à l'Association du mariage chrétien (AMC), il a promu le mariage, estimant qu'il était trop souvent le parent pauvre de l'action pastorale.

Dans l'entre-deux-guerres, en fondant les Équipes Notre-Dame, l'abbé Henri Caffarel a mis l'accent sur la dimension spirituelle du couple, alors que jusque-là, il était limité à la procréation et à l'éducation des enfants, selon la définition que la théologie thomiste lui avait donnée. Dans les années 1960 et à la suite du concile Vatican II, le mariage a pris une autre dimension puisque l'alliance entre l'homme et la femme a davantage été comprise comme un don mutuel. Désormais, pour nombre de théologiens moralistes, la relation au sein du couple devenait un élément central, même si la procréation et l'éducation restaient l'une de ses raisons d'être. Dans la seconde partie des années 1960, la loi Neuwirth (1967), autorisant la pilule contraceptive, et la publication de l'encyclique *Humane Vitae* (1968) ont créé une fracture entre l'Église catholique et une partie de la société française, le texte de Paul VI étant mal reçu en Occident. Cette encyclique a parfois été considérée comme liberticide en raison de son refus de la pilule contraceptive. *Humanae Vitae* a aussi divisé les catholiques. En effet, la mouvance de gauche, qualifiée de progressiste, a désavoué Paul VI, alors que l'aile droite de l'Église représentée par les Associations familiales catholiques (AFC) et le Centre de liaison des équipes de recherche (CLER) s'était rangée du côté du pape. Tout comme la liturgie a profondément divisé le catholicisme français à partir des années 1970, il en a été de même pour la famille. Les évêques français ont cherché à atténuer la portée d'*Humanae Vitae* concernant son refus de la contraception chimique en publiant une *Note pastorale*. Concernant l'avortement et son autorisation par la loi Veil en 1975, voulue par Valéry Giscard d'Estaing pour que, disait-il, la France soit en adéquation avec la modernité, les catholiques se sont aussi divisés. L'IVG (Interruption volontaire de grossesse) a fait l'objet de tensions entre Rome et une partie de l'épiscopat français qui a été assez timorée lorsqu'il s'est agi de la condamner. En effet, le cardinal François Marty, sans approuver le docteur Michel Chartier, qui pratiquait des avortements à l'hôpital Notre-Dame de Bon Secours, ne l'avait pas non plus condamné. Il fallut une sévère mise au point de Paul VI pour que l'archevêque de Paris et plus largement l'épiscopat français rejettent plus fermement l'IVG.

Les années 1970 et 1980 ont été marquées par une explosion du nombre de divorces et donc par une fragilisation des couples. L'Église catholique a cherché des remèdes pour les consolider davantage en réformant la préparation au mariage. Mais sa mise en œuvre s'est révélée difficile. Des années 1970 aux années 2000, la pastorale n'a pas su sensibiliser les paroisses et leurs curés aux enjeux de la famille. Ces difficultés étaient parfois dues à la mésentente entre l'épiscopat français et les mouvements familiaux. Deux ont eu maille à partir avec des évêques français, à l'image des Centres de préparation au mariage (CPM) et des AFC. Les premiers étaient accusés par certains évêques français d'avoir un faible ancrage théologique, alors que les secondes se voyaient critiquées pour leur grande proximité avec les partis de droite et leur propension à manifester publiquement contre l'avortement, le Pacs et le mariage pour tous. La volonté des AFC d'investir l'espace public était souvent mal perçue par un épiscopat français lorsqu'il s'agissait de descendre dans la rue, de peur d'être associé à des partis de la droite identitaire. Dans les années 1980, un archevêque comme Mgr Jacques Jullien, à la tête du diocèse de Rennes, ne s'était pas fait prier pour dénoncer ce qu'il appelait une récupération politique. Sollicité pour prendre part aux manifestations organisées par les AFC, il a toujours refusé.

Au début des années 2010, le projet de loi sur le mariage pour tous a opéré des dissensions au sein des évêques français, ainsi que chez les fidèles. Les catholiques sensibles à la démarche de la Manif pour tous n'ont pas compris que peu de membres du clergé acceptent de participer aux manifestations qui dénonçaient le mariage homosexuel. Le clivage entre les partisans et les opposants au mariage pour tous était tout autant religieux que politique. Les adversaires des unions homosexuelles étaient des catholiques conservateurs qui votaient clairement à droite et qui appartenaient à la « génération Jean-Paul II ». Ils étaient aussi très opposés à la théorie du genre. L'annonce de la conférence de la philosophe Fabienne Brugère, qui devait être organisée en 2014 à la CEF (Conférence des évêques de France) par Monique Baujard, directrice du Service national Famille et société, et soutenue par Mgr Brunin, président du Conseil famille et société, a semé le trouble et même le mécontentement chez les catholiques identitaires. Cette universitaire avait promu la théorie du genre en France et avait notoirement défendu le mariage pour tous. Sa conférence fut annulée sous la pression des catholiques traditionnels et identitaires qui ne comprenaient pas la démarche de l'épiscopat français, alors qu'ils avaient subi une défaite avec le vote en faveur du mariage pour tous, perçu comme le prolongement de la théorie du genre. En 2022, la loi ouvrant la Procréation médicalement assistée (PMA) à toutes les femmes, y compris célibataires ou lesbiennes, a également été vécue comme un camouflet par les catholiques classiques et conservateurs. Elle concluait, selon eux, une longue série de défaites qui avait commencé en 1967 avec la loi Neuwirth autorisant la contraception.

Soutenues par la gauche et une partie du centre, ces lois qui se voulaient en accord avec l'évolution des mœurs sont apparues aux yeux des catholiques identitaires comme un ensemble d'échecs avec une forte connotation politique, marquant un net recul de l'Église catholique sur la société française. Ces nouvelles législations, portant sur des thématiques allant de la contraception à la PMA en passant par l'avortement, ont profondément divisé les catholiques français. Elles ont également instauré des tensions palpables sous les pontificats de Paul VI, Jean-Paul II et Benoît XVI entre Rome et l'épiscopat français, dont une grande partie est restée silencieuse, peu encline à intervenir dans le champ politique, par crainte d'être assimilée aux partis de la droite nationale.

Ces quelques mises en perspective nous amèneront à nous poser la question suivante : comment l'Église en France a-t-elle pris en compte la famille dans sa pastorale et de quelle façon, plus largement, les catholiques se sont-ils situés face aux grandes évolutions sociétales qui ont influencé les structures familiales à l'époque contemporaine ? Cela nous conduira à analyser successivement les points suivants : le regard de l'Église sur la sexualité des origines au début du XXe siècle, le mariage catholique et la pastorale familiale, l'attitude de l'Église face à la contraception, ses réactions face à l'avortement, le divorce et les divorcés remariés, l'engagement des catholiques et la politique familiale, enfin les réflexions de l'Église catholique au sujet des changements sociétaux et de la bioéthique.

1

Le regard de l'Église catholique sur la sexualité, des origines au début du XXe siècle

L'Antiquité

Sous l'Antiquité, l'existence du mariage revêtait deux formes. Dans le premier cas, de loin le plus répandu, il supposait plusieurs étapes. C'était valable pour le peuple juif. Dans cette société, le mariage consistait en trois ou quatre étapes qui pouvaient s'étaler sur plusieurs années. Il pouvait revêtir un caractère mystique. Guy Bedouelle, Jean-Louis Bruguès et Philippe Becquart pouvaient ainsi écrire : « La figure amoureuse qui ressort de l'engagement nuptial entre Sarah et Tobie élève l'acte conjugal au plus haut niveau mystique [1] ». En effet, leur union sexuelle était précédée d'une prière de bénédiction. Dans le monde romain, spécialement sous l'Empire, le mariage consistait en un seul acte conclu par l'échange des consentements entre les futurs époux. Il prenait la forme d'un contrat privé entre deux personnes libres. Aucune cérémonie publique n'était alors nécessaire. Pour l'Empire romain, c'était l'échange des consentements qui faisait le mariage et non l'union sexuelle. Celui-ci comprenait l'expression de l'accord entre les futurs époux,

1. Guy Bedouelle, Jean-Louis Brugues, Philippe Becquart, *L'Église et la sexualité*, Paris, Éditions du Cerf, 2006, p. 13.

suivie des noces qui marquaient le début de la cohabitation. Dans le droit romain, le mariage restait monogamique, car il était impossible de prendre en même temps une épouse et une concubine.

Quant à la conception chrétienne du mariage, elle ne s'est pas seulement appuyée sur les traditions juridiques et matrimoniales issues de l'héritage juif et romain. Ainsi a-t-elle eu comme supports les écrits de la Genèse, les Évangiles et les épîtres de saint Paul. Le mariage chrétien a été défini comme l'expression de la communion de l'homme et de la femme donnant du fruit à travers la naissance d'un ou de plusieurs enfants. Selon le christianisme, cet amour de l'homme et de la femme était à l'image de celui de Dieu qui était un échange fécond entre les trois personnes de la Trinité. À l'inverse des autres traditions religieuses de l'Antiquité, le mariage chrétien s'est caractérisé par son indissolubilité, le Christ ayant catégoriquement rejeté la répudiation de la femme et le divorce.

Pour l'Église primitive, l'idéal en termes de sexualité était la virginité, vue comme une sorte de « martyre blanc[1] ». C'est dans ce cadre que la théologie du mariage a vu le jour. Ici, l'Église catholique s'est beaucoup inspirée du judaïsme où la virginité était requise lors de la première union sexuelle dans le cadre du mariage. Si ce principe n'était pas respecté, la loi juive, dans toute sa dureté, stipulait que la femme, considérée alors comme impure, devait être lapidée[2]. Dans les Évangiles, la question des relations hors mariage n'est pas abordée directement. Dans ses controverses avec les pharisiens, le Christ en a profité pour dépasser le problème du permis-défendu en promouvant la virginité et la continence perpétuelles. Ainsi déclare-t-il : « Il y a des eunuques qui se sont eux-mêmes rendus tels à cause du Royaume des Cieux. Qui peut comprendre, qu'il comprenne[3] ! » Cette invitation à la conti-

1. Guy BEDOUELLE Jean-Louis BRUGES, Philippe BECQUART, *op. cit.*, p. 23.
2. *Dt*, 22, 13-21.
3. Matthieu 19, 12.

nence volontaire et perpétuelle a créé une véritable rupture entre le christianisme et le judaïsme qui ne l'encourageait pas. De fait, cet appel du Christ et de l'Église catholique a entraîné un rapport nouveau à la sexualité et à la fécondité. Dans la même ligne, le célibat est devenu l'un des idéaux les plus marquants du catholicisme et assez rapidement le clergé devra s'y conformer. Dans les premiers siècles de l'Église, l'acte conjugal, quand, il avait pour but la génération, n'était pas considéré comme un péché. En revanche, lorsqu'il avait pour seul but la concupiscence dans la cadre du mariage, il était perçu comme un péché véniel. Par ailleurs, l'adultère ou la fornication ont fait l'objet d'un péché mortel. Au Vᵉ siècle, saint Augustin a dessiné les grands contours d'une éthique sexuelle chrétienne marquée par un éloge du mariage et du célibat considérés comme des vocations complémentaires, mais toutes les deux soumises à une exigence de chasteté. Il a rapidement pris position contre la dévalorisation du mariage prônée par le manichéisme et le pélagianisme. Toutefois, ces courants de pensée ont continué à influencer un christianisme occidental opposant facilement l'âme comme esprit au corps vu comme une matière méprisable et cela, du Moyen Âge au XIXᵉ siècle inclus. Pour saint Augustin, le mariage était un bien orienté vers la procréation et l'éducation des enfants mais, selon lui, la virginité lui était préférable.

Selon les premiers chrétiens, le mariage était certes un bien mais la virginité lui était supérieure. Toutefois, le remariage était totalement interdit. Pour les chrétiens, le premier bien du mariage était la naissance d'enfants, celle-ci justifiant évidemment l'union sexuelle. Toutefois, l'absence de progéniture ne conditionnait pas la validité du mariage. Dans ce cadre, les époux pouvaient s'imposer une continence et renoncer à une descendance. Le second bien du mariage, selon l'Église catholique, était la fidélité entre les époux. Le troisième bien de celui-ci était l'indissolubilité de l'alliance matrimoniale qui était un sacrement. En s'inspirant des écrits de saint Paul, l'unité de la chair évoquait celle du Christ et de l'Église. Sa théologie valorisait beaucoup le corps humain lorsqu'il affirmait qu'il était le temple de l'Esprit Saint.

Du Moyen Âge au milieu du VIIIe siècle

Entre le XIe et le XVe siècle, soit le sommet de la société médiévale, l'institution ecclésiale a été la seule à réglementer la pratique sociale et religieuse du mariage par sa législation et ses juridictions. L'Église catholique a progressivement élaboré un cadre liturgique et moral inspiré des Écritures et des traditions juridiques avec lesquelles elle était entrée en contact. Au XIIIe siècle, saint Thomas d'Aquin est allé plus loin que saint Augustin en montrant que la perfection du mariage tenait à l'union de l'homme et de la femme au sein du couple qui se réalisait à travers la naissance d'enfants et leur éducation.

Le début du XVIe siècle a vu un changement important avec la Réforme protestante. En effet, son promoteur principal, Martin Luther, a transformé profondément le mariage chrétien en considérant qu'il n'était plus un sacrement. Il devenait ainsi un contrat civil, désormais révocable, ce qui légitimait le divorce. Quant à Calvin, il laissait la liberté aux couples d'organiser leur vie sexuelle selon leur conscience. Selon lui, la procréation n'était plus la finalité du mariage. Il s'agissait pour lui de se dégager de tout le juridisme de l'Église catholique qu'il percevait comme une forte contrainte dans le domaine de la vie conjugale. Le concile de Trente a fortement réagi à la vision protestante en insistant sur le fait que le mariage était un sacrement et que les liens du mariage étaient indissolubles. Il mettait aussi l'accent sur la solennité de l'échange des consentements et sur le rôle des parents tel que le stipulait le décret *Tametsi*. Aux XVIe et XVIIe siècles, le développement de la casuistique a desservi la théologie du mariage en prenant la forme d'un légalisme hypertrophié et donc en le rigidifiant. Désormais, on a eu une classification des pratiques sexuelles selon la gravité des péchés qui leur étaient attachés. Au XVIIIe siècle, la philosophie des Lumières n'a perçu le mariage que comme un contrat.

La Révolution de 1789 et le mariage

La Révolution française a fait évoluer radicalement l'institution du mariage en le laïcisant. Pour nombre de révolutionnaires, qui avaient une formation de juriste, l'évolution des mœurs devait passer par le droit et non par l'éducation. Dès la Constitution de 1791, les membres de l'Assemblée constituante ont transformé le mariage en simple contrat civil, le mariage religieux n'étant plus reconnu. Le mariage, en tant que contrat, pouvait être dissous comme n'importe quel accord garanti par le droit. A partir de là, le divorce[1] pouvait être reconnu, ce qui fut le cas avec la loi du 20 septembre 1792. Cette dernière instituait aussi l'état civil, créait le mariage civil et en fixait les normes. La suppression des privilèges, le 4 août 1789, avait eu des conséquences sur le plan familial car elle avait entraîné la fin du droit d'aînesse par le décret du 15 mars 1790. Désormais, il existait une stricte égalité entre les héritiers, renforcée par le décret du 8 avril 1791. Par la loi du 17 janvier 1794, il était précisé que ce partage strict entre les héritiers concernait tant les enfants légitimes que les enfants illégitimes[2]. Les législateurs révolutionnaires n'ont eu de cesse de lutter contre l'autorité paternelle. Déjà, en 1790, ils avaient établi des tribunaux de famille pour limiter le pouvoir des pères. La puissance paternelle sur les majeurs fut abolie le 28 août 1792. Avec le Code civil de 1804, puis le Code pénal de 1810, une réaction s'est

1. Marie-Hélène Renaut, *Histoire du droit de la famille*, Paris, Ellipses, 2012, p. 41.
2. « La famille dans tous ses états. De la Bible au mariage pour tous », *L'Histoire*, n° 72, 2016.

mise en place, redonnant un poids important à l'autorité paternelle. L'épouse désormais, devait obéissance à son mari et elle était pénalisée en cas d'adultère. À propos de ces mesures législatives, on a pu parler d'un nouveau paternalisme.

À la jonction du XVIIIe et du XIXe siècle, la France a connu momentanément une montée du libéralisme sexuel, même s'il était limité à Paris. Mais sous le Consulat et l'Empire, un changement rapide s'est opéré marqué par un retour à un certain ordre moral. Sous l'influence de juristes issus de l'Ancien Régime comme Portalis et Cambacérès, l'accent a été remis sur le mariage avec un pouvoir accru donné au mari et au père de famille. Désormais, l'épouse devait être soumise à son mari. Ce dernier avait le droit de procéder à des châtiments corporels sur sa femme et ses enfants. Le mari gérait aussi la dot de son épouse, ce qui lui donnait un vrai pouvoir financier sur elle. Le divorce était maintenu et les enfants illégitimes étaient dépourvus de droits, en particulier à hériter. La réaffirmation d'un « mariage de type patriarcal[1] » par le Code civil a fait l'objet d'un certain consensus.

Le XIXe siècle

Tout au long du XIXe siècle, spécialement sous le Second Empire, les catholiques français ont voulu conforter l'institution du mariage. Au début du XXe siècle, on a observé la naissance de « l'enfant roi ». Au cours de la période 1930-1950, un rigorisme s'est fait jour. Ainsi peut-on remarquer un puritanisme partagé tant par la morale laïque enseignée par les écoles de Jules Ferry que celle défendue par l'Église. Ce rigorisme est alors conçu comme la maîtrise de la sexualité conçue comme la seule manière de dompter cet animal

1. Michel Rouche, *Sexualité, intimité et société. Entretien avec Benoît de Sagazan*, Chambray-les-Tours, 2002, p. 114.

sauvage que représente le sexe. Le mariage s'est d'autant plus renforcé au XIXe siècle que la Restauration avait supprimé le divorce en 1818. Pour nombre de penseurs au XIXe siècle, seul l'adultère causé par l'épouse était considéré comme grave. Cette conception remontait à l'Antiquité et à la naissance du droit romain. Au XIXe siècle et dans la première partie du XXe siècle, le refus de la contraception et de l'avortement au sein de l'Église s'appuyait sur le refus du coït interrompu. À la différence de ce qu'affirmait Alphonse de Liguori, théologien moraliste, le clergé de cette époque recommandait aux fidèles de confesser « ce péché[1] » et il était demandé aux prêtres d'interroger leurs ouailles sur cette pratique qui « trompait la nature[2] ». Cela montre bien qu'au cours de cette période, l'Église n'acceptait pas l'existence d'une sexualité qui ne soit pas subordonnée à la procréation. Dans les années 1880-1890, le mariage par choix volontaire, mutuel et libre, est devenu majoritaire comparé au mariage de raison, arrangé par les parents. Selon le père Tony Anatrella, la bourgeoisie française, qui a redécouvert le catholicisme entre 1850 et 1920, l'a orienté vers une sorte de puritanisme très critique sur la sexualité humaine, la rendant ainsi suspecte auprès de nombreux catholiques, à l'image de la bourgeoisie bordelaise peinte par François Mauriac.

Au XIXe siècle, l'anticapitalisme, l'anticléricalisme et l'antimilitarisme ont nourri des idéologies en faveur de « la grève des ventres[3] ». La Ligue pour la régénération humaine, fondée par en 1896 par Paul Robin, a agi en ce sens. Elle a eu des visées eugéniques en voulant limiter la population, pensant qu'il s'agissait là d'une condition nécessaire au développement économique des familles. Au cours des deux tiers du XIXe siècle, la question de l'héritage est devenue déterminante au sein d'une bourgeoisie laïcisée,

---

1. *Ibid.*, p. 120.
2. *Ibid.*, p. 121.
3. Sous la direction de Sylvie STEINBERG, *Une histoire des sexualités*, Paris, PUF, 2018, p. 368.

ce qui a généré de nombreux mariages d'intérêt. Tout au long du XIXe siècle, la famille, dite moderne, s'est édifiée. Le plus souvent nucléaire, elle s'est imposée comme le lieu privilégié de la sphère privée défendu par la bourgeoisie, « sanctionnée juridiquement par le Code civil et culturellement par l'Église[1] ». Elle séparait nettement d'un côté, les activités rémunératrices de l'homme tourné vers l'extérieur, et de l'autre, les tâches de la femme centrées sur le foyer et la maternité. Afin de mieux préparer les fidèles au mariage, l'Église catholique a instauré les fiançailles mais force est de reconnaître qu'elles ont été le parent pauvre de la théologie. Ces dernières ont eu d'autant plus de mal à s'imposer en France que le Code civil français ne les a jamais reconnues. Dans l'Église catholique, il a ainsi fallu attendre 1907 et le décret pontifical *Ne temere*, confirmé par le Code de droit canonique de 1917, pour que soit abordée la question de la validité des fiançailles. En 1930, par l'encyclique *Casti Connubii*, Pie XI les valorisait clairement en se montrant très favorable à une théologie des fiançailles.

1. Jean-Michel GAILLARD, *La famille en miettes*, Paris, Sand, 2001, p. 27.

2

Les enseignements des papes sur le couple et le mariage à l'époque contemporaine

Pie XI, Pie XII et Jean XXIII

Avec l'encyclique *Casti Connubii* (Chaste Union) publiée en 1930, Pie XI a cherché à donner une plus grande portée théologique et morale au mariage, à une époque où l'Église catholique craignait un grave déclin démographique à la suite de la Première Guerre mondiale et en raison de pratiques malthusiennes. Le texte du Souverain pontife a concerné prioritairement les questions de fécondité et de conjugalité, à savoir la sexualité humaine dans le mariage. L'encyclique avait aussi pour sujet la réaffirmation de sa sacramentalité et de son indissolubilité, à l'époque de l'entre-deux-guerres où le nombre de divorces avait tendance à augmenter, à savoir 20 000 par an en France dans les années 1920. Dans l'encyclique *Casti Connubii*, les conditions d'un mariage heureux et réussi supposaient une préparation et le choix éclairé des conjoints qui devait prendre en compte l'avis de leurs parents. Ce texte venait valider les nombreux efforts de l'abbé Jean Viollet et de l'Association du mariage chrétien pour promouvoir ce dernier et défendre les valeurs morales qui en assuraient la solidité et la richesse. Dans son encyclique *Casti Connubii*, Pie XI a dépassé le discours classique sur la fin première du mariage, à savoir la procréation et l'éducation des enfants, pour le voir comme l'accomplissement de l'amour conjugal dans le cadre d'une communauté de vie. En insistant sur la chasteté, il entendait réfléchir à frais nouveaux sur sa dimension spirituelle. En 1951, Pie XII voyait la sexualité humaine de manière plus positive dans un discours qu'il prononçait le 29 octobre 1951. Ainsi affirmait-il : « Le Créateur… a également ordonné qu'en accomplissant cette fonction (acte sexuel), le mari et la femme éprouvent du plaisir et de la joie dans leur chair et dans leur esprit. En recherchant et en profitant du plaisir, les couples ne font rien de mal. Ils acceptent ce que le créateur leur a donné[1] ». Ce pape s'inscrivait dans la ligne de pensée de Dietrich von Hildebrand qui, en 1925, refusait l'approche purement biologique en considérant que l'acte conjugal était l'expression de l'accomplissement de l'amour au sein du couple. Dans ce domaine, Pie XII avait aussi été influencé par le père Herbert Doms, théologien, pour lequel le rapport sexuel était un acte ontologique. Lors du concile Vatican II, voulu par Jean XXIII, il a été rappelé que le mariage ne reposait pas seulement sur des sentiments, par nature fluctuants, mais sur la ferme volonté de construire « une profonde communauté de vie et d'amour[2] ». Le Concile a refusé la hiérarchisation des fins du mariage comme les avait définies le Code de droit canonique de 1917, la fin première concernant la procréation et l'éducation des enfants, et la fin secondaire ayant pour sujet le soutien mutuel des époux et le remède à la concupiscence. La conception du mariage d'après Vatican II, avant tout centrée sur les échanges et la vie spirituelle au sein du couple, a pris forme dans le nouveau Code de droit canonique de 1983.

Selon le concile Vatican II, le mariage chrétien, fondé sur la fidélité réciproque, impliquait le don total et définitif des corps, ce qui excluait le divorce, la polygamie et l'insémination artificielle

1. Michel Rouche, *op. cit.*, p. 149.
2. Guy Bedouelle, alii, *op. cit.*, p. 47.

car la participation d'une tierce personne n'était pas envisageable. Dans ce prolongement, le repli sur soi érotique, caractérisé, entre autres, par la masturbation et la pornographie, faisait l'objet d'un rejet par l'Église catholique.

Jean-Paul II : le pape de la famille

Son grand intérêt pour le couple et le mariage

Avec la nouvelle évangélisation, la famille a été le grand axe de la pastorale de Jean-Paul II. La mort de plusieurs de ses proches, en particulier de sa mère alors qu'il était âgé de neuf ans, a provoqué chez lui de grandes souffrances morales et lui a rapidement fait comprendre l'importance de la famille dans le développement personnel des jeunes. Dès le début de son ministère de prêtre, Karol Wojtyla, futur Jean-Paul II, a accordé une grande attention aux jeunes et spécialement aux jeunes fiancés ou mariés. Il échangeait beaucoup avec eux sur l'amour humain et sur la vie conjugale. Dans son ouvrage d'entretiens avec Vittorio Messori, *Entrez dans l'espérance*, Jean-Paul II apportait ces précisions : « Quand j'étais jeune prêtre, j'ai appris à aimer l'amour humain. C'est un des thèmes sur lesquels j'ai axé tout mon sacerdoce, tout mon ministère, dans la prédication, au confessionnal et à travers tout ce que j'écrivais[1] ». Devenu vicaire de l'importante paroisse Saint-Florian de Cracovie, le futur pape polonais a conçu le premier programme de préparation au mariage dans l'histoire de cet archidiocèse. Auparavant, cette dernière se limitait à un entretien entre le prêtre et le couple de fiancés. Dans les années 1950, le futur pape avait pressenti que la jeunesse européenne refuserait

1. Cité par Yves Semen, *La famille selon Jean-Paul II*, Paris, Presse de la Renaissance, 2016, p. 23.

« la dialectique du permis-défendu, une morale du devoir » telle que Kant l'avait conceptualisée. Il était temps selon lui de bâtir une solide théologie du mariage et de la sexualité plus largement. En 1974, le futur pape, qui était à l'époque archevêque de Cracovie, avait instauré une préparation au mariage s'étendant sur une période de trois mois. Cette initiative a rapidement été reprise à l'échelle de tout le pays.

Dans une Pologne conservatrice et sous le joug communiste, il a beaucoup innové en abordant ouvertement les questions de sexualité. Il a, dans l'après-guerre, développé une réflexion approfondie sur la vocation au mariage qui restera l'une des grandes thématiques de son enseignement. Déjà, lors du concile Vatican II, Karol Wojtyla, alors archevêque de Cracovie, était l'un des rares évêques spécialistes d'éthique sexuelle[1]. Il a également été l'un des plus farouches défenseurs de l'encyclique *Humanae Vitae*. Une fois devenu pape, Karol Wojtyla s'est entouré de familles qu'il rencontrait entre autres à Castel Gandolfo chaque été. Ces échanges étaient marqués par des chants, de longues discussions et une grande convivialité. Les visites pastorales de Jean-Paul II et ses voyages apostoliques ont presque toujours comporté une rencontre avec les familles comme à Puebla en 1979, à Paray-le-Monial en 1986 ou à Sainte-Anne-d'Auray en 1996. Alors que 1994 avait été choisie comme « année internationale de la famille », le pape a souhaité que l'Église y participe et il a profité de cette occasion pour donner naissance à la première Rencontre des familles à Rome. En 1983, à l'initiative de Jean-Paul II, le Saint-Siège publiait la Charte des droits de la famille qui concernait :

– le droit de se marier et de fonder une famille,
– l'importance du libre consentement des époux dans le mariage,

1. Louis de Raynal, *Jean-Paul II et la famille*, site Internet http://www.paroisse-gevrey-chambertin.fr/images/JEAN-PAUL_II_ET_LA_FAMILLE.pdf

- le droit de décider du nombre d'enfants à mettre au monde,
- le respect de la vie humaine dès la conception,
- le rôle primordial des parents dans l'éducation des parents,
- la liberté religieuse,
- l'importance d'une politique familiale juste,
- le droit au travail, au logement pour les familles des migrants en particulier.

Le synode sur la famille de 1980

En 1980, Jean-Paul II a réalisé le projet de Paul VI en convoquant un synode sur la famille, dont le thème concernait « Les tâches de la famille chrétienne aujourd'hui ». Les résultats des échanges de cette assemblée, qui s'est déroulée du 26 septembre au 25 octobre 1980, ont abouti à la publication de l'exhortation apostolique *Familiaris consortio*, publiée en 1981. Ce document central dans le pontificat de Jean-Paul II est apparu comme un « véritable compendium de l'Église sur le couple et la famille[1] ». L'originalité de Jean-Paul II est d'avoir sollicité systématiquement des couples pour l'aider à réfléchir sur les questions du mariage et de morale sexuelle. Ainsi, pour la première fois dans l'histoire d'un synode, en l'occurrence celui sur la famille de 1980, il a fait appel à des couples et obtenu qu'ils soient présents à cette assemblée. De même, lors de la fondation du Conseil pontifical pour la famille l'année d'après, il a permis que vingt couples, provenant des cinq continents, y assistent. Côté français, étaient présents Jean-Marie et Anouk Meyer, cette dernière étant la fille du professeur Lejeune. Le Conseil pontifical pour la famille remplaçait le Comité pontifical pour la famille créé par Paul VI en 1973. En 1982, Jean-Marie Meyer, agrégé de philosophie, et sa femme

---

1. Alain MATTHEEUWS, « L'avenir de l'humanité passe par la famille », *Nouvelle Revue Théologique*, tome 130, 2008.

Anouk furent choisis pour être membres de cette institution, ce qui n'a guère plu à Mgr Jacques Jullien. Il avait fait part au cardinal James Robert Knox, président du Conseil pontifical pour la famille, de son mécontentement devant cette nomination, alors même que la Commission épiscopale de la famille n'en avait pas été mise au courant. En effet, elle n'avait appris ce choix que par voie de presse, tout comme les mouvements et les services dédiés à la famille comme le CPM, les AFC et le CLER. Mgr Jullien écrivait ainsi : « Le Conseil pontifical pour la famille tient sans doute à garder ses propres circuits et ses liens : nul ne lui en contestera le droit. Mais cela limite forcément l'audience de ceux qu'il choisit auprès des organes de la pastorale française[1] ».

Jean-Paul II s'est beaucoup inspiré des travaux de Vatican II lorsqu'il a réfléchi sur la notion de mariage, les Pères du concile définissant ce dernier comme une « communauté profonde de vie et d'amour[2] » et non plus comme un contrat régi par des droits et des devoirs. Vatican II a considéré que le mariage relevait du choix de deux volontés et qu'il exprimait le don réciproque des époux, toujours à travers ces deux finalités que sont la naissance des enfants et leur éducation. Le mariage pensé par les Pères du concile était empreint d'une forte dimension personnaliste. Pour donner un poids supplémentaire à la famille, à la suite de la fondation du Conseil pontifical pour la famille, Jean-Paul II a donné naissance en 1981 également à l'Institut pour les études sur le mariage et la famille, créé le 13 mai, jour où l'attentat sur la place Saint-Pierre a failli lui coûter la vie. Rapidement, cette structure a pris le nom d'Institut Jean-Paul II.

Le synode sur la famille a permis à l'Église de préciser sa pensée sur ce thème. Les évêques rassemblés constataient que

1. *Lettre de Mgr Jacques Jullien au cardinal J.R. Knox, président du Conseil pontifical pour la famille*, 32 CO 2, archives du CNAEF, 8 mars 1983.
2. *Gaudium et spes*, n° 48.

les femmes avaient conquis leur place dans la société contemporaine, les « amenant à être l'égal de l'homme[1] ». Ils remarquaient néanmoins qu'elles avaient davantage de mal à être reconnues en tant que mères. Ils percevaient aussi que la situation des femmes seules – chefs de famille – était très difficile et très dégradée. Les évêques rassemblés au synode regrettaient que, trop souvent, la contraception soit ramenée à une question purement technique sans que soient prises en compte ses répercussions sur la vie du couple. Pour eux, elle entraînait une altération de la qualité de la relation, une certaine routine, moins de dialogue. Selon eux également, la morale conjugale dans la société chrétienne a été trop longtemps présentée comme une série d'interdits empêchant de vivre. Ils regrettaient aussi que, trop longtemps, le mariage dans les milieux indépendants ait été identifié à une convention sociale plutôt qu'à un engagement réciproque. Lors du synode, les évêques reconnaissaient à la famille la mission d'éduquer et d'évangéliser. La famille était vue comme la première cellule de la société. Selon les évêques, elle était aussi un lieu où pouvait s'épanouir l'amour et où se pratiquait la justice dès l'enfance. Selon eux, le but de la famille était la sanctification de ses membres. Les évêques la percevaient comme « la communauté d'un homme et d'une femme baptisés dans la communion de l'Église catholique[2] ».

Lors du synode de 1980, les évêques de France pointaient du doigt les dangers de la cohabitation juvénile qui traduisait un refus d'engagement sur le long terme, un manque de confiance dans le conjoint, ainsi qu'un rejet du caractère communautaire du mariage. Ils regrettaient aussi la forte baisse démographique en France causée, selon eux, par une conception de l'enfant

1. *Les fonctions de la famille dans le monde contemporain*, synode des évêques, 32 CO 40, septembre 1980.

2. Synode des évêques de France, *Les fonctions de la famille chrétienne dans le monde contemporain*, PP21, archives du CNAEF, Cité du Vatican, 1979.

davantage vu comme un fardeau que comme le fruit de l'amour conjugal. Ils étaient aussi scandalisés par l'accroissement du nombre d'avortements et les conditions de vie indécente dans lesquelles vivaient de nombreuses familles. Enfin, ils se montraient critiques concernant les théories sur l'autonomie de l'enfant, ayant mené les parents, selon eux, à abdiquer devant leurs responsabilités éducatives. Du synode de 1980, a résulté une Charte des droits de la famille. Dans son article 1er, elle précisait que toutes les personnes avaient le droit de choisir leur état de vie, de se marier et de fonder une famille ou de rester célibataires. L'article 2 stipulait que le mariage ne pouvait être contracté qu'avec le libre consentement des époux. L'article 3 rappelait que les couples avaient le droit de choisir le nombre de leurs enfants et d'en espacer leurs naissances en excluant le recours à la contraception, à la stérilisation et à l'avortement. L'article 4 affirmait que la vie humaine devait être respectée dès la conception. L'article 5 indiquait que les parents étaient les premiers éducateurs de leurs enfants. L'article 6 stipulait que la famille avait le droit d'exister. L'article 7 rappelait que cette dernière avait le droit de choisir l'éducation religieuse de ses enfants. L'article 8 défendait l'idée qu'elle pouvait créer une association. L'article 9 mentionnait que la famille devait être protégée par l'État. L'article 10 précisait qu'elle avait droit à des revenus décents. L'Article 11 stipulait qu'elle avait droit à un logement décent. Enfin, l'article 12 insistait sur le fait qu'elle avait droit à une protection sociale.

Concernant les divorcés remariés, les évêques de France estimaient que ceux-ci ne devaient pas forcément être perçus comme étant en état de concubinage et qu'ils pouvaient accéder aux sacrements de la communion et de la pénitence lorsque leur seconde union avait montré des preuves de stabilité. En 1981, dans le *Documents Épiscopat*, « Un synode pour la famille », les évêques de France pointaient du doigt la mentalité antinataliste de l'Occident. Pour eux, la famille était une « communauté de personnes[1] » qui avait un rôle éducatif, une vocation de sanctification (appel à la sainteté), un rôle social (défense des intérêts de la famille face à l'État). Dans un autre texte de 1980, *Réflexions sur le document préparatoire au synode sur la famille,* l'épiscopat français constatait le rôle majeur de l'État dans la dislocation de la famille : divorce, incitation à la contraception artificielle, légalisation de l'avortement, incitation pour la femme à ne pas rester au foyer, prise en charge des enfants par l'État dès le plus jeune âge. Les évêques français reconnaissaient qu'au plan local, l'Église se préoccupait peu de la famille, que ce soit dans sa réalité sociologique, économique ou surnaturelle. Ils regrettaient que la pastorale soit surtout axée sur l'individu aux dépens de la famille : « L'enseignement courant de l'Église au niveau des homélies dominicales parle très rarement des problèmes de famille, du mariage, de l'éducation des enfants (...). Bien peu de pasteurs osent parler des positions de l'Église touchant la régulation des naissances, la contraception, l'éducation sexuelle, l'avortement[2] ». Les évêques réunis pour le synode sur la famille en 1980 avaient souhaité que l'Église catholique réfléchisse à frais nouveaux sur la situation des divorcés remariés qui voulaient un second mariage religieux. Lors de cette rencontre, les prélats, par 179 oui contre 29 non et 7 abstentions avaient suggéré au pape que l'Église examinât plus profondément la pratique des Églises d'Orient qui acceptaient une seconde union religieuse moyennant une célébration liturgique appropriée[3]. Cette proposition n'a pas été retenue par Jean-Paul II.

1. *Documents Épiscopat*, n° 2, janvier 1981.
2. *Réflexions sur le document préparatoire au synode des évêques sur la famille*, 32 CO 76, archives du CNAEF, 4 février 1983.
3. *Le Monde*, 16 décembre 1981.

Familiaris Consortio

Dans l'exhortation apostolique *Familiaris Consortio*, le souverain pontife est remonté à la Genèse pour expliquer la spécificité de l'amour entre un homme et une femme, ces derniers étant présentés dans la Bible comme faits à l'image de Dieu. Pour la première fois dans l'histoire de la papauté, Jean-Paul II osait affirmer dans la conclusion de son texte : « L'avenir de l'humanité passe par la famille[1] ». Pour le journal *Le Matin* et pour la presse française de gauche plus largement, cette exhortation apostolique apparaissait très traditionaliste en raison de sa condamnation de la contraception et de l'avortement. Dans une première partie, Jean-Paul II pointait du doigt les signes de la crise de la famille tels que la perte d'autorité des parents sur les enfants, la hausse importante du nombre de divorces, le recours fréquent à la stérilisation dans certains pays, enfin l'installation d'une mentalité contraceptive. Jean-Paul II remarquait aussi que, souvent, la vie n'était plus perçue « comme une bénédiction mais comme un péril[2] » dont il fallait se défendre. Dans la seconde partie, il abordait « le dessein de Dieu sur le mariage[3] ». Ce dernier était présenté ici comme la donation réciproque totale de l'homme et de la femme, exclusive et indissoluble. Pour le pape, le mariage et la virginité étaient les deux manières de s'exprimer et de vivre l'unique mystère de l'alliance du Christ avec son Père. La troisième partie mettait l'accent sur les devoirs de la famille : la formation d'une communauté de personnes, le service de la vie, la participation au développement de la société. Dans *Familiaris Consortio*, Jean-Paul II mettait l'accent sur l'égalité de dignité et de responsabilité au sein du couple. Il a repris dans ce texte la condamnation d'*Humanae Vitae*

1. Cité par Yves Semen, *La famille selon Jean-Paul II*, Paris, Presse de la Renaissance, 2016, p. 69.
2. *Le Matin, 16 décembre 1981.*
3. *Ibid.*

concernant la contraception, considérant comme « intrinsèquement perverse toute action qui proposerait comme but ou comme moyen de rendre impossible la procréation[1] ». *Familiaris Consortio* est un texte qui a parfois gêné l'Église de France qui avait une vision plus nuancée de la contraception chimique, pouvant l'accepter dans certaines situations. Dans cette exhortation, Jean-Paul II a refusé que les divorcés remariés puissent de nouveau se marier à l'Église. Dans ce domaine, pour certains prélats de l'Église de France, Jean-Paul II soufflait le chaud et le froid. En effet, d'un côté, il exhortait le clergé à donner une large place aux divorcés remariés dans l'Église mais en même temps, il n'a fait pas évoluer le droit canonique pour leur permettre d'accéder à l'eucharistie et de recevoir l'absolution lors du sacrement de réconciliation. Sous la plume du cardinal Ratzinger, la Congrégation pour la Doctrine de la foi a rappelé que les divorcés remariés ne pouvaient pas assumer certaines responsabilités : être parrain ou marraine, faire le catéchisme, assurer des services liturgiques ou être membres d'un conseil paroissial ou diocésain. En 2002, Jean-Paul II appelait les avocats catholiques à ne pas traiter de dossiers de divorce car pour lui, c'était une offense grave à la loi naturelle.

En 1982, Mgr Puech, évêque de Carcassonne, avait critiqué l'attitude de Jean-Paul II à travers *Familiaris Consortio*, lequel s'était opposé à toute cérémonie religieuse dans le prolongement d'un mariage civil. En effet, pour le pape, ce dernier ne pouvait en aucune façon être reconnu par l'Église. Or, l'épiscopat français considérait que le mariage civil avait une certaine valeur et qu'il aurait été judicieux de le faire suivre d'une cérémonie religieuse pour les couples qui en faisaient la demande. En 1986, Mgr Jullien se montrait aussi hostile concernant *Familiaris Consortio* à propos l'IAC (Insémination artificielle entre conjoints). Ainsi trouvait-il que les arguments du pape Jean-Paul II à ce sujet n'étaient pas

1. *Ibid.*

suffisamment crédibles. Il s'exprimait de la façon suivante : « L'argumentation n'était pas fulgurante[1] ».

Pour traiter du mariage, Jean-Paul II a voulu sortir des questions purement morales et l'a défini comme une communion profonde entre l'homme et la femme. Elle était aussi un don, qui selon lui, trouvait son achèvement dans la naissance d'un enfant, faisant des couples les « coopérateurs avec Dieu » pour donner la vie à une « nouvelle personne humaine[2] ». Jean-Paul II percevait aussi le mariage comme une communion entre Dieu et les hommes. Quant à la famille, il la concevait aussi comme une communion de personnes. Se référant à Vatican II, il précisait que le mariage était une « donation réciproque définitive »[3] entre l'homme et la femme, ce qui impliquait pour lui la fidélité et l'indissolubilité. Selon Jean-Paul II, la famille avait des droits qui devaient être protégés contre « les usurpations intolérables de la société et de l'État[4] ». Ce pape a perçu la famille comme une communauté de vie et d'amour, une sorte de cellule d'Église, d'Église domestique comme l'avait déjà affirmé le concile Vatican II. Selon lui, la sexualité humaine ne relevait pas seulement de la pure biologie mais elle concernait la personne humaine au plus intime d'elle-même dans un don total. Cette question de la donation réciproque au sein du couple a été beaucoup développée par Jean-Paul II dans *Lettre aux familles*, publié[5] en 1994. La défense par Jean-Paul II de la vie dès la conception et son refus tant de l'avortement que du suicide, l'a incité à faire paraître[6] en 1995 *L'Évangile de la vie*.

1. *Le Monde*, 13 janvier 1986.
2. Exhortation apostolique de Jean-Paul II, *Les tâches de la famille chrétienne*, Paris, Éditions du Cerf, 1981, p. 52.
3. *Ibid.*, p. 51.
4. *Ibid.*, p. 109.
5. Jean-Paul II, *Lettre aux familles*, Paris, Centurion, 1994.
6. Jean-Paul II, *L'Évangile de la vie*, Paris, Cerf, Flammarion, 1995.

La théologie du corps de Jean-Paul II

Entre 1979 et 1984, la théologie du corps de Jean-Paul II a fait l'objet chaque mercredi d'une catéchèse autour du couple et de la sexualité. En tout, ce pape a consacré 129 catéchèses à ces deux thèmes. Elles ont formé ce qu'on a appelé la théologie du corps qui était surtout centrée sur la sexualité et la conjugalité. L'intérêt de Jean-Paul II pour le mariage et la sexualité remontait loin, en particulier aux premières années de son ministère sacerdotal lorsqu'il était aumônier d'étudiants et qu'il donnait un enseignement de théologie moral à l'université de Lublin, en Pologne. François de Muizon, enseignant de théologie à l'Université catholique de l'Ouest-Angers précisait : « L'amour humain a toujours passionné Jean-Paul II, dès les tout débuts de son ministère de prêtre, dans l'accompagnement des jeunes et des fiancés, de qui, de son aveu il a tout appris[1] ». Dans les années 1950, le futur pape Jean-Paul II a fait preuve d'une certaine audace pour aborder le corps et la sexualité en s'appuyant sur des disciplines telles que la sexologie et la psychologie qu'il a reliées à la philosophie personnaliste. Son attitude ici était très originale, dans un pays conservateur comme la Pologne et qui plus est avant le concile Vatican II.

Le but de la théologie du corps de Jean-Paul II a été de répondre aux controverses nées lors de la publication de l'encyclique *Humanae vitae* qui avait condamné les moyens modernes de la contraception. Sachant que le concept de loi naturelle était de plus en plus mal reçu, il a préféré partir de l'idée de personne humaine telle qu'on pouvait la trouver chez le philosophe Max Scheler selon Francine Charoy[2], ancienne enseignante en théologie morale à l'Institut catholique de Paris. La théologie du corps de Jean-Paul II entendait lutter contre la libération sexuelle

1. *La Croix*, 23 mars 2023.
2. *Ibid.*

d'un côté et certains courants du christianisme qui méprisaient le corps jusqu'à l'opposer à l'âme dans le cadre d'un dualisme radical. Selon Jean-Paul II, le corps était capable de rendre visible ce qui était invisible, soit le spirituel et le divin. D'après lui, l'homme ou la femme, à travers leur sexualité, exprimait le don. Jean-Paul II considérait qu'ils étaient faits pour être en « communion dans la réciprocité du don[1] ». Selon lui, la contraception devait être rejetée car elle allait à l'encontre du don total réciproque qu'impliquait la sexualité entre un homme et une femme. Le 20 septembre 1996, dans son discours au sanctuaire breton de Sainte-Anne-d'Auray, Jean-Paul II affirmait que la relation conjugale ne pouvait pas reposer sur les seuls sentiments amoureux. Pour le pape, elle se fondait aussi sur « l'engagement définitif clairement voulu, sur l'alliance et sur le don qui passent par la fidélité[2] ». Jean-Paul II affirmait aussi : « Par leur vie conjugale, les époux témoignent de l'amour vrai qui intègre toutes les dimensions de la personne, spirituelle, intellectuelle, volontaire, affective et corporelle[3] ».

La théologie du corps a fait l'objet de fortes critiques à travers un article d'Élodie Maurot publié dans *La Croix*, le 23 mars 2023, dont le titre était *La théologie du corps de Jean-Paul II, une vision de la sexualité audacieuse mais idéalisée*. Pour cette journaliste, elle avait l'inconvénient de laisser dans l'ombre les échecs et les formes marginales de la vie conjugale : la sexualité hors mariage, la réalité des divorcés remariés et des célibataires, ainsi que l'homosexualité. Elle ajoutait que Jean-Paul II mobilisait les Écritures pour conforter la doctrine catholique en matière de théologie morale « sans relever les dissonances ou les silences qui pourraient la nuancer[4] ».

1. Guy BEDOUELLE, alii, *op. cit.*, 117.
2. *Accueil Rencontre*, n° 243, mai-juin 2008.
3. *Ibid.*
4. *La Croix*, 23 mars 2023.

Dans ce même numéro *de La Croix*, le psychanalyste Jacques Arènes précisait que la théologie du corps se situait dans un discours « idéalisé et un peu iréniste, comme si la sexualité était une réalité sans ombres, objectivable et maîtrisable par le savoir ou l'effort sur soi[1] ». Mgr Philippe Bordeyne, ancien recteur de l'Institut de Paris, devenu président de l'Institut Jean-Paul II en 2021, a aussi critiqué la théologie du corps en constatant une ambivalence. Si, pour lui, elle était une réponse à l'instrumentalisation et à la banalisation de la sexualité, elle pouvait néanmoins « servir à protéger[2] » les catholiques identitaires, assimilés à l'aide droite de l'Église. C'était une manière pour Mgr Philippe Bordeyne de politiser le débat autour des questions familiales. Il reprochait aussi à l'Institut Jean-Paul II d'avoir trop longtemps présenté la théologie du corps sans la resituer dans un contexte historique et sans insérer les sciences humaines et sociales dans la théologie morale. Mgr Bordeyne voyait dans le salésien Xavier Thévenot un maître à penser en matière d'éthique sexuelle, lequel développait l'idée selon laquelle toute sexualité était faite de vulnérabilité, de frustration, d'agressivité, de sentiment d'absurde, à côté de sentiments de plénitude et de plaisir. C'était encore une manière pour le nouveau directeur de l'Institut Jean-Paul II de se démarquer de la théologie du corps qui se tenait à distance des sciences humaines et en particulier de la psychanalyse. Cette institution a été l'objet de graves dissensions entre le pape François, ses professeurs et ses étudiants. Dès 2017, il avait souhaité que l'Institut Jean-Paul II créé en 1981 par le pape polonais prenne davantage en compte la complexité de l'existence et des situations concrètes des familles. Avec les années, cette structure, fondée sur une approche métaphysique, avait été soupçonnée par l'entourage du pape François d'idéalisme abstrait. Mgr Bordeyne a développé une théologie de la famille en s'inspirant très largement des écrits du pape François. Cela a pris

1. *Ibid.*
2. *La Croix*, 24 mars 2023.

la forme de trois ouvrages *Répondre à l'inquiétude de la famille humaine*[1], *Divorcés remariés*[2], enfin *Familles en quête de Dieu*[3].

Il est très symptomatique de voir que l'Institut Jean-Paul II n'avait pas été consulté[4] par le pape François en vue des synodes sur la famille de 2014 et 2015. En 2019, sa refonte par l'intermédiaire de nouveaux statuts a suscité une vive polémique, d'autant qu'elle s'était accompagnée du non-renouvellement de certains professeurs historiques dont l'ancien président Mgr Livio Melina et le père José Noriega. Les conservateurs avaient dénoncé « une épuration[5] », alors même que Georges Weigel, biographe de Jean-Paul II, avait dénoncé un « nouveau sac de Rome » et fustigeait « le vandalisme intellectuel en cours[6] ». Cette opposition s'est matérialisée par une salve de critiques sans précédent via une centaine d'articles sur des sites Internet italiens et américains. Dans une lettre adressée à la direction le 25 juillet, des étudiants de l'Institut Jean-Paul II se sont plaints d'une perte d'identité de leur centre d'études. Dans une lettre sur Internet signée par 535 personnes dont 119 étudiants, on pouvait y lire ceci : « Bien que le pape François exprime (...) son désir de continuer avec l'inspiration originale de Jean-Paul II, (...) nous sommes surpris parce que, dans le nouveau système d'étude, il n'y a ni discussion ni cours sur la théologie du corps ou sur l'enseignement de Jean-Paul II[7] ». En arrière-fond, ces voix conservatrices, soutenues par une partie des étudiants, ont accusé le pape François de solder l'héritage de Jean-Paul II et son enseignement sur la théologie du corps pour

1. Philippe Bordeyne, *Répondre à l'inquiétude de la famille humaine*, Paris, Bayard, 2014.
2. Philippe Bordeyne, *Divorcés remariés*, Paris, Salvator, 2017.
3. Philippe Bordeyne, *Familles en quête de Dieu*, Paris, Éditions du Cerf, 2023.
4. *La Croix*, 10 mars 2021.
5. *Ibid.*
6. *Ibid.*
7. *La Croix*, 2 août 2019.

lui préférer une approche fondée sur les sciences sociales et donc plus souple à l'égard des situations en marge et irrégulières, à l'image des divorcés remariés. En 2023, des critiques virulentes ont été portées à la théologie du corps de la part de la théologienne Francine Charoy, affirmant que le langage de la théologie du corps avait été dévoyé par des proches de Jean-Paul II qui étaient accusés d'abus sexuels. Celle-ci n'a nommé personne mais on peut penser aux frères Marie-Dominique et Thomas Philippe, ainsi qu'à Jean Vanier. Elle écrivait sans beaucoup de précision : « Toute cette théologie du corps, qui fait vibrer beaucoup de clercs, a été le royaume de la perversion pour des abuseurs. Des victimes ont été confrontées au renversement complet de son discours sur la donation totale par la sexualité [1] ».

La loi naturelle

La loi naturelle a été systématiquement invoquée pour défendre le mariage et la famille par l'Église catholique. Si elle a pris une grande importance dans la réflexion éthique à partir du XIIIe siècle sous l'influence de Thomas d'Aquin, elle s'est imposée dans les actes du Magistère au XIXe siècle sous le pontificat [2] de Léon XIII. Fortement contestée par une partie de l'aile gauche de l'Église à partir de mai 68 et de l'encyclique *Humanae Vitae*, elle a néanmoins été défendue par des ténors du progressisme, à l'image des pères Xavier Thévenot, salésien, et Paul Valadier, jésuite. Le premier rappelait qu'elle était distincte de la loi biologique et qu'elle avait, avant tout, trait à la nature humaine. Quant au second, il considérait qu'elle était un concept fondamental. Le père Bruno

1. *La Croix*, 24 mars 2023.
2. Préface de Roland Minnerath, Commission théologique internationale, *À la recherche d'une éthique universelle. Nouveau regard sur la loi naturelle*, Éditions du Cerf, 2009.

Chenu, assomptionniste et rédacteur en chef de *La Croix*, écrivait en farouche défenseur de la loi naturelle dans ce même journal en 1993 : « Parler de loi naturelle est reconnaître la capacité de l'homme à discerner le bien et le mal, à former par la mise en œuvre de sa simple raison un certain nombre d'exigences fondamentales qui signent l'avènement de l'humain au royaume de la nécessité [1] ». Pour l'Église catholique, la loi naturelle, inscrite dans le cœur de l'homme, a concerné la raison et surtout sa capacité à rechercher le bien et à atteindre la vérité. L'institution ecclésiale a toujours considéré que son origine était en Dieu, une manière de montrer que la loi naturelle s'appuyait sur l'intellect humain mais que ce dernier avait Dieu comme auteur. À la suite de l'encyclique *Humanae Vitae*, entre 1970 et 1980, la loi naturelle a été plus ou moins mise entre parenthèses, Geneviève Medevielle considérant que ce concept était devenu « inaudible [2] » dans un contexte pluraliste et multiculturel.

Comme leurs prédécesseurs, Jean-Paul II et Benoît XVI ont rappelé l'importance de la loi naturelle dans toute réflexion éthique. À leurs yeux, elle pouvait être considérée comme « une loi morale objective [3] » au service du bien commun et de l'État. Jean-Paul II, en particulier, a cherché à prouver que cette dernière était intimement liée aux droits de l'homme. Selon lui, le rappel de la loi naturelle et la volonté de la défendre dans un monde occidental de plus en plus marqué par le relativisme, était la condition sine qua non pour préserver la dignité humaine face à des évolutions fondamentales dans le domaine de la bioéthique telles que l'avortement, les manipulations génétiques, la PMA (Procréation médicalement

1. *La Croix*, 8 octobre 1993.
2. Geneviève MÉDEVIELLE, « La loi naturelle selon Benoît XVI », *Études*, mars 2009.
3. Zénon GROCHOLEWSKI, « La loi naturelle dans la doctrine de l'Église », *Loi naturelle et loi civile*, sous la direction de Jean-Benoît D'ONORIO, Paris, Téqui, p. 58.

assistée) e la GPA (Gestation pour autrui). Toujours sous le pontificat de Jean-Paul II, la Congrégation pour la Doctrine de la foi précisait, en 1987, dans l'instruction *Donum Vitae* : « La loi naturelle exprime et prescrit les finalités, les droits et les devoirs qui se fondent sur la nature corporelle et spirituelle de la personne humaine. Aussi ne peut-elle être conçue comme normativité simplement biologique, mais elle doit être définie comme l'ordre rationnel selon lequel l'homme est appelé par le Créateur à diriger et à régler sa vie et ses actes, et en particulier, à user et à disposer de son propre corps [1] ».

En 2007, Benoît XVI a demandé à la Commission théologique internationale de réfléchir à frais nouveaux sur la loi naturelle, ce qui a donné naissance, en 2009, à l'ouvrage [2] *À la recherche d'une éthique universelle, nouveau regard sur la loi naturelle.* L'encyclique *Veritatis splendor* et le *Catéchisme de l'Église catholique* ont rappelé le rôle du thomisme dans l'élaboration de la loi naturelle qui était considérée comme une référence essentielle dans le domaine de la morale familiale et sexuelle. Pour Benoît XVI, la force de la loi naturelle tenait au fait qu'elle était universelle et qu'elle ne s'adressait donc pas seulement aux catholiques mais à tout être humain, quel que soit son ancrage religieux ou idéologique.

1. Instruction *Donum Vitae, Introduction*, 1987.
2. Commission théologique internationale, *À la recherche d'une éthique universelle, nouveau regard sur la loi naturelle*, Paris, Éditions du Cerf, 2009.

3

Le mariage catholique et la pastorale familiale

Le chanoine Jean Viollet (1875-1956) : un pionnier de la pastorale familiale en France

Débordant d'énergie, le chanoine Jean Viollet[1] a souhaité que l'Église catholique s'engage davantage sur le plan social. Son père, Paul Viollet, historien du droit et professeur à l'École des Chartes, lui avait inculqué les valeurs de justice, de la vérité et du service des humbles. Il avait demandé à son fils d'avoir une bonne connaissance de l'Église avant d'entrer au séminaire. Séminariste, Jean Viollet avait pris fait et cause pour le capitaine Dreyfus. Il fut ordonné prêtre en 1901. Marqué par la pauvreté des populations éloignées de l'Église, il a fondé deux types d'œuvres : les unes à caractère social et les autres à dimension spirituelle. Cette distinction, à laquelle il tenait tant, n'a pas toujours été comprise par le clergé de son époque. Le chanoine Viollet a d'abord fondé en 1902 les Œuvres familiales et sociales du Moulin-Vert sur le plan temporel. Dans ce cadre, on trouvait la Caisse des loyers et la première Association familiale ouverte à toutes les familles, quelle que soit leur origine sociale, dans le but de défendre leurs intérêts communs.

1. Matthias Gardet, *Jean Viollet et l'apostolat laïc*, Paris, Beauchesne, 2005.

En 1905, le chanoine Viollet a donné naissance à la première Union des Œuvres. Il fonde à la même époque « l'école libre d'éducation sociale et charitable » pour la formation des travailleurs sociaux qui a inspiré la création d'écoles d'assistantes sociales. Le chanoine Viollet a aussi lancé la revue *L'assistance éducative*. Ce prêtre a joué un rôle de premier ordre dans le développement de la pastorale familiale en créant en 1918 l'Association du mariage chrétien (AMC). Elle a été reconnue comme « section familiale de l'Action catholique » et elle a été placée sous le patronage de l'ACA [1]. Toutefois, l'AMC ne voulait pas apparaître comme un mouvement de l'Action catholique spécialisée mais au contraire « faire pénétrer l'esprit familial dans toutes les organisations catholiques : paroisses, œuvres de jeunesse, groupements d'adultes [2] ». Dès l'origine, l'abbé Viollet avait pour but « la préparation des jeunes au mariage, la sanctification des époux chrétiens, le développement de l'apostolat familial au sein des paroisses, enfin la lutte contre les doctrines antifamiliales [3] ». Au plan local, l'AMC a été soutenue dans certains diocèses de province comme à Toulouse par l'abbé Marius Garail et à Lille par l'abbé Fasciaux. Des personnalités catholiques comme Joseph Folliet, Jean Guitton, Paul Archambault, Paul Chanson et Marcel Paimboeuf ont aussi participé au développement de l'AMC.

L'AMC visait à préparer au mariage, à guider les couples dans l'accomplissement de leur vocation conjugale et familiale, à promouvoir la pastorale familiale, à susciter des foyers chrétiens engagés, enfin à édifier une cité familiale. Ils avaient trois revues : *Foyers, Filles et garçons, Cahiers de pastorale familiale*. En 1937,

1. Assemblée des Cardinaux et Archevêques.

2. *Schéma du rapport de l'AMC pour les évêques de France*, 1 CO 39, archives du CNAEF.

3. *Une page de l'histoire des œuvres au XXe siècle. L'abbé Viollet et les œuvres familiales*, 1 CO 40, archives du CNAEF.

50 000 personnes recevaient les revues de l'AMC qui étaient diffusées dans 21 pays. L'activité éditoriale de l'association était importante car, en 1937, elle avait vendu 100 000 ouvrages. En étant membre du Conseil de la natalité, le chanoine Viollet cherchait à peser sur les décisions politiques au plan familial. Afin de développer l'AMC, celui-ci a sollicité à plusieurs reprises l'ACA pour qu'elle lui octroie des prêtres de manière à accroître les activités de son œuvre. Toutefois, il a été peu entendu, ce qui montrait le manque d'intérêt que les archevêques et cardinaux français portaient à la question familiale. Le chanoine Viollet a eu comme principal collaborateur l'abbé Bragade qui est mort sur le front en 1940. L'AMC était implantée au 86, rue de Gergovie, dans le XIVe arrondissement à Paris.

La multiplication des œuvres de la part du chanoine Viollet a parfois entraîné un sentiment de saturation chez ses collaborateurs. Après la Première Guerre mondiale pendant laquelle il était brancardier, l'abbé Viollet a organisé la cité-jardin du Moulin-Vert à Vitry-sur-Seine, dans la banlieue « rouge » de Paris. Cette œuvre sociale comprenait un dispensaire, un jardin d'enfants, une bibliothèque, un théâtre et un système de cours du soir. Le Seconde Guerre mondiale a mis un terme à cette expérience. Lors de la fondation de l'AMC, le chanoine Viollet a été soutenu par le cardinal Verdier, archevêque de Paris, et l'abbé Chaptal. Rapidement, le chanoine Viollet a publié les bulletins de l'AMC destinés aux jeunes gens, aux jeunes filles, aux parents et aux éducateurs. Ils ont très vite remporté un véritable succès.

Ce prêtre abordait des sujets que l'on n'osait pas aborder à l'époque : l'éducation sexuelle et affective des jeunes, la préparation au mariage, l'amour conjugal, la paternité et la maternité responsables. La volonté d'aborder ces thèmes lui a parfois valu une franche hostilité de la part du clergé. Dans les années 1930, le chanoine Viollet a fondé les Éditions familiales de France, ainsi que l'École catholique des sciences familiales en 1942 où il associait dans un même effort de recherche : médecins, sociologues, philosophes et théologiens. Après la Seconde Guerre mondiale, il a retrouvé sa maison, rue de Gergovie, à Paris, qui avait accueilli des réunions clandestines du Comité national de la Résistance. En 1945, âgé de soixante-dix ans, le chanoine Viollet ne comptait pas prendre sa retraite et relançait les Éditions familiales qui publiaient la collection remarquée des Hautes Études Familiales. Jusqu'à sa mort, en 1956, le chanoine Viollet avait des projets malgré une personnalité écrasante qui rendait difficiles et fragiles les collaborations qu'il avait tissées. Sur les apports du chanoine Viollet à la pastorale familiale, Joseph Folliet pouvait écrire de lui : « Doué d'un sens de la famille, chose rare dans le clergé, très psychologue, bon éducateur, il fut l'un des tout premiers pionniers du renouveau de spiritualité familiale qui fait la gloire de notre temps. On peut, sans exagérer, dire qu'il a frayé la voie à l'encyclique *Casti Connubii*, de Pie XI, et que son Association du mariage chrétien a, directement ou par répercussion indirecte, permis l'épanouissement spirituel d'innombrables foyers, dans l'Église entière[1] ». Joseph Folliet précisait qu'après la Seconde Guerre mondiale, le chanoine Viollet avait « dû livrer un dur combat contre les fausses pudeurs, les hypocrisies et les confusions d'une certaine morale bourgeoisie avec la morale chrétienne[2] ». Pour ses œuvres visant à restaurer la famille, le chanoine Viollet s'est appuyé largement sur les laïcs, jouant ainsi un rôle de pionnier. Selon Joseph Folliet, l'indépendance du chanoine Viollet et son aspect franc-tireur lui ont valu « des hostilités et des méfiances longues à mourir[3] ». Le chanoine Viollet relevait les erreurs de l'Église en termes d'éducation sexuelle. Il pointait l'attitude janséniste qui amenait l'institution ecclésiale à rejeter les questions liées à la sexualité. Il critiquait aussi l'attitude du

1. *Chronique sociale de France*, janvier-février 1957.
2. *Ibid.*
3. *Ibid.*

clergé qui, « prisonnier de son célibat[1] », l'empêchait, selon lui, de comprendre la question de la famille dans sa globalité. Il écrivait ainsi : « L'influence janséniste nous paraît évidente, tant en ce qui concerne le silence des parents que celui du clergé. N'est-ce pas sous son inspiration qu'ont été supprimés les chapitres relatifs à la vie conjugale dans *l'Introduction à la vie dévote de saint François de Sales* ? À cette influence plus ou moins teintée de pharisaïsme, il faut certainement ajouter, du côté des parents, un sentiment de pudeur qui les portait à éviter toute allusion aux organes générateurs, et du côté du clergé, l'impression que le célibat et le vœu de chasteté le contraignaient à une réserve qui lui interdisait d'aborder des sujets déclarés scabreux par l'opinion publique. Les conséquences de ce silence des éducateurs responsables devaient nécessairement aboutir à des conséquences désastreuses. Tout d'abord, la séparation morale des parents et des enfants. Comment ceux-ci auraient-ils gardé la confiance, à l'âge des grandes tentations, dès lors qu'il leur était prouvé que leurs parents se refusaient à les éclairer et considéraient comme un signe de perversion prématurée le fait qu'ils cherchaient à s'expliquer le mystère des sexes et de la génération ? Comment s'étonner que le fossé ait été en s'élargissant entre le clergé célibataire et ceux qui se sentaient appelés à la vocation du mariage ? Les personnes appelées au mariage en sont venues à se persuader que la chasteté du prêtre le rendait irrémédiablement inapte à comprendre les aspirations du cœur humain et les problèmes relatifs à la vie conjugale[2] ».

Le chanoine Jean Viollet a reçu le soutien[3] de Rome, en particulier celui du cardinal Pizzardo, préfet du Saint-Office. Il fut

---

1. Abbé VIOLLET, « Erreurs à éviter : éducation sexuelle ou éducation du cœur », 1 CO 40, archives du CNAEF.
2. *Ibid.*
3. *Lettre du cardinal Pizzardo au chanoine Viollet*, 1 CO 36, archives du CNAEF, 14 décembre 1936.

aussi reçu en audience par le pape Pie XI. En 1935, le chanoine Viollet a envoyé une note à ce dernier dans laquelle il estimait que la famille était en danger dans la plupart des pays civilisés du fait de la « diffusion de doctrines promouvant l'amour libre, le divorce, le néo-malthusianisme, l'eugénisme raciste[1] ». Le fondateur de l'AMC a également été soutenu par le cardinal Suhard[2], archevêque de Paris, qui considérait que l'État ne pouvait être qu'un auxiliaire dans la promotion de la famille, cette mission, selon lui, revenant d'abord à l'Église.

L'Association du mariage chrétien a connu de sérieuses difficultés lors d'un conflit entre deux de ses membres : le chanoine Marius Garail et l'abbé Gaston Bailly, un prêtre suisse, à qui l'abbé Viollet avait transmis les Éditions Familiales de France. Le premier, était devenu directeur de l'AMC en 1957 et avait déposé chez le second des fonds appartenant à l'association dont il avait la charge. Or, l'abbé Bailly a utilisé cet argent à des fins personnelles. S'en est suivie une brouille entre les deux hommes. Ce conflit s'est traduit par toute une série de procès perdus par l'abbé Bailly. Le 21 décembre 1964 par exemple, la Cour d'appel reconnaissait qu'il avait fait un usage personnel de l'argent de l'Association du mariage chrétien qui lui avait été confié. La lutte entre les deux prêtres a duré dix ans et explique le peu de dynamisme de la pastorale familiale à cette époque. En 1967, l'Association du mariage Chrétien prenait fin.

1. *Note du chanoine Viollet au cardinal Pizzardo*, « L'action catholique et la défense de la famille », 1 CO 36, archives du CNAEF, 16 février 1935.

2. *Lettre du cardinal Suhard à l'abbé Viollet*, 1 CO 39, archives du CNAEF, 14 juillet 1940.

La pastorale familiale et son développement

Sa structuration

En 1951, à l'assemblée plénière des évêques de France tenue à Paris, les 3 et 4 avril, sont créées des commissions épiscopales dont l'une portait le nom de « commission générale[1] ». Son président était le cardinal Maurice Feltin, archevêque de Paris. À l'intérieur de la commission générale, Mgr Alfred Couderc, évêque de Viviers, était chargé de suivre les questions familiales et en particulier les activités de l'Association du mariage chrétien, l'Association catholique des chefs de famille et enfin les Groupes de foyers. En 1958, est instituée au sein de la commission générale une sous-commission de la famille dont le président était Mgr Joseph Urtasun, archevêque d'Avignon. En mars 1961, dans le cadre d'une révision des commissions épiscopales, l'Assemblée des cardinaux et archevêques (ACA) a supprimé la commission générale. Suite à ce changement, est fondée la Commission épiscopale de la famille et des communautés chrétiennes qui dure de 1961 à 1965 avec deux sous-commissions portant chacune sur l'une des composantes. La sous-commission de la famille est devenue de plus en plus importante au détriment de celle qui avait en charge les communautés chrétiennes. En 1983, la première est devenue la commission familiale de l'épiscopat. Quant à la seconde, qui traitait des communautés chrétiennes, elle relevait désormais d'un Groupe d'accompagnement des communautés chrétiennes. En 1994, la commission familiale de l'épiscopat s'est transformée en Commission épiscopale de la famille, puis en 2005, elle a pris le nom de Conseil famille et société. Ces changements fréquents d'appellation

1. *Lettre du père Sourisseau*, 19 CO, archives du CNAEF, 1er décembre 1997.

traduisent les difficultés d'une pastorale familiale qui a eu du mal à trouver ses marques, ce qui ne pouvait que l'atteindre dans son dynamisme.

Lors de sa session du 21 au 23 mars 1962, l'ACA[1], selon le vœu de la sous-commission de la Famille, a approuvé la création d'un Centre de pastorale familiale. Sa direction fut confiée au chanoine Marius Garail et à ses adjoints, les abbés Maupin et Esquirol. À partir de 1962, des délégués responsables de la pastorale familiale sont nommés dans les diocèses sous l'impulsion de la sous-commission de la famille, puis du Conseil national de pastorale familiale. Étant donné les conflits successifs entre les Éditions familiales de France et l'Association du mariage chrétien, le Centre national de pastorale familiale n'est réellement entré en activité qu'en 1966, avec la nomination de l'abbé Marcel Gaudillère comme secrétaire.

En 1968, la Conférence des évêques de France a institué un Secrétariat national de pastorale familiale. La même année, le Conseil permanent décida que chaque diocèse aurait son délégué à la pastorale familiale. Rapidement, cette dernière ne s'est pas conçue autonome mais au contraire en relation avec d'autres instances apostoliques et services du diocèse : liturgie, catéchèse, catéchuménat, formation permanente. Le père Philippe Audollent, qui a été secrétaire général de la pastorale familiale de 1972-1982, a donné une place plus importante aux laïcs au sein de cette dernière. En 1976, est créée une permanence de la pastorale familiale à Lourdes sous la forme d'un pavillon[2] qui fut confié au CLER en 1978. La permanence s'étalait de mai à octobre, soit pendant la saison des pèlerinages. Cette présence du CLER prenait la forme d'un lieu d'accueil et d'écoute des souffrances de personnes et de leur famille. En 1979, est instaurée un « dimanche des familles »

1. *Procès-verbal de l'ACA*, 1CE49, archives du CNAEF, 21-23 mars 1962.
2. *La pastorale familiale à Lourdes*, 32CO353, archives du CNAEF.

tous les trois ans. En 1987, Yvonne Massié[1], qui tenait le pavillon de la pastorale familiale, regrettait que trop de pèlerins venus à Lourdes ne s'y rendent pas. Toutefois, elle se félicitait des bonnes relations qu'elle avait tissées avec les chapelains des sanctuaires de Lourdes et de l'action de coordination menée par Martine Guénard au sein des pavillons de la ville mariale. La permanence du CLER à Lourdes s'était donné trois missions : écouter les personnes accueillies, les informer, enfin leur permettre de partager leurs expériences à travers l'organisation de carrefours. En 1998, le pavillon de la pastorale familiale avait accueilli 4 420 personnes. En 2004, au sein de celui-ci, avaient été effectués 375 entretiens[2]. La même année, Françoise Lemaire[3] qui assurait la permanence au pavillon de la pastorale familiale, au nom du CLER, avait exprimé son mécontentement face à la volonté de Mgr Perrier, évêque de Tarbes et Lourdes de vouloir reprendre le local qui avait été confié à ce mouvement.

Une volonté de dynamiser la pastorale familiale

Le père Bernard Housset, secrétaire général de la pastorale familiale de 1982 à 1987, a fait en sorte de rendre l'Église en France plus attentive à la question familiale, de faire davantage connaître les mouvements familiaux catholiques, enfin de présenter la situation des familles en France avec objectivité. Pour lui, les conceptions que l'Église avait du mariage étaient à contre-courant[4]

1. *Pastorale familiale à Lourdes. Des conseillers conjugaux du CLER*, 32 CO 349, archives du CNAEF, 1987.
2. *Lettre de Marie-Josèphe Creps, présidente du CLER à Mgr Raymond Zambelli, directeur des sanctuaires de Lourdes*, 117 CO, archives du CNAEF, 17 mai 2004.
3. *Lettre de Françoise Lemaire à Mgr Perrier*, 117 CO, archives du CNAEF, 15 avril 2004.
4. *La Croix*, 23-24 mars 1986.

de la société du temps et il affirmait que l'affection d'un homme et d'une femme dans le cadre de l'union conjugale révélait quelque chose de l'amour de Dieu. Au début des années 1980, dans un document piloté par Mgr Gilbert Duchêne, *Perspectives missionnaires de pastorale familiale*, Mgr Roger Etchegaray rappelait que la famille n'était pas que d'ordre privé mais qu'elle avait une dimension collective, donc politique. Il pouvait écrire ceci : « La famille n'est pas seulement une question de morale individuelle et privée. Elle est le lieu où se répercutent les tensions et les injustices globales et elle peut être le foyer où s'irradie un nouvel art de vivre grâce à un amour responsable. La famille est créative de société[1] ». Dans le document précité, Mgr Duchêne affirmait que dans le domaine familial, l'individualisme et la permissivité prenaient souvent le pas sur la défense de l'institution du mariage dévalorisée sur le plan légal, en raison de la reconnaissance de l'union libre et donc du concubinage par l'État français. Selon Mgr Gilbert Duchêne, pour ses contemporains, la famille était « fondée sur l'amour et le sentiment, bien plus que sur les dispositions juridiques, administratives ou sacramentelles[2] ». Le risque, pour le prélat, était de faire peser sur les couples une surcharge affective, cause d'après lui de l'essor des divorces et de l'union libre. Mgr Duchêne remarquait aussi que le nombre très important de femmes exerçant un emploi dans la société française dévalorisait au contraire celles qui avaient fait le choix de rester au foyer. Or, pour cet évêque, c'était bien elles qui étaient les piliers de l'éducation au sein de la famille. Le document, *Perspectives missionnaires de pastorale familiale,* insistait sur la valeur d'éternité contenue dans le mariage comme sacrement et sur la nécessité de développer une catéchèse à son sujet. Mgr Duchêne demandait expressément une présence active de l'Église auprès des couples de 25 à 40 ans.

1. *Perspectives missionnaires de pastorale familiale,* 32 CO 39, archives du CNAEF, début des années 1980.
2. *Ibid.*

En 1981, les évêques de France ont cherché à mieux appréhender la situation[1] de la pastorale familiale en réalisant une enquête auprès des délégués diocésains. Sociologiquement, ces derniers étaient souvent des prêtres ayant une cinquantaine d'années. Ces délégués diocésains demandaient que la pastorale familiale soit présentée de manière accueillante, qu'elle tienne plus compte des réalités humaines afin qu'elles fassent moins référence à une morale et plus à l'Écriture. Ils se retrouvaient deux ou trois fois par an, par région apostolique, pour une réflexion commune. En 1967, les délégués diocésains de la pastorale de la famille ont bénéficié d'une charte qui a été complétée en 1978. Ils ont pu bénéficier de sessions nationales de temps à autre. Tout au long des années 1970, les délégués diocésains à la pastorale familiale ont demandé que celle-ci soit plus en contact avec les paroisses et les mouvements d'Action catholique, ainsi qu'avec les couples de 25 à 40 ans. Ils regrettaient aussi qu'elle soit trop centrée sur les sacrements et sur les situations dramatiques concrétisées par l'échec des couples, l'avortement et les relations conflictuelles entre parents et enfants. Au début des années 1980, le père Philippe Audollent regrettait que l'Action catholique n'ait fait presque aucune place à la famille. Il écrivait ainsi : « L'Action catholique n'a pas fait de place, au moins dans son langage officiel, à cette dimension personnelle, familiale, affective de l'Église. Il en est souvent question dans la révision de vie mais cela *ne remonte pas*. Ainsi, les mouvements d'Action catholique risquent d'être infidèles à un aspect de la vie et de se durcir dans leurs analyses, leur lecture de la vie qui gomme presque systématiquement la vie privée[2] ».

1. *Situation de la pastorale familiale dans les diocèses de France en 1981. Résultat d'une enquête auprès des délégués diocésains de pastorale familiale*, 32 CO 40, archives du CNAEF.

2. *Quelques réflexions au sujet de la visée apostolique de l'Église de France (après Lourdes 1980)*, 32 CO 42, archives du CNAEF.

En 1986, la commission familiale de l'épiscopat regrettait que « les associations familiales rassemblaient des membres dont les idéologies étaient parfois opposées[1] ». Les évêques français constataient que la pastorale familiale avait des failles comme le manque d'intérêt pour la vie ordinaire des familles, la relation entre les parents et les enfants, et enfin la place des familles dans la société. L'épiscopat français remarquait aussi que les exigences éthiques de l'Église sur le plan familial étaient perçues comme des contraintes et des obstacles par une bonne partie de l'opinion publique. La commission épiscopale, ayant en charge la question familiale, demandait que les mouvements familiaux collaborent davantage entre eux. Pour elle, il ne fallait pas oublier l'engagement des catholiques dans les associations non confessionnelles comme Couple et Famille, ainsi que l'UDAF (Union nationale des associations familiales). La commission familiale pointait aussi du doigt certains services diocésains chargés de la question familiale jugés trop conservateurs, « recherchant un discours rassurant[2] ». Elle exprimait des critiques sur les liens qu'ils entretenaient avec des rassemblements annuels organisés dans la mouvance du périodique *Famille Chrétienne* et du Congrès international de la famille.

En 1988, Mgr Jullien[3], président de la commission familiale, rappelait que l'évêque du lieu était le premier responsable de la pastorale familiale au plan local. Cela ressemblait fort à un rappel à l'ordre face à un foisonnement d'initiatives dans le domaine familial et à un risque d'éparpillement. La même année, il demandait aux mouvements catholiques familiaux de lui préciser leurs projets

1. *Compte-rendu de la commission familiale de l'épiscopat*, archives du CNAEF, 24-25 septembre 1986.

2. *Ibid.*

3. Commission familiale de l'épiscopat, *Texte d'orientation concernant l'organisation de réunions et congrès de la pastorale familiale*, 32 CO3, 10 mars 1988.

et de lui donner la liste de leurs conférenciers[1]. La pastorale familiale menée par l'épiscopat français s'est beaucoup appuyée sur les travaux de la sociologue féministe Évelyne Sullerot, issue d'un milieu protestant et cofondatrice du planning familial. Son rapport de 1975 sur le travail des femmes dans la CEE a eu un impact important. Forte des travaux d'Évelyne Sullerot, l'Église, en 1988, constatait la baisse des mariages, la hausse des familles recomposées, le non-mariage favorisé par le droit français, enfin la remise en cause du mariage monogame défendu par l'Église. Toujours en 1988, Mgr Jullien faisait ce constat amer : « La tâche est immense. Les chrétiens convaincus sont minoritaires. L'enjeu est vital pour l'Église et la société. Il faut ramer à contre-courant. Mais dans la société de la *délibération continue* (Paul Valadier), la cohérence des positions de l'Église, après avoir miné sa crédibilité, peut au contraire la renforcer… si elle est illustrée par des témoins heureux et humbles… Et le signe de la virginité et du célibat consacré est à nouveau perceptible et appelant. Encore faut-il que l'on sache faire découvrir la mystique du mariage sans laquelle les exigences éthiques sont intenables[2] ».

En 1989, à travers le *Texte cible pour la Commission épiscopale de la famille*[3], cette dernière souhaitait donner plus de cohérence à son action qui apparaissait très dispersée. Elle ne souhaitait pas qu'on la limite à la préparation au mariage. Depuis 1978, un effort avait été fait en ce sens, mais sans résultats concluants. Pour les évêques de France, la pastorale familiale n'apparaissait pas assez cohérente et unifiée. Selon eux, les AFC ne pouvaient pas représenter toutes les familles catholiques dans la mesure où leurs membres étaient souvent issus de l'aristocratie et de la

1. *La Croix*, 7 avril 1988.
2. *Commission familiale de l'épiscopat. Rapport du Conseil permanent*, 32 CO 3, CNAEF, juin 1988.
3. *Texte cible pour la Commission épiscopale de la famille*, 32 CO 4, 27 juin 1989.

bourgeoisie. En 1989, le père Charles-Henri de Blavette estimait que les mouvements familiaux dans l'Église travaillaient de manière trop séparée et ne se connaissaient pas très bien. Il constatait qu'ils étaient marqués par « un milieu social et culturel favorisé[1] », ce qui les empêchait d'être en phase avec d'autres structures d'Église dont les membres avaient d'autres origines sociales. Au début des années 1990, la pastorale familiale au plan national était organisée autour de la Commission épiscopale de la famille, du conseil national, du secrétariat national et des instances nationales des mouvements familiaux. Au plan diocésain, elle pouvait compter sur le délégué de la pastorale familiale, l'équipe diocésaine de la pastorale familiale, enfin la réunion de coordination des mouvements familiaux. Pour la commission nationale, le développement des mouvements familiaux faisait « courir le risque d'une dispersion avec comme conséquence le gaspillage des bonnes volontés[2] ».

L'épiscopat français comptait beaucoup sur les délégués et les équipes diocésaines pour assurer une cohérence entre les diverses initiatives prises au sein de la pastorale familiale. Les évêques français considéraient que cette dernière était l'affaire de tous les catholiques et qu'elle ne devait pas être réservée à quelques mouvements spécialisés. En 1993, Mgr Cuminal s'est opposé à l'abbé Moreau qui voulait qu'un nouveau dimanche[3] dans l'année soit consacré à la famille. Cet évêque lui expliquait que trop de messes dominicales, déjà, ne respectaient pas la liturgie officielle. Le prélat lui rappelait aussi que le Saint-Siège consacrait déjà un dimanche à la famille tous les trois ans. En 1993,

1. *Région Centre. Une pastorale familiale diversifiée ou éclatée ?*, 32 CO 4, archives du CNAEF, 27 avril 1989.

2. *Commission familiale de l'épiscopat*, 32 CO 4, archives du CNAEF, février 1990.

3. *Lettre de Mgr Cuminal à l'abbé Moreau*, archives du CNAEF, 1er juin 1993.

dans une lettre[1] du père Joseph Donius, secrétaire national de la Commission épiscopale de la famille, aux délégués diocésains de pastorale familiale et aux prêtres accompagnateurs des équipes diocésaines de pastorale familiale, fixait trois objectifs à cette dernière : consolider les équipes diocésaines, mettre en place un réseau plus dense de préparation au mariage, enfin favoriser la formation affective des adolescents et des jeunes.

La pastorale familiale a mis en place, en 2013, des dimanches de la famille. Ceux-ci ont fait appel aux mouvements familiaux actifs au sein de l'Église. On trouvait ainsi le CPM (Centre de préparation au mariage), le CLER (Centre de Liaison des Équipes de Recherche), les AFC (Associations familiales catholiques), les END (Équipes Notre-Dame), Espérance et vie (mouvement chrétien des veuves), Renaissance (Groupement chrétien des femmes séparées et divorcées non remariées), Notre-Dame de l'Alliance (mouvement proche de Renaissance regroupant des hommes et des femmes séparés ou divorcés ne désirant pas se marier), Mariage Rencontre (organisation de week-ends d'écoute et de communication), les EFFA (Équipes familiales de formation apostoliques), AFALE (Action familiale pour l'apostolat de l'enfance), Amour et vérité (Fondation pour la promotion humaine et spirituelle du couple et de la famille), les Focolari, Résurrection (mouvement chrétien de veufs), SOS futures mères (Laissez-les vivre), Grossesse Secours (association aidant les femmes enceintes à mener leur grossesse à leur terme), Mère de Miséricorde.

---

1. *Lettre du père Joseph Donius aux délégués diocésains de pastorale familiale et aux prêtres accompagnateurs des équipes diocésaines de pastorale familiale*, archives du CNAEF, 13 décembre 1993.

Le 9e congrès international de la famille (11-14 septembre 1986) : source de tensions avec l'épiscopat français

Ce congrès, qui s'est déroulé du 11 au 14 novembre 1986 à Paris au Palais des congrès, a été organisé par l'association Provie France, dirigée par Angela de Malherbe. On trouvait parmi les participants : Jean-Marie Meyer, Pierre Chaunu, Jean Foyer, Jérôme Lejeune, Jean Vanier, le docteur Bernard Nathanson, réalisateur du film *Le cri silencieux*, Marcel Clément, Aline Lizotte, enfin Mère Teresa. Les deux premiers congrès internationaux[1] de la famille avaient eu lieu respectivement à Paris en 1981 et à Rome en 1984. Parallèlement, d'autres rassemblements similaires avaient eu lieu en Amérique du Nord et en Amérique du Sud. L'objectif de ces manifestations était de rappeler la valeur essentielle de la famille comme cellule de base de la société, dénoncer les maux qui la fragilisaient, enfin donner des informations sur les méthodes naturelles de maîtrise de la fécondité. Chacun de ces congrès avait rassemblé de plusieurs centaines de personnes à plusieurs milliers. Mgr Jullien regrettait vivement que la Commission épiscopale de la famille n'ait pas été consultée par Angela de Malherbe, organisatrice du congrès international de la famille, pour la mise en place de ce dernier. Le prélat lui reprochait aussi de ne pas l'avoir contacté pour le choix des intervenants[2]. Mgr Guy Thomazeau, président de la Commission épiscopale de la famille, émettait des doutes et s'interrogeait sur les noms très connus mis en avant par les organisateurs du congrès international de la famille. Il écrivait ainsi au père Housset : « Ou il y a une

1. *Note d'information sur le congrès international de la famille « La fécondité de l'amour », 11-14 septembre 1986,* 23 CO 241, archives du CNAEF.

2. *Lettre de Mgr Jullien à Angela de Malherbe*, 32 CO 241, archives du CNAEF, 24 janvier 1986.

part de bluff ou il y a de grands moyens et je ne sais ce que cela recouvre. S'agit-il des personnes qui viendront effectivement ou celles que Madame de Malherbe souhaiterait voir venir[1] ? ». Lors du congrès international de la famille en 1986, John et Evelyn Billings, découvreurs de la méthode naturelle de régulation des naissances basée sur l'observation de la glaire chez la femme, ont été à l'honneur. Lui, était spécialiste d'embryologie et d'histologie et elle, était pédiatre[2]. Ce congrès avait rassemblé 4 000 personnes. L'un des principaux intervenants, Mgr Raymond-Marie Tchidimbo, ancien archevêque de Conakry, a reproché de manière incisive[3] aux évêques français de n'avoir envoyé aucun représentant à cette rencontre.

Dans le journal *Libération*, Mgr Jullien avait dit à propos du congrès international de la famille qu'il « n'aimait pas les groupes qui n'étaient pas transparents[4] ». Dans *La Croix* cette fois, Yves de Gentil-Baichis[5] s'était interrogé sur l'origine des fonds dont avait bénéficié le congrès international de la famille et avait regretté une vision « traditionnelle » de la famille, encouragée par la présence des Scouts d'Europe et de *Radio Solidarité*. Ces réactions montrent que la famille était au cœur du clivage droite-gauche au sein de l'Église catholique en France. À propos du Congrès international de la famille, la Commission épiscopale de la famille avait parlé « d'ombres et de lumières[6] ». Pour elle, la présentation de la méthode Billings n'avait pas percé « le mur du silence de l'opinion publique au sujet de la régulation des naissances[7] ». Si la

1. *Lettre de Mgr Thomazeau au père Housset*, 32 CO 241, archives du CNAEF, 6 décembre 1985.
2. *Madame Figaro*, 28 juin 1986.
3. *Le Matin*, 15 septembre 1986.
4. *Libération*, 15 septembre 1986.
5. *La Croix*, 11 septembre 1986.
6. Commission familiale de l'épiscopat, *Compte-rendu de la réunion des 24-25 septembre 1986*, archives du CNAEF.
7. *Ibid.*

Commission épiscopale de la famille trouvait que des témoignages étaient remarquables comme ceux de Jean Vanier, du père Bruce Ritter, du cardinal Lustiger et de Mère Teresa, elle estimait que d'autres « exprimaient une idéologie trop marquée[1] », se traduisant par une critique excessive des sociétés libérales et par une « apologie de la mère au foyer[2] ».

Le diagnostic et les réflexions de l'épiscopat sur la crise des couples et de la famille

Dans les années 1980 et 1990, l'épiscopat français a été sensible à la situation de la famille en France, à commencer par l'approche sociologique de celle-ci. Ici, les travaux d'Évelyne Sullerot ont souvent servi de référence à des évêques français friands de statistiques et d'analyses sur les évolutions sociétales dans le but de nourrir une pastorale familiale à la recherche d'un nouveau dynamisme. Les recherches de la sociologue mettaient, entre autres, l'accent sur la spectaculaire augmentation des divorces. S'ils représentaient 10 % des mariages en 1960, ils concernaient 30 % de ceux-ci en 1988. Cette année-là, il y avait eu 108 000 divorces. Ceux-ci ont eu pour effet de multiplier le nombre de familles monoparentales. Ainsi, étaient-elles 887 400 en 1982, soit en forte augmentation. La cause homosexuelle affichée et revendiquée a été l'un des faits majeurs de ce contexte sociétal des années 1980. Clairement, pour les évêques de France, cette évolution marquante des mœurs ne pouvait que fragiliser la famille. Ils s'inquiétaient aussi de la baisse de l'indice de fécondité chez les Françaises qui était tombée à 1,82 au milieu des années 1980. L'épiscopat restait préoccupé par le nombre important d'avortements dans cette décennie avec 170 000 par an en moyenne. Pour les évêques

1. *Ibid.*
2. *Ibid.*

français, ces transformations allaient dans le sens d'un net déclin de la famille même si quelques signes d'espérance s'étaient fait jour comme, par exemple, cette certitude que l'univers familial restait, sondages à l'appui, un espace où le bonheur pouvait s'épanouir de manière privilégiée. Dans ces années 1980, face à l'effondrement de l'idéal chrétien de la famille, Mgr Jullien, archevêque de Rennes, reconnaissait que le défi lancé à l'Église dans ce domaine restait immense, sachant que les catholiques convaincus étaient désormais clairement en minorité.

En 1994, la commission familiale de l'épiscopat, dans son rapport[1] au Conseil permanent, rappelait que la famille était la cellule de base de la société et elle regrettait que la société occidentale ait mis l'accent sur l'individu autonome aux dépens de l'univers familial. Les évêques de France regrettaient aussi que l'État se soit approprié un rôle d'éducateur au détriment des parents. Ils trouvaient aussi dommage que la famille soit passée de la sphère publique à la sphère purement privée. Toujours en 1994, les évêques de France se réjouissaient de voir le Parlement s'opposer au Contrat d'union civile qui concernait aussi les personnes homosexuelles. Ils s'inquiétaient aussi du malaise des prêtres face à de jeunes couples qui n'avaient pas clairement conscience des enjeux du mariage et qui n'en acceptaient pas les conséquences : indissolubilité, unicité, procréation. La Commission épiscopale de la famille remarquait également que la défense par l'Église de la paternité et la maternité familiales, qui supposaient le recours aux méthodes naturelles de régulation des naissances, étaient peu acceptées, car jugées trop contraignantes. Elle s'alarmait également de la fragilisation des couples en raison d'une vie trépidante, des périodes de chômage et des déplacements incessants pour des motifs professionnels.

---

1. *Rapport de la commission familiale de l'épiscopat au conseil permanent*, 1PP21, archives du CNAEF, 14 juin 1994.

Pour Mgr Jullien, aux yeux des Français, la famille était le premier lieu du bonheur, attendant d'elle : intimité et sécurité. Le prélat défendait l'idée qu'il y avait bien une seule famille, s'opposant ainsi à la dimension plurielle que les partis de gauche ont voulu lui donner dès les années 1980. Selon l'archevêque de Rennes, seul le mariage fondé sur la fidélité et la fécondité pouvait permettre à un couple de s'épanouir et à ses enfants de grandir harmonieusement. Mais il faisait le constat que la famille faisait l'objet d'une désintégration dont les causes étaient à rechercher du côté de la conception in vitro, du développement des familles monoparentales, de la cohabitation juvénile généralisée et de l'utilisation du préservatif. Pour lui, tous ces facteurs opéraient une déconnexion entre la famille et la sexualité.

L'épiscopat s'est appuyé à plusieurs reprises sur les analyses du théologien Xavier Lacroix[1]. Ce dernier percevait un effondrement de la nuptialité à partir de 1972. Ainsi, cette année-là, les mariages étaient au nombre de 416 500, chiffre qui s'est effondré pour atteindre 265 000 en 1990, soit une baisse de 36,3 %. Xavier Lacroix observait aussi une explosion du nombre des cohabitations. En 1968, un couple sur trente-cinq n'était pas marié, alors qu'en 1990, il y en avait désormais un sur huit. En 1975, le nombre de naissances hors mariage était de 6 % contre 30 % en 1990. Au début des années 1960, il y avait 30 000 divorces par an contre 100 000 en 1984. La fécondité a commencé à baisser en France à partir de 1965 et l'âge moyen des mères à l'âge de leur premier enfant est passé de 26,5 ans en 1977 à 28,3 ans en 1990. La même année, les grandes familles n'étaient plus que de 2 %. Xavier Lacroix attribuait cette baisse de la fécondité à l'usage des contraceptifs, la diminution des allocations familiales, la hausse du chômage, le développement de l'urbanisation, le nombre d'avortements évalué à 200 000 en 1990,

1. Xavier LACROIX, *L'État de la famille en France aujourd'hui*, 32 CO51, archives du CNAEF.

enfin l'accroissement important du travail des femmes. En 1990, en France, 10 % des personnes vivaient seules. Xavier Lacroix percevait un effondrement de l'institution familiale même si, selon lui, elle restait une valeur refuge.

En 1992, les évêques de France exprimaient des craintes quant à l'avenir de la famille en raison des divorces, de l'anonymat des grandes villes et de la complexité des familles recomposées. L'épiscopat français stigmatisait toute une série de peurs qui minaient le fondement de la famille. Ils s'exprimaient ainsi[1] : « L'enfant, la vieillesse, la promesse, la durée, la vie... tout fait peur[2] ». Les évêques français reconnaissaient que les difficultés économiques, le chômage en particulier, l'inconfort de l'habitat et la précarité étaient des obstacles au développement des familles. Ils étaient aussi persuadés que la parole de l'Église dans ce domaine apparaissait comme un reproche et une condamnation. Ils rappelaient que Jésus avait vécu au sein d'une famille. Ils percevaient cette dernière comme un lieu où l'amour de Dieu pouvait s'exprimer. Toujours en 1992, lors de la Conférence des évêques de France à Lourdes, ceux-ci donnaient naissance à la déclaration « Oui à la famille ». Dans ce message, la famille était présentée comme le lieu où on trouve « la chaleur de l'affection, la sécurité du don mutuel, la joie de vivre ensemble et le don de la vie[3] ». Dans ce document, ils évoquaient aussi les peurs des jeunes couples face aux nombreux divorces et aux difficultés économiques comme le chômage. Selon eux, la famille était un « signe où Dieu révélait qu'il était amour[4] ».

Les évêques de la commission familiale s'inquiétaient de l'augmentation des divorces et des nullités de mariage prononcées du fait

1. *Ibid.*
2. *Ibid.*
3. *Message des évêques de France à la Conférence des évêques de France, « Oui à la famille »*, 1PP21, archives du CNAEF, 30 octobre 1992.
4. *Ibid.*

du manque de liberté et par immaturité affective. Ils proposaient d'amener les fiancés à prendre leur temps à travers des retraites pour éviter des divorces par la suite. La Commission épiscopale de la famille regrettait que les couples mariés ne soient pas toujours associés à la préparation au mariage. Or, elle estimait cette participation indispensable. Les évêques insistaient sur quatre piliers : la liberté personnelle comme condition sine qua non au mariage, l'indissolubilité de ce dernier, vue comme une force pour le couple, la fidélité, enfin l'ouverture à la vie, donc à la procréation. Les évêques défendaient l'exemple des formateurs expérimentés dans le domaine conjugal. Pour eux, il y avait une complémentarité entre le mariage religieux et le mariage civil, alors que Rome voyait beaucoup plus une incompatibilité entre les deux.

Face à la crise de la famille, la Conférence des évêques de France a cherché à mieux comprendre les difficultés auxquelles elle était confrontée. Au sein de cette dernière, le Conseil famille et société a lancé l'initiative Familles 2011. Ce projet ambitieux s'est accompagné d'auditions auprès d'experts, d'un blog, de diverses manifestations en province, enfin d'un colloque qui s'est déroulé à Paris les 1er et 2 octobre 2011. Familles 2011 avait quatre objectifs :

- prendre en compte les transformations sociologiques importantes,
- montrer que les familles appartiennent à la société,
- faire découvrir le message chrétien dans le domaine de la famille
- élaborer des propositions pour une pastorale et une politique familiales.

La revue interne de l'épiscopat français, *Documents Épiscopat,* sous la plume de Monique Baujard, directrice du Service national famille et société, a publié la synthèse des auditions qui ont été sollicitées dans le cadre de Familles 2011. Ce document a pris comme titre[1] « Les familles, miroir de la société ». Le titre n'était pas innocent car en choisissant de parler de familles au pluriel et non au singulier, l'objectif des évêques de France était de préciser qu'elles étaient multiples et que leurs réalités quotidiennes empêchaient de les analyser d'un point de vue global.

Trente-cinq personnes ont été interrogées. Parmi les plus connues, on trouvait Jacques Arènes, psychologue-clinicien, Philippe Bas, ancien ministre de la Justice en charge de la famille, Philippe Bordeyne, doyen de la Faculté de théologie de l'Institut catholique de Paris, Françoise Dekeuwer-Défossez, ancienne doyenne de la Faculté de droit de l'Université Lille 2, Chantal Delsol, professeure à l'Université Paris-Est-Marne-la-Vallée, Jean-Patrick Gille, député PS d'Indre-et-Loire et Hervé Mariton, député-maire UMP de Crest (Drôme). Le manque de recul de *Documents Épiscopat* sur cette question de l'évolution de la famille en France tenait en grande partie au fait que, parmi les personnes interviewées, ne figurait aucun historien. Le document « Les familles, miroir de la société » constatait que le primat accordé à l'individu se faisait au détriment de la famille, conçue comme un ensemble d'individus, tout spécialement attachés à leurs droits.

Le texte rédigé par Monique Baujard mettait en exergue le rôle du droit de la famille qui était de plus en plus centré sur la notion de liberté au sens d'indépendance. Selon elle, elle s'exerçait au détriment de l'autorité conjugale et paternelle. Cette liberté revendiquée concernait le refus des mariages forcés, la sexualité sans entrave, la possibilité de choisir son union, qu'elle soit homosexuelle ou pas. Le document « Les familles, miroir de la société », précisait aussi que la recherche effrénée d'égalité des sexes était devenue une norme dans les couples. Les synthèses des auditions réalisées par Monique Baujard laissaient entendre que cette tendance contenait

1. *Documents Épiscopat*, « Les familles, miroir de la société », n° 5, mai 2011.

le danger du rejet de l'altérité et donc de la différence au sein des unions, pouvant rapidement mener à leur destruction. La publication de *Documents Épiscopat* pointait du doigt l'hédonisme qui marquait de nombreux couples contemporains, ainsi que le refus de toute notion de sacrifice. Pour les auteurs auditionnés, il s'agissait là de l'une des causes majeures de l'échec des unions, qu'il s'agisse de mariages ou pas.

À travers son travail de synthèse, Monique Baujard faisait remarquer que malgré le très fort idéal de liberté vécu au sein du couple, celui-ci était de plus en plus marqué par des violences conjugales, se traduisant parfois par des féminicides. Les auteurs auditionnés pour le texte publié par *Documents Épiscopat* s'inquiétaient d'une politique familiale qui posait de plus en plus de problèmes. En effet, si son but à la suite de la Libération a été de promouvoir le dynamisme de la démographie française, cet objectif a été un peu perdu de vue pour se tourner vers la lutte contre les inégalités dans les familles et donc la protection des plus faibles d'entre elles. Le texte mettait en valeur le travail de la femme au sein du couple qui lui donnait des garanties financières. Pour nombre de spécialistes, l'équilibre trouvé en France entre le travail de la femme et ses activités de mère de famille était l'une des raisons d'un taux de natalité relativement élevé en France, comparé à ses voisins européens. Mais ce modèle a atteint ses limites à partir de 2012, année où le gouvernement socialiste a décidé que les allocations familiales seraient octroyées sous condition de ressources. Il s'agissait ici d'une remise en question du système voulu par les gaullistes et l'UMP, d'orientation démocrate-chrétienne. En effet, ils partageaient l'idée d'une universalisation de l'attribution des allocations qui ne dépendait pas des revenus des couples, toutes les familles étant traitées sur un pied d'égalité.

Les auteurs auditionnés regrettaient que l'action de l'État ne soit pas assez tournée vers la défense de la stabilité conjugale. Ils analysaient cette attitude des pouvoirs publics comme la volonté de respecter la liberté au sein de chaque couple. Le travail de synthèse de Monique Baujard a pointé du doigt le nombre élevé de familles monoparentales évalué à 17 % en France en 2011, qui étaient caractérisées bien souvent par un manque de ressources financières et des problèmes éducatifs aggravés par l'absence du père. Une éducation de plus en plus horizontale au sein des familles, où l'affectivité prenait une part considérable, constituait pour les experts auditionnés un véritable danger.

Dans le travail de synthèse, on pouvait lire ceci : « Les rapports d'autorité ont changé. Il n'y a plus le respect automatique de la parole donnée de l'aîné. Aujourd'hui, l'éducation est devenue horizontale et le critère est devenu l'épanouissement de l'enfant. Le *pater familias* s'est effacé. Le père et la mère hésitent sur la place qu'ils doivent occuper respectivement. Cela donne (...) des familles bi-monoparentales où les parents pratiquent le co-voiturage éducatif. Lorsque les parents ont du mal à trouver leur place dans la famille, cela ne devient pas facile pour les enfants et les jeunes de s'y situer (...). Parce que les rapports familiaux sont devenus des rapports purement affectifs, il arrive que des parents n'osent plus dire non à leurs enfants, de peur de ne plus être aimés ! L'école récolte alors les difficultés d'enfants qui n'ont pas l'habitude de se voir opposer un refus et qui découvrent à l'école le respect des règles communes à tous[1] ». Ce travail de synthèse réalisé dans le sillage de Famille 2011 avait incontestablement des points faibles comme l'absence de définition de la famille, ce qui traduisait un manque de consensus entre les personnes auditionnées et qui ne pouvait que porter atteinte à une pastorale familiale que les évêques de France voulaient voir renouveler. Le document réalisé par Monique Baujard précisait que la famille était un lieu de partage des joies et des peines entre parents et enfants

1. *Documents Épiscopat*, « Les familles : miroir de la société », n° 5, 2011.

prioritairement, ainsi que le milieu dans lequel l'éducation pouvait s'épanouir et prendre tout son sens. Il faisait aussi remarquer que la famille était bien souvent la dernière protection pour les populations les plus pauvres. En conclusion, le document faisait valoir que depuis les années 1960, la famille avait gagné en liberté et en égalité mais que, par ailleurs, sa situation s'était dégradée dans le contexte d'une société complexe et matérialiste où les repères manquaient cruellement.

À la suite de la publication du numéro de *Documents-Episcopat*, « Les familles : miroir de la société » et toujours dans le sillage de Familles 2011, un deuxième volet a suivi sous le titre[1] « Comment l'Église peut-elle aider les familles aujourd'hui ? ». Cette partie se voulait pastorale alors que la première était davantage centrée sur une vision sociologique de la famille. Ce second document pointait du doigt la multiplication des divorces et des familles recomposées, rassemblant des fratries, composées d'enfants nés de diverses unions. Il faisait aussi remarquer qu'au début des années 2010, ce n'était plus le couple mais l'enfant qui « faisait famille[2] ». À travers ce texte à visée pastorale, le plus grand danger pour le Conseil famille et société résidait dans la diffusion rapide du droit des contrats qui s'est appliqué à l'univers familial et qui s'est traduit par un fort individualisme, destructeur à terme de la famille. À ce sujet, on pouvait y lire ceci : « La fragilité du lien conjugal provient en partie des tensions inhérentes à cette attitude contradictoire qui consiste à vouloir une famille pour soutenir son épanouissement personnel, sans se rendre compte qu'il faut un investissement personnel pour que la famille existe[3] ». Le second volet de la réflexion des évêques français concernant la famille a conçu l'amour du couple à l'image de celui qui animait

1. *Documents Épiscopat*, « Comment l'Église peut-elle aider les familles ? », n° 2, 2012.
2. *Ibid.*
3. *Ibid.*

les trois personnes de la Trinité caractérisé par une dynamique sans cesse renouvelée de « don de soi et de réception de l'autre[1] ». Le Conseil famille et société précisait que cette haute conception de l'amour était exigeante mais qu'en même temps, elle était un « trésor[2] » de la civilisation chrétienne. Les évêques de France avaient bien conscience que l'exemplarité était indispensable pour rendre crédible l'idéal familial. À travers ce second volet davantage missionnaire, le Conseil famille et société reconnaissait que jusque dans les années 1970, la pastorale se centrait surtout sur la préparation au mariage. Or, dans les années 2010, la situation avait radicalement changé aux dépens de l'Église. Ainsi, l'institution ecclésiale a-t-elle constaté que le mariage était désormais devenu une option parmi d'autres telles que le PACS et le concubinage. Elle faisait aussi le constat que 98 % des couples vivaient déjà ensemble avant le mariage religieux et que la moitié d'entre eux avait des enfants avant de recevoir le sacrement. À travers ce document, le Conseil famille et société considérait que les crises économiques et sociales, en particulier celle du logement, et la liberté des mœurs constituaient des entraves redoutables à la stabilité des couples et à leur engagement dans le cadre du mariage. Par ce document, l'institution ecclésiale souhaitait rappeler l'importance de la fidélité comme ciment du couple même si beaucoup de Français doutaient de sa pérennité. Elle voulait dans ce texte rappeler que l'amour dans une famille supposait un apprentissage, la pratique du pardon, un certain dépouillement occasionné par la paternité et la maternité. Dans ce numéro de *Documents Épiscopat*, les évêques de France ont dressé une politique familiale avec plusieurs propositions : soutien apporté aux associations familiales dans le cadre de l'UNAF, établissement d'une fête des familles, défense du mariage comme « l'union stable d'un homme et d'une femme, ouverte à la vie, fondée sur l'amour et la liberté des époux,

1. *Ibid.*
2. *Ibid.*

manifestée par un engagement mutuel et social, reconnaissance de points de retraite pour des hommes et des femmes qui mettent entre parenthèses leurs carrières professionnelles pour s'occuper de leurs enfants ou de leurs parents âgés, modification du regard des entreprises dont le personnel s'absente pour des raisons familiales. Concernant la dimension religieuse de la famille, toujours à travers ce numéro de *Documents Épiscopat*, l'épiscopat français incitait à ne pas réduire la famille à des aspects moraux mais à développer sa dimension spirituelle, prenant la forme de la prière en famille et de partages d'Évangile en son sein.

Enfin, il souhaitait favoriser davantage un meilleur accompagnement des couples dans leurs premières années de mariage, faisant le constat de la faiblesse des offres dans ce domaine au sein de l'Église.

Les évolutions du mariage et de la sexualité depuis les années 1960

Des transformations profondes

Si dans les années 1960-1980, on a souvent évoqué la crise de la famille en France, les études portant sur elle n'ont jamais été aussi nombreuses, qu'elles émanent des historiens, des politistes ou des sociologues. Les intellectuels se sont réintéressés à celle-ci en tant qu'institution. Le processus d'industrialisation et d'urbanisation à partir des années 1960 a eu des répercussions sur la famille, entraînant une réduction de la natalité dont l'une des raisons a été l'exiguïté des logements dans certaines villes. Dès le début des années 1990, près du quart des ménages était composé d'une seule personne, veuf, veuve, divorcé(e). Paris constituait une exception en France car la moitié des ménages était constituée d'une personne. Le nombre des mariages a augmenté au début 1970. 1972 a été l'année où il a été le plus élevé avec 400 000 unions. Par la suite, ils ont connu une forte baisse pour atteindre 275 000 au début des années 1990. Parallèlement, le nombre d'unions libres ou de cohabitation a explosé, passant de 155 000 en 1957 à 400 000 en 1981. En 1990, on comptait déjà 1 720 000 couples non mariés. À cette crise du mariage, s'est ajoutée la montée en flèche des naissances illégitimes, dont le terme est tombé progressivement en désuétude, et qui sont passées de 6 % en 1966 à 25 % en 1990.

Dans les années 1980, le mariage a parfois été mieux perçu par les médias, alors que dans le même temps et de manière contradictoire, ils valorisaient les unions libres. À partir de mai 68, l'État en France s'est en grande partie détourné du mariage, fragilisant ainsi l'un des piliers de la société. Ce désintérêt pour cette institution s'est même traduit par un désavantage fiscal à l'encontre des couples mariés, comparés aux unions libres dont les membres ne vivaient pas les mêmes contraintes[1]. À la suite de mai 68 également, les Françaises sont entrées massivement sur le marché du travail. En 1982, elles constituaient 41 % de la population active. Dès cette époque-là, André Burguière, Christiane Klapisch-Zuber, Martine Segalen, Françoise Zonabend, dans leur ouvrage commun *Histoire de la famille*, considéraient que le mariage romantique, qui faisait le une des médias, incarnait une forme d'individualisme dans la mesure où il évoluait en dehors des cadres de la société, aussi contraignants soient-ils. Les auteurs n'hésitaient pas à écrire : « Le modèle du mariage romantique, développé dans les années 1970, caractérisé par un *compagnonnage* des époux, fondé sur un attachement que l'on se plaisait à

1. Sous la direction d'André Burguière, Christiane Klapisch-Zuber, Martine Segalen, Françoise Zonabend, *Histoire de la famille*, volume III, Paris, Colin, 1986, p. 651.

opposer aux mariages d'intérêt caractéristiques des unions bourgeoises, n'était-il pas fils de la glorification de l'individualisme et de la liberté chers aux pays démocratiques en pleine expansion économique[1] ? ».

Emma Gounod[2], directrice de l'Institut des Sciences de la famille à l'Université catholique de Lyon, remarquait que le droit de la famille avait fortement évolué depuis le milieu des années 1960 et que ses réformes avaient été inspirées par le souci de la promotion de la femme, la protection des enfants, le respect de la liberté des personnes, enfin par la volonté de trouver des solutions aux problèmes nés de situations marginales. Mais Emma Gounod avait remarqué que cette attention plus grande aux personnes et aux situations concrètes avait pour conséquence une diminution de l'intérêt pour l'institution du mariage. À partir du milieu des années 1960, les évolutions du droit sont toutes allées en direction d'un recul de l'autorité du père sur sa famille. Cela s'est traduit par la loi du 13 juillet 1965 sur les régimes matrimoniaux. Elle diminuait la prépondérance du mari au sein de la famille et introduisait la notion fondamentale d'égalité des époux. Le nouvel article 216 précisait que chaque époux avait « la capacité en droit ». L'égalité de traitement ainsi accordée était une vraie révolution. La femme pouvait désormais exercer librement une profession, son mari ne pouvant plus désormais s'opposer à ce qu'elle la pratique.

Une étape importante a été franchie avec la loi du 3 janvier 1972 qui légitimait les « enfants naturels ». Désormais, ils avaient les mêmes droits et les mêmes devoirs que les enfants légitimes. Cet acte législatif a eu pour effet d'opérer une dissociation entre la famille et le mariage. Désormais, la législation reconnaissait

1. *Ibid.*, p. 652.
2. Texte d'Emma Gounod, « Le mariage dans l'évolution actuelle du droit », 32 CO 84, archives du CNAEF, juin-août 1980.

que le fondement de la famille pouvait être purement biologique et qu'il n'était plus la source de la légitimité. À la racine de la loi du 3 janvier 1972, on trouve un slogan de mai 68 : « Le mariage n'est pas fait pour les enfants » qui a dissocié le mariage de la filiation. Cette loi du 3 janvier 1972 s'est opposée au Code civil de 1804 qui considérait que le mariage et la filiation étaient intimement liés. En droit, à cette époque, il n'existait qu'une seule famille : la famille légitime fondée sur le mariage. Par la loi du 3 juillet 1972, la famille se trouvait ainsi « juridiquement déclassée[1] ». Par la loi du 22 décembre 1976 qui instituait l'adoption plénière, les enfants adoptés avaient désormais les mêmes droits que ceux qui étaient légitimes. Dans les années 1980, les juristes français ont de plus en plus considéré que les « parents » étaient ceux qui élevaient les enfants, avant d'en être les « géniteurs ». Dans ce cadre, l'enfant est aussi devenu l'objet d'une appropriation. À partir des années 1980, le rôle des familles quant aux enfants s'est amoindri au profit de l'administration (juge, aide sociale, sécurité sociale). À partir des années 1970, la famille a connu des transformations importantes. En effet, son rôle central, qui était de transmettre un patrimoine économique et moral d'une génération à l'autre, s'est en partie effacé. Ainsi, la famille a-t-elle privilégié « la construction personnelle[2] » selon François de Singly, aussi bien dans les relations conjugales que dans les rapports entre parents et enfants. Elle a été marquée en son sein par une montée de l'individualisme aux dépens d'un projet collectif structurant.

Emma Gounod et bien d'autres juristes ont montré que la loi sur le divorce par consentement mutuel de 1975 avait fragilisé le mariage. Jusque-là, le divorce échappait au couple car il ne pouvait être prononcé que pour faute grave. Depuis, il suffit qu'il y ait un consentement mutuel entre les époux pour que le divorce

1. Jean-Michel GAILLARD, *La famille en miettes*, Paris, Sand, p. 56.
2. Cité par Jean-Michel GAILLARD, *La famille en miettes*, Paris, Sand, p. 72.

entre dans les faits. La loi de 1975 sur ce dernier a laissé entendre que le mariage n'impliquait plus un engagement sérieux comme par le passé. Ces diverses lois sur la famille votées au début des années 1970 ont traduit un désengagement de l'État dans ce domaine. À l'orée des années 1980, le mariage n'apparaissait plus comme la seule voie pour fonder une famille et pour conférer la légitimité.

Dans les années 1970, le catholicisme français, protecteur de la famille et de la liberté dans le mariage, a été systématiquement sur la défensive a face à l'évolution des mœurs dans l'Hexagone. Ainsi, la société française a-t-elle totalement intégré la cohabitation, le divorce, la contraception et l'avortement, autant de comportements qui se sont traduits dans un cadre législatif et qui allaient indubitablement à l'encontre de l'enseignement de l'Église. Malgré un discours ambiant mettant en avant l'interchangeabilité de l'homme et de la femme, Sabine Chalvon-Demersay constatait que la femme assurait une « double journée[1] ». Ainsi, au-delà de sa journée de travail, elle continuait de jouer le rôle traditionnel de celle qui assurait l'intendance du foyer familial, qu'il s'agisse d'un couple marié ou d'une union libre. Il y a toujours eu une forte interaction entre le travail des femmes et leur fécondité. La naissance d'enfants était perçue comme une limite à leur avenir professionnel, « puisque le temps féminin était caractérisé par une continuité entre vie professionnelle et vie familiale[2] ». Depuis 1974, le taux de fécondité en France, passé sous 2,1 enfants par femme, ne permet plus de renouveler les générations. À partir de cette époque, la plupart des couples en France ont souvent renoncé à avoir trois enfants. Les raisons évoquées étaient : l'insuffisance des places en crèche, le manque de logements, le coût matériel lié au troisième enfant. Pour

1. Cité dans André BURGUIÈRE, Christiane KLAPISCH-ZUBER, Martine SEGALEN, Françoise ZONABEND (dir.), *Histoire de la famille*, volume III, Paris, Colin, 1986, p. 655.
2. *Ibid.*, p. 658.

beaucoup de femmes, la naissance d'un enfant ne signifiait pas l'arrêt de leur travail, ce qui n'était pas inacceptable pour la grande majorité d'entre elles. Au début des années 2000, les rapports entre le droit et la famille ont été marqués par un fort paradoxe. D'un côté, ces relations entre les deux se sont traduites par un recul du droit public à l'égard des formes de la vie conjugale et d'un autre côté, un mouvement de juridicisation accrue de la vie des familles a vu le jour. En effet, Jean-Michel Gaillard mettait bien en lumière ce contraste : « Au nom de la liberté et de l'autonomie des acteurs familiaux, on a reconnu aux citoyens le libre choix de la forme de leur couple (...). La loi renonce à gouverner les mœurs, le juge est exclu du champ de la morale (...). Et pourtant, jamais le juge n'a été aussi présent, aussi sollicité, dans le règlement de contentieux liés à la famille[1] ». Cette évolution durable de la famille s'est traduite par un déplacement du droit du couple vers l'enfant. Ce dernier s'est retrouvé au cœur du nouveau système juridique. L'activité des juges s'est démultipliée du fait d'une forte hausse des conflits familiaux. Ainsi, représentaient-ils en 2001, 60 % des affaires traitées dans les tribunaux de grande instance.

Au cours des années 1980 et de l'expansion du sida, le discours sur la sexualité s'est focalisé sur la question du préservatif et sur son rejet par l'Église. En 1992, le rapport[2] d'Alfred Spira et Nathalie Bajos, destiné au ministère de la Recherche et de l'Espace, et intitulé *Les comportements sexuels des Français*, a donné des informations intéressantes et précises sur le sujet. L'objectif principal de cette enquête était de questionner la sexualité en France afin de pouvoir établir des stratégies de prévention du sida en particulier et des maladies sexuellement transmissibles en général. Ce travail, qui a porté sur 20 000 personnes a aussi donné

1. Jean-Michel GAILLARD, *La famille en miettes*, Paris, Sand, 2001, p. 142.
2. Alfred SPIRA, Nathalie BAJOS et le groupe ACSF, *Les comportements sexuels en France*, Paris, La Documentation Française, Rapport au ministre de la Recherche et de l'Espace, La Documentation française, 1992, 351 p.

une photographie de la réalité familiale en France au début des années 1990. Le rapport Simon, publié en 1972, était la dernière grande enquête sur la sexualité des Français. Ce travail a pour effet de placer, pour la première fois, la sexualité au cœur des études sociologiques et de la réflexion politique. Le rapport Spira et Bajos faisait remarquer que l'usage de la contraception était peu en relation avec l'appartenance religieuse et que l'une des valeurs les plus défendues par les personnes sondées était la fidélité, tordant ainsi le cou à ce poncif des médias affirmant que la jeunesse française était devenue totalement libertaire. Alfred Spira fut le premier surpris par ce résultat, y voyant derrière celui-ci une influence sous-jacente du christianisme. Dans les années 1990, Mgr Jullien, archevêque de Rennes, président de la commission épiscopale pour la famille pendant plusieurs années, stigmatisait les médias qui ne s'intéressaient qu'aux « non[1] » de l'Église en oubliant ses « oui ».

Alfred Spira, juif, de gauche et athée, se disait être obligé d'avoir un discours conservateur pour expliquer que la fidélité était le meilleur moyen de limiter les partenaires sexuels et de restreindre la diffusion du sida. Comme ce dernier, Laurent Joffrin, l'un des journalistes les plus emblématiques du journal de gauche *Libération*, dressait un constat d'échec de la révolution sexuelle qui s'était produite dans le sillage de Mai 68. S'il continuait d'avoir une attitude critique vis-à-vis de l'Église catholique, il reconnaissait que son affaiblissement avait entraîné la disparition d'un repère important quant au fonctionnement moral de la société. Il écrivait ainsi[2] : « Bien réels, les changements les plus spectaculaires dans les mœurs ne semblent avoir touché qu'une minorité de Français. La grande masse assiste en spectatrice au film de la révolution sexuelle

1. Frédéric MOUNIER, *L'amour, le sexe et les catholiques*, Paris, Centurion, 1994, p. 16.
2. Cité par Frédéric MOUNIER, *op. cit.*, p. 33-34.

produit avant tout par la presse, le cinéma et la télévision (...). Il ne s'ensuit pas que le spectateur se change du même coup en aventurier du sexe. Chacun reste avec ses angoisses, ses difficultés, ses prudences et ses pudeurs (...). Une fois, l'action militante épuisée par son propre succès, une fois les anciennes censures abolies, il est vite apparu que cette séparation entre l'amour physique et l'amour tout court ne convenait qu'à une minorité. Pendant des siècles, l'Église catholique avait fourni aux Occidentaux leurs codes amoureux qu'ils respectaient ou enfreignaient. Pendant dix ans, la politique a érigé l'orgasme en dogme moral. Aujourd'hui, les autorités sont muettes. Libres et inquiets, les Français n'ont plus personne à qui se fier. Ils doivent inventer eux-mêmes les lois de l'amour ». La mauvaise réception du discours de l'Église sur la sexualité tient beaucoup à ses relations conflictuelles avec les médias. Les documents de l'institution ecclésiale leur sont souvent apparus longs, rédigés par des spécialistes pour des spécialistes, imprégnés d'une culture théologique souvent absente chez les journalistes. Mgr Jullien, archevêque de Rennes et président de la Commission épiscopale de la famille, faisait part de sa gêne face aux médias quand ils ont réduit son livre[1] *Demain la famille* aux questions du sida, du préservatif et du divorce.

Dans les causes de la forte baisse des mariages dès la fin des années 1970, on peut évoquer l'accroissement du célibat définitif et le recul de l'âge au mariage. En 2001, Jean-Michel Gaillard constatait que « cette crise statistique s'accompagnait d'une crise juridique[2] » et que le mariage n'était plus l'acte fondateur d'un couple. Selon lui, « l'érosion juridique et sociologique de la famille se mesurait à l'aune de celle de l'autorité maritale et de la puissance paternelle[3] », le père n'étant plus le maître puis-

1. Jacques JULLIEN, *Demain la famille*, Paris, Mame, 1992.
2. Jean-Michel GAILLARD, *La famille en miettes*, Paris, Sand, 2001, p. 8.
3. *Ibid.*, p. 9.

sant du foyer. Jean-Michel Gaillard se montrait pessimiste sur les évolutions de la famille en France. Il écrivait ainsi : « Comme tout cela se déroule sur fond de révolution sexuelle ininterrompue, de baisse de la natalité et de la fécondité, de contrôle pluriel des naissances, de revendication sans tabou d'une sexualité multiforme, chacun est naturellement porté à conclure que nous vivons les dernières heures de l'institution familiale, chef-d'œuvre en péril pour les uns, carcan intolérable pour les autres [1] ».

Au début des années 2010, les débats de fond sur les questions sociétales et la loi Taubira (2013) sur le « mariage pour tous » ont profondément transformé la famille en France. Pour Danièle Hervieu-Léger, « l'avènement de la famille relationnelle a fait prévaloir la relation entre les individus sur le système des positions sociales gagées sur les différences entre les sexes et les âges [2] ». La sociologue remarquait que la grande rupture dans le domaine de la famille avait été la dissociation entre le mariage et la filiation. Elle écrivait : « Le cœur de cette révolution, dans laquelle la maîtrise de la fécondité a une part immense, est le découplage entre le mariage et la filiation, et la pluralisation corrélative des modèles familiaux composés et recomposés. Le droit de la famille a homologué ce fait majeur et incontournable : ce n'est plus désormais le mariage qui fait le couple, c'est le couple qui fait le mariage [3] ». Pour Danièle Hervieu-Léger, le « mariage pour tous » résultait de trois mouvements : l'égalité des droits dans l'intime, la déconstruction de l'ordre de la nature, enfin la légitimité de l'institutionnel fondé sur la relation entre les individus.

1. *Ibid.*, p. 9-10.
2. *Le Monde*, 12 janvier 2013.
3. *Ibid.*

L'Église et l'homosexualité

• De nombreuses controverses

En 1981, dans leur document[1] *Pastorale des personnes homosexuelles*, les évêques de France ont considéré qu'il n'était pas possible de réduire les personnes homosexuelles à leur sexualité. Pour eux, il fallait se garder de traiter ces individus de « malades ». Selon les évêques français, l'homosexualité se traduisait par une « forte pratique génitale, impliquant une drague irrépressible[2] ». Au début des années 1980, le développement du sida a entraîné de violentes réactions à l'encontre de l'Église. En effet, celle-ci a rapidement considéré que la lutte contre cette maladie, mortelle à l'époque, ne passait pas d'abord par l'utilisation du préservatif mais par la pratique d'une valeur morale, la fidélité. La question du sida a provoqué de violentes polémiques entre l'Église catholique d'un côté, et de l'autre, certains médias et les mouvements favorables à la liberté sexuelle intégrant l'homosexualité. En 1988, Jean-Paul II assurait l'OMS de son soutien dans la lutte contre le sida. Mais quelques mois plus tard, au Conseil pontifical pour la pastorale de la santé, il considérait comme illicite de fonder la prévention contre le sida sur le recours au préservatif qui, selon lui, « violait le sens authentiquement humain de la sexualité[3] ». Le 22 février 1994, sur le balcon de la place Saint-Pierre, Jean-Paul II a insisté sur le fait de ne pas discriminer les personnes ayant des tendances homosexuelles à partir du moment où chaque être humain a droit à la dignité. Mais il estimait que l'approbation de la pratique homosexuelle était inacceptable. Selon le pape, être compréhensif envers des personnes, qui commettaient des actes

1. *Pastorale des personnes homosexuelles*, 32 CO 1, archives du CNAEF, décembre 1981.
2. *Ibid.*
3. Cité par Frédéric MOUNIER, *op. cit.*, p. 181.

homosexuels, ne devait pas se faire au détriment des normes de la morale. Pour Jean-Paul II, la vie commune entre deux hommes ou entre deux femmes ne pouvait en aucun cas constituer une famille. À partir de là, il était, selon lui, inconcevable que ces couples homosexuels puissent adopter des enfants, ces derniers ne pouvant subir que des graves dommages selon le souverain pontife.

Le film *Les nuits fauves* (1992), dont le producteur et héros Cyril Collard est le personnage majeur, a été révélateur d'une époque confrontée aux effets redoutables du sida. Cette œuvre, issue d'un roman autobiographique, relate comment un ancien étudiant brillant, admis au concours de Centrale-Supélec, abandonne ses études d'ingénieur pour devenir chef-opérateur de cinéma, tout en menant une vie bisexuelle débridée. L'ouvrage de Cyril Collard et le film éponyme, qui en est issu, décrit ses expériences sexuelles multiples, sachant qu'il a contracté le sida. En 1993, ayant révélé sa séropositivité et sa bisexualité, Cyril Collard est mort du sida à l'âge de trente-cinq ans, quelques jours avant que son film eût reçu quatre César, dont celui du meilleur film. Il s'était lié d'amitié avec le père Tony Anatrella, psychothérapeute, connu pour ses ouvrages sur l'adolescence et l'homosexualité. Prêtre du diocèse de Paris, il fut notamment consultant au Conseil pontifical pour la famille et chargé de mission sur les drogues et la toxicomanie auprès du Conseil pontifical pour la pastorale des services de la santé. Ce prêtre a été également membre du conseil scientifique de la *Revue d'éthique et de théologie morale « Le Supplément »*.

Longtemps, les instances internationales comme l'Organisation mondiale de la santé (OMS) ont jugé l'homosexualité de manière extrêmement négative, l'associant à des troubles mentaux et névrotiques. Amnesty International, de son côté, a débattu pendant des années pour savoir si les personnes homosexuelles incarcérées devaient être considérées ou pas comme des prisonniers d'opinion. Le père Anatrella a montré que la révolution des années 1960 et 1970 ou supposée telle, ainsi que le développement de l'homosexualité avaient eu des effets destructeurs sur la famille en France et dans le monde occidental. Le prêtre écrivait ainsi[1] : « La nouveauté des années 1960 et 1970 ne fut donc pas la libération sexuelle, même s'il est vrai qu'on se permit des comportements manifestes, là où habituellement ils étaient cachés. La nouveauté consista, en réalité, à en parler ouvertement, à revendiquer la jouissance, à vouloir expliquer et justifier. Mais plus la parole devint plainte sexuelle et moins on devint capable d'en vivre la relation. Il est assez inouï de constater que ces années dites de communication et de libération sexuelle auront en fait favorisé la montée des solitudes et des inhibitions sexuelles. La peur de perdre et de laisser une partie de soi dans une expérience sans lendemain incite au moratoire amoureux (...). À l'angoisse du péché, on a. substitué l'obligation du plaisir. La sexualité libérée. C'est très bien. Mais pour aboutir à quelle relation ? À quelle existence ? ».

Cette pensée rejoignait celle de Michel Foucault qui se demandait ce que l'humanité avait gagné en passant de l'interdiction à l'obligation de jouir. Toujours en 1993, le clergé français, tout en s'appuyant sur le discours romain, faisait le choix d'aborder la question du préservatif. Sollicité par les médias, il précisait qu'en l'absence de moralité, son usage s'imposait afin de ne pas transmettre le virus à son ou sa partenaire suivant la sexualité pratiquée. L'abbé Pierre est revenu sur ce thème lors d'une intervention remarquée à l'occasion de l'émission *L'Heure de vérité*, le 5 décembre 1993. Il affirmait cela : « Le seul préservatif total, c'est la fidélité mais si vous commettez la faute, n'ajoutez pas le crime à la faute (...). N'ayez pas la lâcheté de ne pas prendre de préservatifs[2] ». L'épiscopat français a fait plusieurs déclarations allant dans le même sens, tels Mgr André Collini, archevêque de Toulouse, et Mgr Michel Dubost, évêque d'Evry. Ces prises de parole

1. Tony ANATRELLA, *Le sexe oublié*, Paris, Flammarion, 1993, p. 226.
2. Intervention lors de l'émission *L'heure de vérité*, 5 décembre 1993.

s'inscrivaient dans celles des cardinaux Jean-Marie Lustiger et Albert Decourtray. En 1988, sur TF1, le premier précisait : « Quant à vous qui êtes atteints du sida, si vous ne pouvez pas vivre de la chasteté, prenez les moyens qu'on vous propose, par respect pour vous-même et par respect pour autrui. Vous ne devez pas donner la mort[1] ». Si les interventions de Jean-Paul II et de l'épiscopat français sont restées très prudentes sur l'utilisation du préservatif, c'est parce qu'ils craignaient une publicité disproportionnée pour ce moyen contraceptif qui leur paraissait très éloigné de l'amour authentique et fidèle. Le père Olivier de Dinechin, jésuite chargé par l'épiscopat français des questions de morale sexuelle, considérait que le thème du sida ne pouvait être séparé d'une éducation affective. Dans la seconde partie des années 1980, le théologien laïc Xavier Lacroix, tout en considérant que le préservatif était un remède de première urgence, pensait que les campagnes publicitaires pour sa promotion faisaient croire que la vie sexuelle des jeunes impliquait systématiquement plusieurs partenaires, ce qui était justement l'une des causes principales de l'épidémie. Selon le moraliste, cette conception faisait tout simplement de la fidélité, un tabou. D'après le père Tony Anatrella, les campagnes de lutte contre le sida, essentiellement axées sur l'utilisation du préservatif, relevaient d'une morale hygiéniste qui sous-tendait que l'ensemble de la population avait des pratiques homosexuelles et multi-partenariales.

En 2006, Tony Anatrella a fait l'objet de plaintes déposées par d'anciens patients, pour des faits d'attouchements sexuels dans le cadre de « thérapies » visant à les guérir de leur homosexualité. Ces plaintes ont fait suite aux révélations du magazine *Golias* en septembre de la même année affirmant que les méthodes du père Anatrella étaient pour le moins étranges. De son côté, le prêtre considérait être victime d'une dénonciation calomnieuse. Une

1. Intervention du cardinal Lustiger sur la chaîne TF1, 1er décembre 1988.

enquête judiciaire a été menée et la justice civile a classé l'affaire sans suite en 2007, en ne trouvant rien de condamnable dans le dossier. De nouvelles accusations ont été portées contre le père Anatrella en 2016. Ce dernier aurait inspiré le décret pontifical de 2005, interdisant l'accès des homosexuels au sacerdoce. Les victimes présumées du père Anatrella ont saisi la justice de l'Église en 2016. En octobre 2017, le diocèse de Paris a lancé une enquête préliminaire[1], réalisée par Mgr Éric de Moulins-Beaufort, dont les conclusions ont été remises en mai 2018 à l'archevêque de Paris, Mgr Michel Aupetit. Début juillet 2018, la réprimande canonique prise par l'archevêque de Paris a été rendue publique : le père Anatrella, « suspens a divinis », se voyait interdit de ministère sacerdotal. Ainsi, ne pouvait-il plus entendre les confessions, accompagner spirituellement des personnes et faire des interventions publiques sans l'accord de l'archevêque. En 2023, Rome et le diocèse de Paris ont imposé au père Anatrella de renoncer à ses activités de thérapeute[2].

D'inspiration chrétienne, le mouvement David et Jonathan, né en 1972, regroupant dans les années 1990 plus de 1 500 personnes, dont plusieurs dizaines de prêtres, a défendu les personnes homosexuelles au sein de l'Église. Il a, entre autres, cherché à favoriser leur insertion dans l'Église catholique. Se situant dans la mouvance progressiste, le mouvement David et Jonathan a réagi très négativement au document *Lettre aux évêques catholiques de France sur la pastorale à l'égard des personnes homosexuelles*, émanant de la Congrégation pour la doctrine de la foi et signé de la main du cardinal Ratzinger le 1er octobre 1986. L'association des catholiques homosexuels refusait la distinction entre la condition ou tendance homosexuelle d'un côté, et les actes homosexuels jugés plus

1. *La Croix*, 5 juin 2018.
2. *Ibid.*, 19 janvier 2023.

graves. Elle n'acceptait pas que l'inclination homosexuelle puisse être analysée comme devant mener à un « comportement intrinsèquement mauvais[1] ». Le 23 juillet 1992, la Congrégation pour la doctrine de la foi affirmait encore que l'orientation sexuelle ne constituait pas « une qualité comparable à la race, l'origine ethnique, etc., en ce qui concerne la non-discrimination[2] ». Pour Rome, l'orientation homosexuelle était « objectivement désordonnée et faisait naître une préoccupation morale particulière ».

En 2003, la Congrégation pour la doctrine de la foi publiait un nouveau texte sous la signature du cardinal Ratzinger, *Considérations à propos des projets de reconnaissance juridique des unions entre personnes homosexuelles*. Dans ce document, il s'opposait clairement à la reconnaissance légale de l'union homosexuelle car, selon lui, elle allait à l'encontre du mariage chrétien qui supposait l'alliance entre un homme et une femme perçue comme base de la famille, cellule de la société. Pour le cardinal Ratzinger, approuver les unions homosexuelles revenait à reconnaître un comportement « déviant[3] ». En 2020, le pape François a fait sensation en prenant position pour des unions civiles entre personnes homosexuelles. En ce sens, il prenait clairement ses distances avec les réflexions de Benoît XVI à ce sujet. Toutefois, le souverain pontife continuait de s'opposer au mariage entre personnes de même sexe. Le pape François écrivait : « Les personnes homosexuelles ont des intérêts des droits à être dans une famille, ils sont enfants de Dieu. Ils ont le droit à une famille. On ne peut pas expulser quelqu'un d'une famille ou lui rendre la vie impossible pour ses raisons. Ce que nous devons faire, c'est une loi d'union civile, car ils ont le droit à une couverture légale. C'est ce que j'ai défendu ».

1. *Documentation catholique*, 83, 1986, p. 1160-1164.
2. *Ibid.*, 89, 1992, p. 783-785.
3. *La Croix*, 23 octobre 2020.

Une polémique importante a eu lieu au début du « synode sur l'Église » (2023-2024) voulue par le pape François. Cinq cardinaux nommés Walter Brandmüller, Raymond Burke, Juan Sandoval Iniguez, Robert Sarah et Joseph Zen ont fait part de leurs « doutes[1] » sur les réflexions que le synode devait avoir au sujet des bénédictions de couples homosexuels ». Ces dernières leur paraissaient contraires à la foi catholique. Le pape François leur a répondu en ne fermant pas la porte à ces bénédictions qui, selon lui, ne pouvaient en aucun cas être considérées comme des mariages. Le souverain pontife rappelait que le mariage ne pouvait qu'être « une union exclusive, stable et indissoluble, entre un homme et une femme, naturellement ouverte à la procréation d'enfants[2] ». Toutefois, le pape François, dans un style qui lui est propre, a voulu donner la priorité à la charité sur la tradition et certaines considérations morales. Ainsi affirmait-il : « Nous ne pouvons pas être des juges qui ne font nier, rejeter et exclure (...). Si des situations ne sont pas moralement acceptables d'un point de vue objectif, la (...) charité pastorale nous demande de ne pas traiter simplement comme *pécheurs* d'autres personnes dont la culpabilité ou la responsabilité peuvent être atténuées[3] ».

- Le père Xavier Thévenot et ses difficultés avec Rome

Le père Xavier Thévenot, par sa thèse sur l'homosexualité et par son approche de la théologie morale, est apparu comme l'un des penseurs majeurs du catholicisme français dans la seconde partie du XXe siècle. La forte audience de ce Salésien de Don Bosco tient à plusieurs raisons : la qualité de ses cours à l'Institut catholique de Paris marqué par la finesse de ses analyses, sa forte médiatisation, enfin sa grande capacité d'écoute des

1. *Le Figaro*, 4 octobre 2023.
2. *Ibid.*
3. *Le Figaro*, 4 octobre 2023.

personnes ayant vécu un traumatisme moral. Xavier Thévenot, dernier d'une famille de quatre enfants, est né dans la petite ville de Saint-Dizier, au bord de la Marne, en 1938 et il est décédé en 2004. Élève brillant en mathématiques, ses parents auraient souhaité qu'il fasse une prépa à Sainte-Geneviève pour intégrer par la suite une grande école d'ingénieur. Mais Xavier Thévenot ne l'a pas entendu de cette oreille et a préféré, comme son frère aîné, se tourner vers le sacerdoce afin de devenir prêtre. En 1958, il est entré au noviciat des Salésiens de Don Bosco. Dès cette époque-là, il avait une vision de la sexualité qui tranchait avec ce qui était enseigné dans les séminaires et les scolasticats. Ainsi, a-t-il vécu son temps d'étude en intégrant ses pulsions, une conception qui a largement imprégné ses cours de théologie morale par la suite. Le journaliste Yves de Gentil-Baichis affirmait ainsi : « Au lieu de se mirer dans le phantasme d'une personne hors sexe, hors agressivité, et au-dessous des idées de pouvoir et d'argent, il regarde, avec grande attention sa vie pulsionnelle (...) et il découvre alors que l'appel de Dieu ne l'invite pas à dénier ses pulsions mais à les réguler de façon qu'elles soient mises au service de l'édification de sa personnalité, de la personne d'autrui et des institutions sociales et ecclésiales [1] ». À la fin de son noviciat, Xavier Thévenot a demandé à suivre une formation scientifique. Ainsi suit-il des cours de mathématiques à l'université de Caen, tout en enseignant dans un lycée technique.

En 1966, ses supérieurs ont demandé à Xavier Thévenot de faire de la théologie au scolasticat salésien de Lyon. Certains de ses professeurs de dogme et d'exégèse ont quitté le sacerdoce, puis se sont mariés. Cette situation ne l'a pas détourné de la prêtrise et en 1968, il a reçu le diaconat. Xavier Thévenot a souffert de voir certains de ses amis prêtres défroquer, mais, lui,

1. Cité par Yves de GENTIL-BAICHIS, *Xavier Thévenot. Passeur vers l'autre, passeur vers Dieu*, Paris, DDB, 2008, p. 37.

a refusé de rompre avec l'institution ecclésiale. Il a souhaité y rester et faire évoluer certains des agissements de l'Église qu'il interprète comme des rigidités. En septembre 1968, les supérieurs de Xavier Thévenot lui ont proposé de suivre des cours de théologie à l'Institut catholique de Paris. Il a été ordonné prêtre en décembre 1968. Il constatait que dans nombre de facultés de théologie, la pensée de saint Thomas d'Aquin n'était plus guère enseignée, pas plus que celle de saint Alphonse de Liguori qui était même objet de risée[1]. C'est dans ce contexte-là, qu'il a développé ses premiers travaux en tant que moraliste. Il faisait aussi le constat que, dans les facultés de théologie, l'éthique était devenue quantité négligeable. De 1970 à 1972, le père Xavier Thévenot a demandé à ses supérieurs et a obtenu d'eux de faire un stage dans une banlieue déchristianisée de la région parisienne. Il a alors résidé à la paroisse du Sacré-Cœur de Saint-Ouen. À cette époque-là, il a vécu une épreuve difficile sur le plan familial car son frère Joseph, qui avait été ordonné prêtre en 1957, s'est marié avec une veuve ayant deux enfants. Désormais, les relations furent compliquées et délicates entre les deux frères. En 1972, le père Xavier Thévenot a répondu favorablement à une sollicitation de l'Institut catholique de Paris qui lui avait proposé d'assurer les cours de théologie morale, sachant qu'il n'était pas encore docteur en théologie à cette époque. Il lui avait été demandé d'enseigner la morale sexuelle. Il souhaitait alors se spécialiser dans une science humaine et a choisi la psychanalyse. Il s'est lui-même fait psychanalyser afin, selon lui, de mieux supporter les innombrables entretiens qu'il faisait avec des personnes fragiles psychologiquement et qui véhiculaient souvent une forte charge émotionnelle. Il n'a soutenu sa thèse que tardivement à l'Institut catholique de Paris, soit en 1982, avec le titre suivant, *Homosexualité et morale chrétienne.*

---

1. Marie-Josée THIEL et Xavier THÉVENOT, *Pratiquer l'analyse éthique. Étudier un cas. Analyser un texte*, Paris, Éditions du Cerf, 1999, p. 177.

Réflexion éthique à partir de chrétiens homosexuels. Ce mélange d'expérience pastorale au contact de personnes marginalisées et de réflexion théologique lui a donné une certaine aura auprès de publics divers.

Face aux années 1970 qui ont introduit un certain relativisme, le père Xavier Thévenot, Salésien de Don Bosco, a cherché à établir des repères éthiques, ce qui explique le succès de ses ouvrages, appréciés par un lectorat avide de sens dans un monde en plein chamboulement. Il a construit sa théologie morale dans les contextes de la sécularisation et de l'approche psychanalytique de l'anthropologie. Le père Xavier Thévenot a conçu la morale comme « le souci, l'effort, la volonté de la personne pour donner sens à son histoire[1] ». Dans le vocabulaire employé par le père Thévenot, les termes évoquent souvent le mouvement, la circulation ou les articulations. Les repères éthiques élaborés par le salésien sont apparus comme des « éléments et des catégories relativement simples d'ordre anthropologique, théologique ou spirituel permettant une première analyse d'une situation donnée et son questionnement éthique[2] ». Le père Xavier Thévenot entendait fonder sa théologie morale sur l'expérience et sur l'explication des normes, seul moyen de les faire accepter selon lui. Dans la conception du salésien, cette discipline supposait impérativement des qualités d'écoute et de pédagogie. Il a bâti sa théologie à partir d'analyses de situations très difficiles et de cas limites. Il a aussi tenu à associer la morale et la spiritualité salésienne. Le père Xavier Thévenot considérait que la fécondité de sa théologie morale tenait à l'interdisciplinarité qu'il pratiquait assidûment. Le religieux salésien considérait que la morale humanisait l'être humain et représentait un combat contre ce qui

1. Sous la direction de Geneviève MÉDEVIELLE et Mgr Joseph DORÉ, *Une parole pour la vie. Hommage à Xavier Thévenot*, Paris, Cerf/Salvator, 1998, p. 289.

2. *Ibid.*, p. 291.

semblait absurde dans le monde en lui donnant un sens. À travers ses travaux, le salésien de Don Bosco a tenu à beaucoup valoriser ou revaloriser la sexualité vue comme le « sommet de l'acte créateur de Dieu[1] ».

Pour le religieux, la norme ne constituait pas une recette mais indiquait un chemin d'humanisation. Cette conception de la loi morale l'a amené à prendre des positions différentes, voire parfois en contradiction avec l'enseignement de Rome à travers le Magistère. Cela lui vaudra des difficultés et des relations conflictuelles avec la hiérarchie quant à la contraception chimique ou au mariage à l'essai par exemple. En effet, pour le moraliste, chez certains couples, la première, comme le second, pouvaient se révéler bénéfiques, au moins pour un temps donné. Car la contraception chimique pouvait aider à l'harmonie du couple selon lui. Le mariage à l'essai, appelé aussi cohabitation juvénile, toujours d'après le moraliste, pouvait être positif s'il contribuait à la découverte des corps, source d'harmonie dans le cadre d'une union reconnue officiellement. Dans ce cas-là, le père Thévenot considérait que les normes romaines, même s'il les jugeait importantes, pouvaient être observées avec un décalage dans le temps et pas forcément immédiatement.

À partir de 1982, Rome a commencé à émettre des jugements critiques sur la théologie morale professée par le père Thévenot. Son livre[2] *Repères éthiques pour un monde nouveau* a mis le feu aux poudres. Ce livre a connu un grand succès puisqu'il a fait l'objet de six éditions, ainsi que des traductions en italien, espagnol et portugais. Il rassemblait des articles et des comptes rendus rédigés entre 1975 et 1982. Il était original car il abordait

---

1. Yves de Gentil-Baichis, *Xavier Thévenot, Passeur vers l'autre, passeur vers Dieu,* Paris, DDB, 2008, p. 55.

2. Xavier Thévenot, *Repères éthiques pour un monde nouveau*, Paris, Salvator, 1982.

des questions de morale familiale telles que la vie de couple, la cohabitation juvénile, les difficultés sexuelles, dans un langage qui se voulait novateur. Dans cet ouvrage, le père Thévenot invitait les personnes qui accompagnaient des homosexuels à opérer une « flexion[1] » des normes et donc à ne pas toujours les appliquer à la lettre car il constatait que ces personnes avaient du mal à gérer leurs pulsions sexuelles. Il admettait aussi que les couples hétérosexuels puissent utiliser une contraception artificielle si les méthodes naturelles de régulation des naissances leur étaient impossibles. Il pensait également que la cohabitation juvénile peut être constructive pour certains couples. Enfin, il exprimait une attitude de compréhension pour les femmes, qui avaient eu recours à l'avortement, et qui étaient en situation de grande détresse. La Congrégation pour la doctrine de la foi a considéré que ces diverses réflexions du religieux salésien étaient en contradiction avec l'enseignement du Magistère et donc avec la foi catholique. Le religieux salésien a été indéniablement affecté par les critiques qui lui furent adressées par Rome au sujet de son enseignement de théologie morale. Tout en voulant tenir compte des remarques de Rome, le salésien a continué à montrer une indépendance face aux textes romains portant sur les questions familiales. Il ne souhaitait pas qu'il y ait une « affaire Thévenot » comme il y avait eu une affaire « Drewermann » ou « Gaillot ». Qu'il l'ait voulu ou pas, le salésien est apparu comme un contestataire du Magistère sur les questions d'éthique familiale.

En 1987, le religieux a pris une nouvelle fois ses distances avec la Congrégation pour la doctrine de la foi et son texte *Domum Vitae*, portant sur le respect de la vie humaine et de la dignité de la procréation. Si le religieux partageait la condamnation de Rome quant à la FIVETE (fécondation in vitro et transfert d'embryons)

1. Cité par Yves de Gentil-Baichis, *Xavier Thévenot, Passeur vers l'autre, passeur vers Dieu,* Paris, DDB, 2008, p. 153.

hétérogène, où le donneur de sperme était étranger au couple, il ne partageait pas la conception du Vatican concernant la FIVETE homogène, où le donneur de sperme était le mari. En effet, pour le père Thévenot, il vaudra toujours mieux une FIVETE homogène qu'un couple condamné à la stérilité. En 1993, de nouvelles critiques étaient lancées contre le père Thévenot émanant de l'un des moralistes les plus en vue à Rome, le père Servais Pinckaers, dominicain belge. Il reprochait au salésien d'avoir affirmé que la pratique de l'homosexualité pouvait, dans certains cas, rapprocher[1] de Dieu et du Christ.

Le père Thévenot a aussi pris ses distances avec un texte de l'épiscopat français rédigé par le père Tony Anatella dans *Documents Épiscopat*. Pour ce prêtre, l'homosexualité n'est pas innée mais au contraire elle est le résultat d'un développement affectif mal engagé et inachevé. Le père Anatrella, très influent à Rome, considérait que l'homosexualité pouvait être associée à une maladie mentale, rejetant ainsi la décision des psychiatres américains qui, en 1973, avaient considéré qu'elle ne devait plus en faire partie. Le père Thévenot pensait que la position du père Anatrella était une erreur car cela ne pouvait que mener les personnes homosexuelles à avoir une mauvaise image d'elles-mêmes. Le religieux salésien considérait que certaines d'entre elles assumaient leur orientation sexuelle et qu'elles semblaient être à l'aise dans ce choix. Par cette nouvelle prise de position, le père Thévenot allait à l'encontre des textes de Rome et de l'épiscopat français. Si le salésien a eu maille à partir avec Rome et à un moindre degré avec l'épiscopat français, certains évêques de l'Hexagone lui ont apporté un soutien comme Mgr Jean Cuminal, évêque de Blois, Mgr Pierre Pican, évêque de Bayeux, Mgr François Frétellière, évêque de Créteil, et Mgr Pierre Pierre Plateau, archevêque de Bourges.

1. *Revue thomiste*, juillet-août 1993.

La préparation au mariage

Les initiatives des jésuites et la naissance du CPM

Dans l'entre-deux-guerres, la Compagnie de Jésus[1] est apparue pionnière en termes de préparation au mariage auprès des fiancés et de formation spirituelle auprès des foyers en organisant des retraites dans leurs divers centres spirituels à travers la France. Les plus appréciées d'entre elles avaient lieu au Châtelard, près de Lyon. Là, les pères Gabriel Saint-Olive et Louis Berne se sont distingués par leur dynamisme. Issus de la bourgeoisie catholique intransigeante, ils se sont spécialisés dans l'apostolat auprès des jeunes ouvriers dans le cadre de la JOC (Jeunesse ouvrière catholique). À la fin des années 1930, les retraites pour fiancés et foyers étaient devenues leur spécialité. Au-delà du Châtelard, le père Berne préparait de nombreux couples de fiancés au mariage. Décédé en 1949, il en aurait formé, selon ses dires, 700 avant que ces derniers choisissent de s'unir pour la vie.

Après la mort du père Berne, c'est dans la région grenobloise, à Saint-Egrève, que la Compagnie de Jésus a poursuivi son apostolat auprès des fiancés et des foyers, en particulier par l'intermédiaire du père Alphonse d'Heilly, à la Villa Saint-Hugues. Il avait quitté le nord de la France pour des raisons de santé et il fut affecté par la Compagnie de Jésus à Saint-Egrève où il a organisé de nombreuses retraites pour des couples mariés et des fiancés en fonction des milieux sociaux d'origine (bourgeois, ouvriers, ruraux). Il est né à Roubaix en 1906 dans le nord de la France dans une famille de sept enfants, profondément catholique, où les valeurs « d'amour

1. Bruno Dumons, « L'invention de la préparation au mariage dans l'Église catholique en France (1930-1960) », *Annales de démographie*, n° 134, février 2017.

et de solidarité arrivaient en tête[1] ». Troisième dans la fratrie, il est entré chez les Jésuites, alors que sa sœur aînée était devenue religieuse. Dans le contexte culturel et régional qui était le sien, répondre positivement à la vie religieuse ne signifiait pas se couper de sa famille. En effet, cela était perçu comme un appel à continuer à vivre à proximité de siens. Il avait la réputation d'être un homme de caractère. Ainsi était-il décrit comme quelqu'un qui avait « le goût du commandement, ployant les hommes et les choses à sa guise[2] ». Pour travailler, « il avait besoin d'une forte ambiance affective et si elle n'était pas donnée, c'était la raideur autoritaire qui reprenait le dessus », nombre de retraitants en ayant fait l'expérience.

Entré dans la Compagnie de Jésus en 1926 et ordonné prêtre en 1938, le père Alphonse d'Heilly n'a jamais cru manquer à ses engagements religieux en conservant et en développant des liens affectifs avec sa famille. Il a manifestement puisé dans celle-ci l'orientation qu'il a prise en consacrant son apostolat auprès des couples de fiancés et des foyers. Au début de sa vie, Alphonse d'Heilly avait pensé devenir missionnaire comme son oncle maternel, jésuite à Madagascar. Mais la maladie de Pott, tuberculose des vertèbres, l'en a empêché. Ses supérieurs l'ont alors envoyé dans le Dauphiné, dans la région grenobloise, où l'air était réputé assez sec. Il a alors commencé son ministère à Voiron auprès des équipes de la JOC et de la JAC. En 1940, le père d'Heilly fut définitivement rattaché à la Villa Saint-Hugues de Saint-Egrève. Toute sa vie, il dut se ménager et en 1955, il reçut l'autorisation de Rome de pouvoir célébrer la messe assis lors de périodes de grande fatigue. La même année, le père d'Heilly subit un grave accident de voiture qui rendit sa santé encore un peu plus fragile. De façon habituelle, « le père d'Heilly n'atteignait son

1. http//www.mariage.chretien.free.fr/FICPM/fondat1.php3
2. *Compagnie*, n° 128, mai 1979.

plein rendement que dans une ambiance affective et suffisamment confiante[1] ». Cette chaleur humaine et cette approbation le rassuraient. En revanche, si cette convivialité n'existait pas, le jésuite manifestait de « la raideur, de la susceptibilité et un réel impérialisme[2] ». Cela a parfois expliqué les difficultés traversées par les CPM dans les années 1960-1970. La vie communautaire a parfois été difficile pour le père d'Heilly. Son provincial s'exprimait ainsi sur le père d'Heilly : « Si, parfois, nous avons été décontenancés par son caractère très personnel, très vite, nous découvrions en lui sa grande sensibilité. Au fond, c'était un grand sentimental[3] ». Au sein des CPM, le père d'Heilly a été beaucoup apprécié pour ses conférences jugées magistrales au sein desquelles il privilégiait les interventions dialoguées pour être au plus près de la vie[4] quotidienne des jeunes couples.

Les retraites du père d'Heilly ont remporté un succès indéniable et il est devenu l'une des figures montantes de la préparation au mariage au sein de la Compagnie de Jésus. En 1949, il a organisé une session de pastorale familiale pour des prêtres intéressés par cette question. Sa réussite et son dynamisme ont suscité des jalousies et des craintes au sein de la Compagnie de Jésus et ses supérieurs l'ont envoyé dans la province de Champagne. Mais cet exil fut temporaire et il est revenu à la Villa Saint-Hugues dès 1951. Là, il a continué ses retraites auprès des prêtres diocésains sur le sujet du couple. Celle de 1952 a porté sur l'harmonie conjugale et la fécondité[5]. Aborder ces questions et problématiques est apparu suspect aux yeux des responsables de la Compagnie de Jésus. Ils craignaient que la vie sexuelle soit déconnectée de toute

1. http//www.mariage.chretien.free.fr/FICPM/fondat1.php3
2. *Ibid.*
3. *Enquête du diocèse de Grenoble (1970-1973), Alphonse d'Heilly, prêtre de la Compagnie de Jésus*, archives du CNAEF.
4. *Accueil Rencontre,* novembre-décembre 2004.
5. *La Semaine religieuse du diocèse de Grenoble,* 14 février 1952.

idée de péché et qu'elle soit donc analysée en dehors de toute référence morale. En 1952, sous l'impulsion du père d'Heilly, naissait le premier CPM (Centre de Préparation au Mariage) dans le diocèse de Grenoble.

Suite à des dénonciations, le père d'Heilly fut l'objet d'une surveillance au sein de la Compagnie de Jésus. Il lui a été demandé de mettre par écrit ses enseignements. Les examinateurs étaient partagés[1] sur ses textes mais finalement le père d'Heilly a reçu l'autorisation de poursuivre ses retraites spirituelles auprès des foyers et des fiancés à la Villa Saint-Hugues qui continuaient d'avoir du succès. L'esprit de ces temps de rencontres était chaleureux et fraternel. L'accent fut mis sur l'accueil et les échanges. Dans ces années qui précédaient immédiatement le concile Vatican II, le père d'Heilly a cherché à rompre avec le modèle tridentin, encore en vigueur. En effet, l'autel n'était plus qu'une simple table placée devant l'assistance et celle-ci était disposée en demi-cercle pour favoriser les échanges. Le jésuite insistait sur le fait que le mariage était une vocation et qu'il était un sacrement. Avec lui, il apparaissait moins comme une institution dont le but était la procréation. Parmi les échanges les plus attendus de la part des fiancés figuraient ceux qui avaient trait à l'union charnelle et à la fécondité. Le succès des retraites du père d'Heilly a dépassé le cadre du diocèse de Grenoble et elles sont devenues un modèle au plan national. Pour ses enseignements, le père d'Heilly puisait beaucoup dans les échanges qu'il avait avec les couples de fiancés. Son sens du concret et ses conseils pratiques faisaient merveille auprès du public nombreux qui venait l'écouter. Concernant la promotion de la pastorale familiale, le père d'Heilly a prêté main-forte au père Buisson, son confrère jésuite. Dans ce cadre, il est intervenu aux Foyers de Charité, au séminaire de la Mission de France, à l'Union des œuvres catholiques de France, chez les Scouts de

1. *Compagnie*, n° 128, mai 1979.

France, enfin au sein de diverses aumôneries de l'Action catholique. Par l'intermédiaire de son frère Gérard, le père d'Heilly a très vite été en contact avec les Équipes Notre-Dame et l'abbé Caffarel. C'est ainsi qu'il eut très tôt l'intuition du rôle déterminant que les couples mariés devaient jouer dans la préparation au mariage. Les Équipes Notre-Dame et le CPM n'avaient pas la même finalité et les relations entre leurs fondateurs se sont vite avérées délicates. Le départ de l'abbé Caffarel à Rome pour la première session du concile Vatican II a donné les coudées franches au père d'Heilly. Le CPM, reconnu par l'épiscopat français, prit dès lors son autonomie et son envol. Les retraites destinées aux couples et le développement du CPM ont donné au jésuite une audience nationale, puis internationale. Chaque année, il était appelé à donner une ou deux sessions de pastorale familiale aux prêtres d'un diocèse. Par le biais de foyers amis, il a contribué au lancement du CLER, puis de Couples et familles. Cet homme, pourtant à la santé fragile, ne s'épanouissait jamais autant que quand il voyageait. Réalisant son rêve missionnaire, il s'est rendu plusieurs fois à Madagascar pour y implanter le CPM.

Le développement des CPM

De 1952 à 1956, à Paris, des sessions de six soirées sur la préparation au mariage ont été organisées chaque année. En 1956, pour répondre à la multiplication de ces temps de formation, des « Centres de préparation au mariage » se sont mis en place. À partir de 1956, les CPM[1] se sont multipliés à travers la France. Avant qu'une instance nationale soit organisée, il existait déjà des groupes qui préparaient les couples de fiancés au mariage dans certains diocèses mais qui étaient indépendants les uns des autres. En 1958, le cardinal Maurice Feltin, archevêque de Paris, a accepté

1. *Historique des CPM*, 32 CO 329, archives du CNAEF.

qu'un centre de préparation au mariage soit fondé dans la capitale après plusieurs années de recherches et d'expériences menées par des responsables des END. Dès le début, les CPM ont réfléchi sur le mariage et la famille en prenant en compte les aspects théologiques, psychologiques, médicaux et sociaux. Rapidement, les CPM se sont donné comme missions d'accueillir les fiancés qui se préparaient au mariage, de prendre au sérieux les valeurs humaines qu'ils vivaient, de leur révéler la présence de Dieu dans leur couple, enfin de favoriser le dialogue au sein de celui-ci. Dès le début du développement des CPM, l'accent fut mis sur la nécessaire compétence des animateurs CPM et donc sur leur formation. Celle-ci a pris de plus en plus d'importance. Ainsi, les CPM ont-ils été agréés en 1973 par le ministère de la Jeunesse et des Sports et en 1978 par le ministère de la Santé comme organisme formateur à l'information familiale et sociétale (120 heures) et enfin en 1986 par le ministère des Affaires sociales et de l'Emploi.

En 1960, une cinquantaine de centres locaux de préparation au mariage se sont ouverts à travers la France. La même année, à l'initiative de l'abbé Caffarel, s'est mise en place une coordination[1], appelée Centre de préparation au mariage (CPM), qui a structuré tous les centres locaux et diocésains de préparation au mariage. Cette nouvelle instance a été dirigée par un comité directeur proche des END. On y a trouvé l'abbé Caffarel, le père d'Heilly, enfin le couple d'Heilly (Gérard et Madeleine) et Pillias (Jean et Jacqueline). Ce dernier couple a assuré à son domicile, à Paris, dans le XVIe arrondissement, un secrétariat général dont la mission était d'établir la liaison entre les centres et de leur fournir de la documentation en vue du déroulement des sessions. À propos de son frère Gérard décédé en 1972, le père d'Heilly pouvait affirmer : « Gérard, c'est mon frère, c'est aussi l'Anneau

1. Cette coordination a pris le nom de CPM (Centre de préparation au mariage).

d'Or, les Équipes Notre-Dame dont il a été le premier permanent, le CPM ; il a partagé dès le démarrage, les travaux de l'équipe responsable. Nous avions en commun tout un secteur de vie[1] ». En 1960, Renée Marti donnait des précisions sur le CPM : « En 1960, le Centre de préparation au mariage est constitué d'équipes dites confessionnelles qui préparent les jeunes gens à la vie de couple. Les conseillers dispensent alors des informations sur la sexualité, la contraception, ainsi qu'une approche sur la psychologie féminine et masculine. De nouveaux besoins sont alors exprimés par les couples et il apparaît important de sortir du cadre confessionnel et de s'adresser à un public non-croyant. En 1961, le Service de Documentation Conjugale est créé (...). La nécessité d'un travail sur l'écoute et la recherche pédagogique se fait sentir, on passe de l'assistance conjugale à la notion de conseil conjugal[2] ». L'objectif des CPM, à leur origine, était de proposer aux fiancés un temps de réflexion et d'information sur le mariage et la vie conjugale. Six soirées réparties sur trois semaines abordaient successivement l'amour, la vie quotidienne, la relation aux familles, la vie sexuelle et la régulation des naissances, le mariage, l'évolution du mariage au cours de la vie conjugale, les fécondités (ouverture aux autres et aux enfants).

Les CPM dans les diocèses ne pouvaient s'ouvrir qu'avec l'autorisation de l'évêque du lieu et ils se voyaient doter d'un aumônier, de foyers responsables et de foyers accompagnateurs. Un accent particulier a été mis sur la formation de ces derniers. Le déploiement des CPM devait beaucoup à l'action du père d'Heilly dans le diocèse de Grenoble qui est devenu, en 1962, leur responsable dans le Dauphiné. À cette époque, dix-huit CPM fonctionnaient dans le diocèse de Grenoble. Des questions étaient soulevées autour de la présence de fiancés incroyants et de la difficulté parfois de toucher

1. http//www.mariage.chretien.free.fr/FICPM/fondat1.php3
2. *Accueil Rencontre* « Historique du CPM ».

les milieux ruraux et ouvriers, ces derniers ne trouvant pas toujours le temps de participer aux veillées pour les couples se préparant au mariage.

En 1962, au cours de la première session du concile Vatican II, auquel l'abbé Caffarel participait en tant que consulteur, les CPM ont pris définitivement leurs distances avec les END. L'abbé Caffarel a mal vécu cette scission, rompant immédiatement et définitivement avec le père d'Heilly. Suite à la crise de 1962, certains couples des END les ont quittées pour les CPM, espérant y bénéficier de plus grands espaces de liberté et d'inventivité, même si leur fondateur jésuite savait se montrer dirigiste dans certaines situations. Afin de renforcer la structuration des CPM, le père d'Heilly a porté ses efforts sur l'enracinement du mouvement dans les diocèses à partir de 1963. Cette même année, leur nombre en France était de 120. Dès le début, les activités des CPM étaient organisées autour des thèmes suivants[1] : différence de psychologie entre l'homme et la femme, le temps des fiançailles, amour et fidélité, fécondité et amour charnel, le sacrement de mariage. Chaque réunion commençait par un enseignement, puis par des échanges au sein des couples de fiancés.

À la même époque, des relations sont établies avec l'épiscopat français, notamment avec son secrétaire, Mgr Etchégaray et l'évêque coadjuteur d'Évreux, Mgr Caillot, en charge du nouveau Centre national de pastorale familiale qui venait juste d'être créé par l'ACA (Assemblée des Cardinaux et Archevêques). En 1963, les CPM étaient au nombre de 160 au sein de 17 diocèses. Cette même année, une enquête a révélé que 32 % de ses membres provenaient des milieux populaires. Les couples de fiancés non-pratiquants, qui fréquentaient les CPM, étaient de l'ordre d'un tiers. Ce succès indéniable a permis au père d'Heilly de créer une Fédération des associations des CPM en 1967. En juin 1967,

1. *Accueil Rencontre*, n° 187, janvier-février 1999.

le Conseil permanent de l'épiscopat français nomma le jésuite aumônier national des CPM. Pour la première fois, les évêques de France reconnaissaient tout le travail effectué par le père d'Heilly au service de la pastorale en direction des couples de fiancés. Si le « devoir de s'asseoir » était l'un des principes des END, les CPM, eux, préféraient faire de la révision de vie, chère à l'Action catholique, leur grande référence.

Entre 1968 et 1969, leur progression était significative. Ainsi, les CPM sont-ils passés de 300 à 450. À partir des années 2000, les CPM ont connu un net déclin. Ils n'étaient plus présents que dans un tiers des diocèses français. Cette baisse était non seulement due à la perte d'attrait du mariage mais aussi à la concurrence opérée par d'autres mouvements d'Église tels que Amour et Vérité, Cana, et les Cours Alpha. En 1975, Mgr Coffy, archevêque d'Albi, a demandé au CPM de ne pas se décourager face à la baisse du nombre des fiancés qui suivaient ses sessions. Il affirmait : « Même si le nombre de fiancés qui suivent les sessions du CPM diminuent, il ne faut pas se décourager. Plus que jamais, il importe qu'une parole soit dite, au nom de l'Évangile, sur ces réalités humaines que sont l'amour, le mariage, la famille[1] ». Pour Mgr Coffy, les parents avaient un rôle essentiel dans la préparation au mariage de leurs enfants. À la fin des années 1970, les CPM ont insisté sur la réalité des jeunes et leur évolution, ainsi que sur la nécessité d'avoir le sens de l'Église. En 1981, les CPM étaient présents dans 75 diocèses. Cette année-là, ils regroupaient 400 équipes comprenant 5 000 animateurs. La revue des CPM *Accueil et rencontre* était diffusée à 1 500 exemplaires. Elle touchait entre 40 000 et 50 000 jeunes chaque année. Cela représentait 10 % des mariages civils et 13 % des mariages religieux. Selon le mouvement, les jeunes étaient en quête de sécurité

1. *Conférence de Mgr Robert Coffy à Albi*, 32 CO 329, archives du CNAEF, septembre 1975.

affective et attendaient beaucoup de la vie de couple. Les CPM voulaient favoriser chez les couples de fiancés la prise de parole et plus généralement les échanges.

Les CPM ont largement participé aux activités du Conseil supérieur de l'information sexuelle, émanant des pouvoirs publics. Ils ont aussi accordé beaucoup d'importance à la formation dite des « 120 heures à l'information familiale et sociale », réparties en deux sessions et trois modules. Ces derniers étaient les suivants : « Écoute et participation », « Les jeunes et le mariage », enfin « Sexualité et enfant ». En 1986, les CPM avaient 75 associations et ils ont développé une formation de 160 heures qui comprenait trois modules. Le premier était intitulé « Écoute et animation », le second « Fécondités sociales et biologiques », le troisième « Individus, famille et société ». Les CPM faisaient remarquer qu'ils étaient parmi les seuls mouvements ecclésiaux à s'intéresser au suivi des jeunes mariés, ainsi qu'aux couples qui étaient sur le seuil de l'Église. Ils reconnaissaient aussi que la faible culture religieuse des fiancés ou sa quasi-absence chez eux, ainsi que l'image caricaturale d'une Église réduite aux interdits imposés par sa hiérarchie, complexifiaient leurs tâches auprès des jeunes. En 1995, dans son rapport d'orientation [1], les CPM pointaient trois difficultés dans leur souci de venir en aide aux jeunes couples : la montée de l'individualisme et la perte du sens civique, la pratique de la cohabitation juvénile, enfin leur éloignement de plus en plus marqué de l'Église. En 1994, des membres des CPM réunis à Strasbourg estimaient que leur mouvement était mal accueilli [2] dans les diocèses de la région parisienne. En 1996, les CPM étaient dans 75 diocèses en France et avaient 4 100 animateurs qui rejoignaient 4 100 jeunes. En 2001, les CPM étaient dans 77 diocèses.

1. *Rapport d'orientation des CPM*, 32 CO 332, archives du CNAEF, octobre 1995.

2. *Dernières Nouvelles d'Alsace*, 12 novembre 1994.

Les critiques faites au CPM

En 1968, les CPM ont été affaiblis et critiqués pour avoir souvent remplacé les enseignements par des discussions libres. Le père Michel Legrain, aumônier national des CPM dans les années 1980, regrettait que ces derniers aient parfois renoncé à des apports catéchétiques. Il était aussi déçu que leur revue *Accueil Rencontre* ne soit pas assez enracinée sur le « plan ecclésial[1] ». Le père Michel-Jean Pillet portait un regard encore plus négatif sur le CPM et ses implantations locales. Dans le texte[2], « Les CPM sont-ils encore un lieu d'Église ? », ce prêtre critiquait vertement leur plaquette *Jour de fête, jour de noces*. Le père Pillet considérait que dans celle-ci, beaucoup de questions restaient sans réponse, qu'elle occultait systématiquement la pensée de l'Église, qu'elle avait une conception hédoniste de la sexualité, enfin qu'elle était un plaidoyer en faveur de la contraception et d'une morale subjective. Les réactions du père Pillet ont entraîné la colère de l'abbé Legrain qui prit la défense du CPM. À propos de la plaquette *Jour de fête, jour de noces*, ce dernier reprochait à l'abbé Pillet d'être mal informé sur la vie sexuelle et sentimentale des jeunes. L'abbé Legrain n'acceptait pas que le père Pillet considérât le CPM comme une « courroie de transmission de l'idéologie socialo-libérale se conformant aux préceptes libéraux et matérialistes d'une société sans Dieu[3] ».

Mgr Jullien partageait les critiques de l'abbé Pillet sur la brochure *Jour de fête, jour de noces*, réalisée par les CPM. Toutefois, l'évêque rappelait au prêtre que sa connaissance de la culture religieuse des fiancés était largement surestimée et qu'il fallait les

1. *Lettre du père Michel Legrain à Mgr Jullien*, 32 CO 330, archives du CNAEF, 27 juin 1983.

2. Père Michel-Jean Pillet, « Les CPM sont-ils encore des lieux d'Église ? », 32 CO 330, archives du CNAEF.

3. *Lettre de l'abbé Michel Legrain à l'abbé Michel-Jean Pillet*, 32 CO 330, archives du CNAEF, 18 octobre 1983.

rejoindre à partir des préoccupations qui étaient les leurs. En 1987, la Commission familiale de l'épiscopat reprochait[1] aux CPM de manquer de pluralisme et de laisser trop souvent de côté la dimension spirituelle dans les préparations au mariage qu'ils effectuaient. De leur côté, ces derniers ne se gênaient pas pour dénoncer l'insuffisance de la collaboration entre clercs et laïcs dans les formations qu'ils donnaient. En 1990, une polémique importante a concerné les CPM à propos de leur brochure *Sexualité*. En effet, le rédacteur en chef de *Famille Chrétienne*, Philippe Oswald, l'accusait[2] d'avoir eu comme référence la psychanalyse et la mentalité contraceptive. Il regrettait d'autant plus cela que les CPM faisaient partie des mouvements importants de la pastorale de la famille. Toujours en 1990, Philippe Oswald, dans une lettre à Christian Hüni, reprochait à la brochure *Sexualité* de « marginaliser[3] » l'enseignement de Rome portant sur la morale conjugale tel qu'il apparaissait dans les encycliques *Humanae Vitae* et *Donum Vitae*. Le père Michel Paysant, secrétaire de la commission Famille de l'épiscopat français, a critiqué la violence des propos du rédacteur en chef de *Famille Chrétienne* en lui écrivant ceci : « L'emploi de l'artillerie lourde fait beaucoup de dégâts. Des personnes sont blessées profondément, voire démolies. Ce n'est sûrement pas ce que vous souhaitiez, mais c'est le résultat le plus évident. Je pense que vous avez été un peu vite en besogne[4] ». Pierre Debray[5], dans *Courrier hebdomadaire*, dans un style provocateur, précisait qu'à travers leur brochure *Sexualité*, les CPM proposaient la pilule abortive dans la cadre des préparations aux mariages qu'ils organisaient.

---

1. *Réunion de la Commission familiale de l'épiscopat*, archives du CNAEF, 4-5 mai 1987.
2. *Famille Chrétienne*, n° 679, 1990.
3. *Lettre de Philippe Oswald à Christian Hüni*, 32 CO 333, archives du CNAEF, 12 février 1990.
4. *Lettre du* père Michel Paysant à Philippe Oswald, 32 CO 333, archives du CNAEF, 20 février 1990.
5. *Courrier hebdomadaire*, n° 998, 19 février 1990.

Concernant la brochure *Sexualité*, le périodique *L'Homme Nouveau*, n'a pas été en reste car il a aussi sévèrement critiqué le document, ce qui a valu à son directeur Thierry Boutet une réponse ferme de Marité Lecroart, présidente des CPM. En effet, toujours en 1990, elle lui écrivait ceci : « Vous parlez de la fédération des CPM et de ses activités, sans avoir manifesté le moindre intérêt à leur égard. Vous n'avez pas pris la peine, avant de lancer des accusations aussi graves, de prendre contact avec les responsables de la Fédération. Nous n'avons jamais refusé le dialogue [1] ». Marité Lecroart critiquait aussi Thierry Boutet pour son manque d'impartialité au sujet de la brochure *Sexualité.* Elle lui écrivait en ces termes : « Votre lecture partiale et déformante de ce document est une atteinte à la justice. Injustice à l'égard de la Fédération des CPM et de ses activités et injustice à l'égard des auteurs [2] ». Mgr Clément Guillon, évêque de Quimper, pointait du doigt les faiblesses de la brochure *Sexualité.* Il écrivait ainsi à Marité Lecroart : « Le moins qu'on puisse dire est que la doctrine de l'Église n'est pas mise en relief dans la brochure *Sexualité* des CPM et les quelques allusions, qui y sont faites ne sont pas de nature à susciter le désir de la connaître et d'en apprécier la valeur [3] ».

Certains membres de l'épiscopat français ont fait part à Rome de leurs critiques à l'encontre de la brochure *Sexualité.* Tel fut le cas de Mgr Jean Cuminal, évêque de Saint-Flour, qui s'est exprimé par lettre à ce sujet auprès de Mgr Jean-François Arrighi, vice-président du Conseil pontifical. Il lui précisait que la publication des CPM *Sexualité* était « au moins discutable, eu égard à

---

1. *Lettre de Marité Lecroart à Thierry Boutet, directeur de L'Homme Nouveau*, 32 CO 333, archives du CNAEF, 19 mars 1990.

2. *Lettre de Marité Locroart à Thierry Boutet*, 32 CO 333, archives du CNAEF, 19 mars 1990.

3. *Lettre de Mgr Clément Guillon à Marité Lecroart*, 32 CO 333, archives du CNAEF, 19 mars 1990.

une allusion désobligeante à la pensée des papes[1] ». Mgr Cuminal rappelait que les CPM s'adressaient à des couples de fiancés assez loin de l'Église, à l'inverse de ceux qui avaient déjà une solide formation chrétienne et qui préféraient s'orienter plus volontiers vers des maisons religieuses proposant des retraites et des récollections. L'évêque de Saint-Flour stigmatisait l'influence de Mai 68 sur les responsables des CPM de l'époque. Il écrivait ainsi : « Depuis quelques années, l'évolution du mouvement est positive mais il revient de loin. Les séquelles des idées erronées répandues entre 1960 et 1970 ont pu marquer pour longtemps et en profondeur certains de ses anciens dirigeants nationaux et locaux[2] ». Pour Mgr Cuminal, l'épiscopat français ne pouvait pas accréditer une publication lancée sous la seule responsabilité du mouvement, en l'occurrence des CPM, d'autant plus, quand ils jugeaient sévèrement certains aspects du Magistère. Mgr Cuminal précisait ces critiques sévères portées à l'encontre de la brochure *Sexualité* des CPM. Il écrivait ainsi : « De nombreux et graves reproches ont été formulés : appui exclusif sur une philosophie psychanalytique discutable et aujourd'hui discutée... absence de référence à tout autre courant de pensée... mentalité contraceptive présentée sans critique suffisante... absence de présentation de la dynamique chrétienne de l'amour et du projet global d'un foyer chrétien... silence ou allusion désobligeante à la pensée du pape Jean-Paul II et de ses prédécesseurs. Certes, la brochure contient de bonnes pages, des réflexions parfois d'une certaine profondeur mais elle semble oublier les prudences nécessaires dans la pédagogie des adultes comme dans celle des jeunes. Notre commission partage le regret du Conseil pontifical et aurait souhaité que le traitement d'un tel sujet soit d'une autre facture[3] ».

---

1. *Lettre de Mgr Jean Cuminal à Mgr Jean-François Arrighi*, 32 CO 333, archives du CNAEF, 19 mars 1990.
2. *Ibid.*
3. *Ibid.*

Le développement de la pastorale du mariage au lendemain de la Seconde Guerre mondiale pour répondre à une accélération de la déchristianisation

Au lendemain de la Seconde Guerre mondiale, malgré les initiatives des Équipes Notre-Dame, une désaffection à l'égard du mariage religieux s'est opérée. En 1949, s'est tenu à Rennes un congrès national de l'Union des œuvres catholiques. Le thème choisi était celui de la « pastorale familiale », expression novatrice pour l'époque. Il évoquait les stratégies et les moyens d'action pour promouvoir l'action de l'Église en direction de la famille, comme son nom l'indique. L'un des intervenants était l'abbé Georges Michonneau, curé de Colombes, en région parisienne, bien connu pour avoir cherché à rendre sa paroisse davantage missionnaire en faisant en sorte que les fidèles fréquentent davantage de sacrements en traduisant la plupart du temps les textes latins en français. Lors du congrès de Rennes, il précisait que le sacrement de mariage était donné sans préparation. Le baptême reçu et la bonne moralité des fiancés étaient suffisants pour convaincre le curé de paroisse de célébrer le mariage. Dans les années 1950, le déroulement des préparatifs du mariage n'a guère évolué depuis le concile de Trente, soit depuis la seconde partie du XVIe siècle. Le contact est pris avec le prêtre « qui reçoit les futurs époux pour déterminer la date et le lieu de la célébration, expliquer le déroulé et publier les bans[1] ». Cette célébration religieuse était pour la vie, sachant que le nombre de divorces s'était stabilisé à 10 %.

Entre 1945 et 1955, quelques enquêtes sociologiques comme celle menée par le jeune historien Jean Chélini et le vicaire général, Mgr Lucien Gros, pour le diocèse de Marseille, font état

1. Bruno DUMONS, « L'invention de la préparation au mariage dans l'Église catholique en France (1930-1960) », *Annales de démographie*, n° 134, février 2017.

d'une certaine érosion du nombre de mariages religieux et faisant craindre au clergé une accélération de la christianisation. Pour beaucoup de couples, l'importance du mariage se trouvait dans l'attrait extérieur de la cérémonie et dans la pompe du décor, ce qui ne pouvait qu'interroger le clergé sur le décalage existant entre les fidèles et une bonne compréhension du sacrement de mariage. Les travaux du chanoine Boulard avaient déjà mis cela en évidence. Prenant conscience de cette désaffection à l'égard du mariage, les prêtres de paroisse ont de plus en plus réclamé une véritable préparation au mariage à l'aube des années 1960. D'abord présentée comme une invitation, elle s'est imposée comme une obligation, vivement défendue par Rome. Des initiatives se sont multipliées en ce sens dans les milieux ouvriers de l'Action catholique, dans le mouvement de spiritualité conjugale que constituaient les Équipes Notre-Dame, ainsi que dans les Centres de préparation au mariage (CPM). Les jésuites, quant à eux, proposaient des retraites intégrant une préparation au mariage.

L'évolution de la pastorale familiale dans le domaine de la préparation au mariage

Face à la laïcisation accélérée de la société française et au fait que de plus en de couples non-croyants demandaient un mariage religieux, le clergé était devant un dilemme : soit refuser de les marier et courir le risque de nourrir chez eux un sentiment de rancœur vis-à-vis de l'Église, soit accepter de leur donner le sacrement en fermant les yeux sur leur non-adhésion à la foi catholique, ce qui ne pouvait que nuire à la crédibilité de l'institution ecclésiale.

À la fin des années 1960, les évêques de France ont cherché à rendre moins juridique la préparation au mariage dans le sillage de Vatican II et à défendre davantage un dialogue entre le prêtre et les couples de fiancés. C'est dans ce cadre qu'ils ont décidé de publier, en 1968, aux éditions Fleurus, la brochure *La préparation au mariage. Expériences et réflexion.* Devant cette évolution fondamentale de la préparation au mariage, nombre de couples de fiancés ont été désorientés. Ils continuaient de voir, avant tout, le prêtre comme un responsable de l'administration ecclésiale[1] ayant en charge l'organisation du mariage. Avec la réforme voulue par l'épiscopat français, les prêtres étaient encouragés à transmettre aux fiancés un message spirituel et théologique. Or, la difficulté pour le clergé venait du fait que ceux-ci n'y étaient pas toujours très sensibles. À travers l'entretien pastoral en vue du mariage, les évêques français ont voulu lui donner une dimension plus catéchétique et plus spirituelle. En novembre 1968, l'épiscopat français a abordé la préparation au mariage au sein de son assemblée plénière. Lors de leurs échanges, les évêques français s'inquiétaient de voir nombre de couples de fiancés recevoir le sacrement de mariage sans professer la foi catholique. Selon eux, cela pouvait friser « le faux témoignage[2] ». Les évêques français ont alors voté un texte sur la préparation au mariage pendant l'assemblée plénière à Lourdes, dans lequel ils insistaient sur la nécessité de ne pas donner le sacrement aux couples de fiancés qui affirmaient ne pas avoir la foi catholique[3]. Mais Rome n'a pas accepté cette orientation, car les autorités vaticanes la jugeaient trop strictement juridique, dénuée de sens pastoral. Ainsi, ces dernières ont-elles demandé à l'épiscopat français d'ouvrir le sacrement de mariage aux baptisés non-croyants, considérant qu'ils étaient en phase de cheminement.

Après la déclaration de l'assemblée plénière de Lourdes en 1968 sur la préparation au mariage, son commentaire a donné lieu

1. *Projet pour un guide pastoral de dialogue prêtre-fiancés*, 32 CO 364, archives du CNAEF.

2. Assemblée plénière de l'épiscopat, *L'Église et la préparation au mariage*, 32 CO 367, archives du CNAEF, novembre 1968.

3. *Le Pèlerin*, 8 mai 1970.

au Directoire de la pastorale des fiancés établi par la Commission épiscopale de la famille en 1969. L'idée était de ne pas se limiter à l'entretien pastoral mais de le situer plus largement dans une pastorale des fiancés. Ce travail a surtout eu comme cheville ouvrière le chanoine Gaudillère, en tant que secrétaire national de la pastorale familiale, en lien avec la Commission de la famille dont Mgr Jean de Cambourg, évêque de Valence, était l'animateur. Le chanoine Gaudillère était très critique sur la pastorale vis-à-vis des couples mariés à la suite d'une enquête qui eut lieu en 1976-1977. Il parlait de « gâchis [1] » les concernant dans la mesure, où selon lui, l'Église n'avait pas su prendre en compte leur grande générosité. Il pointait du doigt les insuffisances de la théologie quant au sacrement de mariage. Il écrivait : « Sommes-nous injustes en disant qu'il y a, en ce qui concerne le sacrement de mariage, une dramatique carence de la théologie. Messieurs les théologiens, nous comprenons que la morale vous tracasse, que les sciences humaines vous séduisent, mais de grâce, faites-nous aussi de la théologie et que ça retentisse (…). On fait beaucoup de morale, on en défait beaucoup également. Mais enfin, l'amour conjugal est l'une des plus éminentes valeurs humaines. N'aurions-nous que des barrières à lui proposer ? Dieu, relation d'amour, n'aurait-il rien d'autre à lui dire [2] ? ».

Au début des années 1970, les évêques français estimaient que l'entretien pastoral, autrement dit entre le prêtre et les fiancés, avait une dimension trop administrative. Selon eux, cet échange supposait trois valeurs : l'accueil, l'écoute, la réciprocité. En 1970, dans leur déclaration [3] sur l'entretien pastoral en vue du mariage, les évêques de France ont accordé d'autant plus

1. *Enquête, comment des foyers chrétiens vivent-ils leur mariage-sacrement ?, 1976-1977*, 32 CO 378, archives du CNAEF.

2. *Ibid.*

3. *Entretien pastoral en vue du mariage*, 32 CO 366, archives du CNAEF, 1970.

d'importance à la catéchèse que celle-ci était trop peu dispensée aux futurs mariés et que les structures ecclésiales devenues trop faibles ne lui assuraient plus le soutien qu'elles leur apportaient dans le passé. Toujours en 1970, Mgr Bouillon[1], en abordant la pastorale des fiancés, insistait sur le fait que l'entretien entre le prêtre et les fiancés devait comprendre une dimension plus missionnaire et moins canonique, donc moins juridique. Il était conscient que le langage théologique constituait un obstacle à ce que les fiancés soient davantage sensibilisés à la foi catholique. Les évêques français faisaient remarquer que Pie XII, dans l'instruction *Sacrosanctum*, avait déjà demandé à ce qu'une enquête pré-matrimoniale soit établie pour renforcer la solidité des mariages. Mais celle-ci avait une forte dimension juridique. Elle avait été mise en place pour éviter la multiplication des procès de nullité de mariage, sous prétexte d'une connaissance insuffisante des exigences qu'il impliquait. Le mot « enquête[2] » était assez mal reçu par les couples de fiancés, ce qui avait été relevé par le clergé. L'ensemble consistait en un système de questions-réponses et apparaissait peu catéchétique.

Au-delà de l'entretien pastoral mené par le prêtre, les évêques de France ont souhaité que des sessions de formation soient organisées pour les fiancés. Selon eux, la préparation au mariage devait concerner tout à la fois la pastorale des jeunes et celle des familles. À partir de 1970, il fut acté que la préparation au mariage comprendrait quatre éléments ou quatre étapes : la demande des fiancés en vue du mariage, l'entretien pastoral mené par le prêtre, la déclaration d'intention des futurs mariés, enfin le dossier administratif. En 1970, le journal *Nice-Matin*, considérant que l'Église catholique avait pris une position laxiste sur la célébration des mariages,

---

1. *Conférence de presse pour présenter l'opuscule « Pastorale des fiancés »*, 32 CO 367, archives du CNAEF, 26 février 1970.

2. *Session régionale de pastorale familiale. Entretien pastoral*, 32 CO 369, archives du CNAEF, Metz, 12-13 octobre 1970.

affirmait d'une manière un peu ironique : « Le mariage religieux ne peut pratiquement plus être refusé [1] ».

Face à la crise de mai 68 et du fait que beaucoup de couples de fiancés demandaient le mariage sans avoir la foi et sans se projeter dans la durée, l'Église a envisagé de mettre en place des bénédictions qui n'avaient pas la valeur du sacrement. Ces cérémonies auraient voisiné avec des mariages en bonne et due forme. Des prêtres ont alerté sur le fait que ce projet risquait fort de donner naissance à des fidèles de seconde zone [2]. Pour expliquer cette crise du mariage et l'engagement sur la longue durée, Mgr Coffy remarquait que les catégories intellectuelles, qui prévalaient au début des années 1960, n'étaient plus les mêmes dix ans plus tard. Pour le prélat, cette évolution majeure rendait plus complexe la pastorale en direction des couples de fiancés. Mgr Coffy écrivait : « Un nombre important de notions fondamentales de théologie classique... semble avoir perdu le pouvoir de structurer une vision du monde cohérente et commune à tous les esprits. Ainsi en est-il de la notion de substance, de forme, de matière, de caractère, de vertu infuse [3]... ».

Au début des années 1970, la question des mariages de couples japonais dans des églises en France a profondément interrogé l'épiscopat français. En effet, en 1973 et 1974, plusieurs d'entre eux ont célébré leur union dans une église à Compiègne et dans la chapelle du Château d'Ussé, en Touraine. Jusque-là, nombre de couples de fiancés japonais se mariaient à Hawaï. Cela avait deux avantages. Premièrement, ces mariages dans cet archipel du Pacifique étaient moins chers qu'au Japon et ils étaient aussi associés à un voyage de noces. La compagnie Air France a voulu profiter du phénomène et organiser des voyages-mariages intéressants sur le plan financier.

1. *Nice-Matin*, 28 février 1970.
2. *Faut-il de donner le sacrement de mariage à tous les fiancés qui le demandent ?*, 32 CO 1, archives du CNAEF, 1972.
3. *Ibid.*

Au sein de l'entreprise aéronautique française, M. de Carbonnières est entré en contact avec le père Frisque qui était en relation avec l'abbé Delaporte, curé de Compiègne, Sœur Perrachon, et le père Dunoyer, aumônier des Japonais à Paris. En 1973, quatre séries de mariages de Japonais non chrétiens ont eu lieu à Compiègne. Ceux-ci se sont unis sous le rite catholique sans être catholiques eux-mêmes, ce qui a alerté le père Huot-Pleuroux. Si ces Japonais non catholiques ont souhaité un mariage catholique, c'est parce que le mariage civil au Japon n'avait aucune signification pour eux et que les cérémonies shintoïstes leur paraissaient incompréhensibles. Ces Japonais paraissaient impressionnés par l'aspect sérieux que représentaient les mariages catholiques. Les évêques du Japon permettaient à des Japonais non chrétiens de se marier à l'Église. Le Secrétariat pour les non-chrétiens à Rome se situait sur la même ligne. Le père Huot-Pleuroux se montrait réticent sur ces mariages de Japonais dans les églises catholiques en France. C'est pourquoi il a demandé à Mgr Stéphane Desmazières, évêque d'Amiens, d'intervenir. Le prélat demandait aux couples japonais de fournir trois documents : l'attestation du mariage civil, une déclaration indiquant que leur engagement se faisait dans un climat de liberté intérieure, enfin une attestation montrant une préparation sérieuse avec un prêtre catholique.

L'épiscopat français, au début des années 1970, se montrait aussi réticent concernant les mariages entre des hommes musulmans et des femmes catholiques. Les évêques français remarquaient que celles-ci étaient souvent obligées de rompre avec l'Église catholique à cause de la législation des pays d'Afrique du Nord aux dépens des autres religions et en particulier du christianisme qui se trouvait marginalisé. Mgr Jean Chabert, dans une lettre[1] en 1973, faisait le même constat. La prélature de Tunis par-

1. *Lettre de Mgr Jean Chabert*, 32 CO 1, archives du CNAEF, 15 novembre 1973.

tageait les positions de ce prélat. Elle expliquait la multiplication des mariages mixtes par l'émigration des Tunisiens en France et par l'ouverture de ce pays au tourisme. Le Secrétariat pour les relations avec l'islam constatait que ces mariages mixtes entre chrétiens et musulmans étaient compliqués et qu'ils nécessitaient que chaque membre du couple restât dans sa tradition religieuse afin que l'union soit la plus solide possible. En octobre 1984, lors de son assemblée plénière, la Conférence des évêques de France a confié à la commission épiscopale de l'épiscopat la refonte du Directoire « Entretien pastoral en vue du mariage ». Cette initiative voulait tenir compte du regain d'intérêt pour la famille mais aussi de l'embarras, voire du découragement de certains prêtres face à de futurs conjoints qui ne partageaient ni la foi chrétienne ni les conceptions catholiques sur la procréation.

Pour l'épiscopat français, la sexualité ne trouvait son plein épanouissement que dans le cadre du mariage. Derrière l'effondrement de l'institution du mariage et la multiplication des divorces et des avortements, les évêques de France y voyaient le « libéralisme amoral et le laisser-faire[1] ». Au début des années 1980, les évêques français ont voulu renouveler leur approche de la sexualité à travers l'ouvrage[2] *Sexualité et vie chrétienne, Point de vue catholique*, préfacé par Mgr Duchêne et Mgr Joseph Rozier. Ce livre leur apparaissait d'autant plus important que le grief de la jeunesse française vis-à-vis de l'Église concernait, entre autres, une vision jugée rétrograde de la sexualité. Dans ce livre, il s'agissait de montrer la valeur du plaisir sexuel, tout en le situant dans un cadre moral et de construction de la famille. En 1981, dans *Le Monde*, Alain Woodrow, en évoquant l'ouvrage, louait l'épiscopat français d'avoir dépassé le « permis-défendu[3] » et la question

1. *Le Parisien*, 5 mars 1973.
2. *Sexualité et vie chrétienne*, Paris, Le Centurion, 1981.
3. *Le Monde*, 14-15 juin 1981.

des interdits en matière de sexualité. La même année, Madeleine Garrigou-Lagrange[1], dans *Ouest-France*, notait que l'Église, à travers ce livre, redonnait tout son sens au mot « plaisir » à travers la notion de sexualité. Toutefois, pour *La Croix*, l'ouvrage arrivait trop tard[2], les jeunes ayant souvent tourné le dos à l'Église qu'ils trouvaient trop rigoriste sur le plan des mœurs.

En 1995, dans une lettre, le père Joseph Donius, en tant que secrétaire national de la pastorale familiale, défendait l'éducation affective qu'il qualifiait de « préparation lointaine au mariage[3] ». À cette époque-là, la préparation au mariage s'était densifiée à travers des sessions. Les futurs mariés devaient désormais annoncer aux prêtres de paroisse leur projet de se marier six mois avant la célébration. Le secrétariat national de la pastorale familiale demandait explicitement que des laïcs participent à la préparation au mariage en étroite relation avec les curés de paroisse. Il souhaitait aussi que la dimension affective et sexuelle y soit plus présente et il était recommandé aux animateurs de s'appuyer sur le savoir-faire des CPM. Pour les aspects théologiques, il était demandé de s'adresser aux services diocésains ou régionaux et non aux CPM jugés peu fiables sur le plan doctrinal. Les diverses instances de la pastorale familiale ont eu à cœur d'établir un mini-parcours catéchuménal pour les fiancés (grandes étapes du salut, le Christ, l'Église, les sacrements, l'éthique). Il s'agissait aussi d'aborder la question du pardon dans la relation conjugale et d'assurer le suivi des couples mariés en maintenant leurs liens avec les CPM en faisant en sorte qu'ils maintiennent des relations avec divers organismes catholiques dédiés à la famille comme les CPM, les END, Cana, Mariage Rencontre, enfin le CLER. La pastorale familiale incitait les couples mariés à baptiser leurs enfants. Toutefois, les

1. *Ouest-France*, 11 juin 1981.
2. *La Croix*, 30 septembre 1981.
3. *Compte-rendu du père Joseph Donius, secrétaire national de la pastorale familiale*, archives du CNAEF, 27 janvier 1995.

délégués régionaux de pastorale familiale étaient persuadés que ces évolutions qu'ils estimaient souhaitables ne pourraient pas se produire sans le soutien effectif des évêques, donc de la hiérarchie.

La Commission épiscopale de la famille s'est alertée[1] face à la chute des mariages religieux. Ainsi, 70 % des mariages avaient lieu à l'église en 1977 contre 50 % en 1992. Elle s'inquiétait aussi du nombre grandissant de fiancés qui cohabitaient et de critiques à l'encontre de la chasteté qui était l'objet de moqueries lors de préparations au mariage. En 1995, le père Joseph Donius reconnaissait que 80 % des couples, qui se préparaient au mariage, vivaient en cohabitation. Il était aussi effaré par le fait que nombre d'entre eux ne voyaient pas leur relation conjugale sur le long terme, affirmant « vouloir rester ensemble tant que cela marchera[2] ». Le père Josep Donius s'inquiétait aussi qu'en 1993, il y ait eu 137 000 mariages religieux mais en même temps 105 000 divorces. En 1994, le secrétariat national de la pastorale familiale rédigeait le texte[3] *État actuel du réseau de la préparation au mariage dans l'Église de France*. Il indiquait que dans 99 % des cas, les prêtres effectuaient le premier accueil pour les couples souhaitant se marier. Pour expliquer cette situation, les raisons invoquées étaient les suivantes : le petit nombre de mariages à l'église, l'aspect gratifiant pour les prêtres de recevoir les époux, la difficulté de trouver des couples accompagnateurs, enfin le refus de certains clercs de travailler avec les laïcs. En 1994, seuls 15 % des prêtres se faisaient accompagner par des laïcs concernant la préparation au mariage. En 1997, Mgr Guy Thomazeau, président de la Commission épiscopale de la famille, a rédigé une note intitulée : *Proposition de la foi et préparation au mariage*. Ce texte se voulait en relation

1. *Compte-rendu de la Commission épiscopale de la famille*, archives du CNAEF, 29 mai 1995.
2. *La Croix*, 31 août 1995.
3. Secrétariat de national de la pastorale familiale, *État actuel du réseau de la préparation au mariage dans l'Église de France*, archives du CNAEF, 1994.

directe avec le rapport de Mgr Dagens, *Proposition de la foi dans la société actuelle*, publié en 1996. La pastorale de la famille, sous l'impulsion de Mgr Thomazeau, a voulu appliquer les principes de ce document de référence pour le catholicisme français à la préparation au mariage. En 2014, la Conférence des évêques de France, à travers sa revue *Documents Épiscopat*, a souhaité traiter[1] de *La préparation au mariage dans le contexte de la nouvelle évangélisation*. Afin de limiter au maximum le nombre de divorces de couples mariés à l'église, l'épiscopat a souhaité renforcer l'enseignement de la théologie du mariage en insistant sur l'esprit de liberté qui devait accompagner l'engagement des futurs mariés. Il s'agissait aussi d'aider les fiancés à discerner sur l'opportunité d'un mariage sacramentel. À travers ce document, les évêques de France ont rappelé la nécessité d'un cheminement catéchuménal pour les jeunes se préparant au mariage.

L'abbé Caffarel et la spiritualité du mariage

Dans les années 1930, la question conjugale est devenue source d'interrogations pour de plus en plus de foyers catholiques. Certains ont voulu dépasser le cadre strictement moral et s'engager dans une voie davantage spirituelle. Parmi les initiatives souvent disparates, celle des Équipes Notre-Dame s'est révélée la plus durable et a largement diffusé la notion de spiritualité conjugale. Cette dernière « a cherché à recentrer la famille sur le couple, alors que l'Église, dans son discours, restait attachée à la vision élargie de la cellule familiale, structurée autour des enfants[2] ». En 1939, quatre couples, voulant mener une vie de foi

1. *Documents Épiscopat*, « La préparation au mariage dans le contexte de la nouvelle évangélisation », n° 7, 2014.

2. Agnès WALCH, *La spiritualité conjugale dans le catholicisme français XVIe – XXe siècle*, Paris, Éditions du Cerf, 2002, p. 420.

authentique, tout en étant à la recherche d'une spiritualité centrée sur le couple, se sont regroupés autour de l'abbé Caffarel, sans que celui-ci ait eu vraiment l'idée de créer un nouveau mouvement d'Église. Né en 1903 à Lyon, il est mort près de Beauvais en 1996. Ordonné prêtre en 1930, il a d'abord été nommé secrétaire de l'Action catholique de 1934 à 1936. Parallèlement, il a assuré les homélies le dimanche sur Radio-Paris et donnait régulièrement des conférences sur des sujets divers. En 1938, il fut nommé vicaire à Saint-Augustin où il était apprécié pour sa profondeur spirituelle et son sens de la prière.

Les couples, qui se sont réunis autour de l'abbé Caffarel, pour donner naissance aux Équipes Notre-Dame, « attendaient une parole de foi et non une morale[1] ». Ils espéraient des encouragements de la part du clergé et non des reproches. Leur but était d'abord de « comprendre le regard de Dieu sur les foyers[2] ». À la fin de la Seconde Guerre mondiale, deux cents couples étaient engagés au sein des Équipes Notre-Dame. Devant le développement du mouvement, les amis de l'abbé Caffarel ont obtenu du cardinal Suhard, archevêque de Paris que celui-ci le décharge de ses différents ministères pour qu'il se consacre uniquement aux Équipes Notre-Dame. Elles ont développé l'idée d'aider « les foyers à construire une communauté de vie et d'amour selon l'Évangile[3] ». La pensée de l'abbé Caffarel a pu largement se diffuser grâce à la revue *L'Anneau d'or. Cahier de spiritualité conjugale et familiale,* qui parut de 1945 à 1967. Deux religieux renommés, le père Henri Holstein, jésuite, et le père Ambroise-Marie Carré, dominicain, ont joué le rôle de conseillers spirituels auprès des Équipes Notre-Dame. *L'Anneau d'or* a joué un rôle important dans l'élaboration d'une spiritualité conjugale malgré

1. Agnès Walch, *op. cit.,* p. 424.
2. Cité par Agnès Walch, *op. cit.,* p. 424.
3. Cité par Agnès Walch, *op. cit.,* p. 420.

des problèmes financiers récurrents et une équipe de rédaction restreinte. Cette revue tenait à la fois à présenter l'enseignement de l'Église sur le plan conjugal et à faire part des expériences des couples qui s'efforçaient de vivre en chrétiens. Sa notoriété était largement due à la qualité de ses contributeurs tels que le père Carré, dominicain, l'abbé Caffarel, le père Varillon, son ami jésuite, Roger Pons, inspecteur général de l'Université, Jacques Madaule, écrivain et maire d'Issy-les-Moulineaux, enfin Gérard et Madeleine d'Heilly, parmi les premiers membres des Équipes Notre-Dame. Tiré dans un premier temps à 17 000 exemplaires, *L'Anneau d'or* a atteint à son maximum 40 000 exemplaires, ce qui était un chiffre conséquent pour une revue religieuse. Dans la seconde partie des années 1940, Pierre Lemaire a fait la connaissance de l'abbé Caffarel[1]. Marqué par ce dernier, il s'est engagé dans une promotion de la famille. Pour cela, il a fondé la revue *Paternité* (1948) et *Défense du foyer* (1958). Enfin, en 1971, Pierre Lemaire a repris les éditions Téqui afin de poursuivre son œuvre de défense et de soutien à la famille.

Les Équipes Notre-Dame ont mis en place leur charte en 1947. Ce texte, qui comportait un idéal monastique, est apparu trop exigeant sur le plan spirituel, ce qui a heurté plusieurs couples qui avaient adhéré au mouvement. Ils clamaient haut et fort qu'ils n'étaient pas des religieux. Le schéma d'organisation des Équipes Notre-Dame était strict. Une fois par mois, les couples se réunissaient. Après un repas et une prière, avait lieu un temps d'échange dont le thème était imposé par l'équipe dirigeante suivant un calendrier. Les ménages étaient aussi astreints à des obligations individuelles. Tous les ans, chaque foyer devait participer à une retraite de deux jours dans un monastère, à défaut suivre deux récollections. Il leur était aussi demandé de prier chaque

1. Yves Chiron, *Précurseur dans le combat pour la famille : Pierre Lemaire*, Paris, Éditions Pierre Téqui, 2015, p. 200.

jour avec leurs enfants, de réciter quotidiennement la prière des Équipes Notre-Dame, d'étudier chaque mois le thème de la réunion d'équipe, de lire la *Lettre mensuelle* qui faisait le lien entre les membres du mouvement, donner chaque année l'équivalent d'une journée de travail au mouvement, enfin de pratiquer « le devoir de s'asseoir ». Ce dernier, dès 1945, s'est imposé comme l'une des plus grandes caractéristiques des Équipes Notre-Dame. L'abbé Caffarel le présentait comme un outil spirituel adapté à la psychologie et au mode de vie modernes. Il conseillait aux couples de faire une pause chaque mois dans leurs activités et de se retrouver sans leurs enfants. Ainsi, le mari et sa femme, après une oraison commune, échangeaient sur leur vie conjugale et familiale, exprimant ainsi leurs joies, ainsi que leurs peines. Il s'agissait surtout d'un temps de dialogue. L'abbé Caffarel préconisait le « devoir de s'asseoir » comme un moyen de prévenir toute fragilisation au sein du couple.

De 1947 à 1962, le mouvement des Équipes Notre-Dame a connu une expansion remarquable puisqu'il a essaimé dans plusieurs pays d'Europe, ainsi qu'en Amérique, jusqu'en Australie. Malgré des efforts, le mouvement a recruté essentiellement dans les milieux bourgeois. Ce manque de diversification lui fut souvent reproché et l'a parfois fait apparaître comme élitiste. Au sein de l'Église catholique, les END ont parfois été mal accueillies par l'Action catholique. Tout d'abord l'Action catholique générale, sous la forme de l'ACJF (Action catholique de la jeunesse française), a considéré que le mouvement fondé par l'abbé Caffarel portait atteinte à son dynamisme. Concernant les mouvements d'action spécialisée, les critiques furent aussi nombreuses. En effet, l'ACI (Action catholique indépendante) a vu d'un mauvais œil la mixité pratiquée dans les équipes, ce qui était pourtant fort logique dans un mouvement basé sur le couple. Quant à l'Action catholique rurale et à l'Action catholique ouvrière, la question conjugale et familiale ne faisait pas partie de leurs préoccupations. L'abbé

Caffarel et les Équipes Notre-Dame étaient souvent accusés par d'autres mouvements d'Église et de membres du clergé de ne centrer leur intérêt que sur le couple à l'exclusion des autres secteurs de la société. L'abbé Caffarel fut invité à participer aux travaux préparatoires du concile Vatican II dans le cadre de la Commission pour l'apostolat des laïcs, en raison de son action menée auprès des couples.

Il espérait que la sainteté familiale fasse l'objet d'une déclaration solennelle à Vatican mais il fut déçu. En effet, le sujet ne fut abordé par le concile qu'à la marge malgré quelques avancées constatées dans la constitution *Gaudium et spes,* précisant qu'au sein du couple, le mari et sa femme « contribuaient à la glorification de Dieu[1] » par leur sanctification mutuelle. Entre 1961 et 1962, l'abbé Caffarel a entrepris une vaste enquête auprès de 6 000 couples des END concernant leurs problèmes, leurs attentes et leurs espoirs. Les résultats furent publiés dans les numéros 105 et 106 de *L'Anneau d'or* de l'année 1962. Ils ont fait apparaître qu'un nombre important d'équipiers étaient mal à l'aise sur la question de la régulation des naissances, ne partageant pas le point de vue de Rome à ce sujet. Ils considéraient, au fond, que l'Église catholique aurait dû laisser la liberté à ses fidèles de recourir à la pilule contraceptive pour espacer les naissances. L'abbé Caffarel percevait chez eux une angoisse psychologique et morale qui, pour lui, était en train de s'aggraver du fait du silence du clergé ou de ses hésitations sur ces questions. Selon le fondateur des END, il était urgent que l'institution ecclésiale présente d'une manière renouvelée sa morale sexuelle. Il prévoyait que si rien n'était fait dans ce domaine, l'Église s'exposerait à de sérieuses déconvenues à l'avenir.

L'abbé Caffarel s'est félicité de la publication de l'encyclique *Humanae Vitae* même s'il a regretté le manque de pédagogie qui

1. *Gaudium et spes*, n° 48.

a accompagné sa diffusion. À cette époque, il n'a pas cessé de critiquer les chrétiens « hantés par la limitation des naissances, ayant acquis des âmes de calculateurs[1] ». Après la publication du texte de Paul VI, le fondateur des END a envoyé au pape un télégramme de félicitations qui a été mal reçu par une bonne partie des membres du mouvement qui se sentaient déconcertés, voire consternés. En 1973, l'abbé Caffarel, de plus en plus autoritaire et déçu par l'attitude de nombreux couples des END qui remettaient en cause le discours de Rome en matière d'éthique sexuelle, a décidé d'abandonner la direction spirituelle du mouvement. Toutefois, les END ont continué d'organiser des pèlerinages à Rome et d'être sollicitées par le Vatican à certaines occasions. En 1979, la revue *Alliance* prenait la suite de *L'Anneau d'or* mais en s'ouvrant davantage aux questions contemporaines et aux approches psychologiques. Visant à aider les couples à réaliser leur harmonie sexuelle, le périodique n'a pas hésité à traiter du divorce et des problèmes des adolescents.

Rapidement, les END ont été pilotées par une équipe internationale composée de six couples assistés d'un prêtre jouant le rôle de conseiller spirituel. Comme ce mouvement a connu une extension très rapide dans divers pays du monde, il a été subdivisé en super-régions et régions, ces dernières étant divisées en secteurs. Dans la ligne du rassemblement de Lourdes en 1988, des parcours ont été institués comme « Priez sans cesse » (1989-1990) ou « Changez vos cœurs » (1990-1991). À la base de la vie d'équipe, il y avait la rencontre mensuelle. L'animation générale s'est opérée au moyen de *La Lettre des Équipes Notre-Dame* et des journées de « rencontre, prière et réflexion » au niveau de chaque secteur. S'y sont ajoutés des week-ends de rencontre des responsables et des sessions ouvertes à tous. En 1981, les END comptaient 400 équipes en France, ce qui faisait 7 000 couples et un millier

1. Cité par Agnès WALCH, *op. cit.*, p. 469.

de conseillers spirituels. Cette même année, elles étaient présentes dans tous les diocèses de France. En 1991, les END formaient 1 807 équipes, réparties en 124 secteurs, eux-mêmes regroupés en 19 régions. Rattachées à la pastorale familiale, elles ont constitué un mouvement de spiritualité conjugale visant au ressourcement spirituel des couples chrétiens afin de s'engager soit dans la cité, soit dans l'Église en fonction de leurs charismes propres. En 2000, les Équipes Notre-Dame comptaient 8 000 équipes à travers les cinq continents. Les grands rassemblements ont marqué ce mouvement : 3 000 à Fatima en 1993, 3 500 à Paris en 1997. La commission familiale de l'épiscopat regrettait la grande autonomie des END et la stratégie qu'elles avaient mise en place afin, disaient-elles, de ne pas être récupérées. Elle leur reprochait de ne pas être assez impliquées dans la pastorale familiale. Si en 1988, les couples adhérant aux END étaient au nombre de 22 000 à travers le monde, ils étaient 74 000 en 2021, dont 9 000 dans la zone francophone de l'Europe.

L'expérience singulière de Lugny dans le diocèse d'Autun et ses polémiques

En 1973, Mgr Le Bourgeois, évêque d'Autun, a encouragé l'expérience du secteur pastoral de Lugny. Il s'agissait, dans cette région du Mâconnais très déchristianisée, classée comme « terre de mission » par le chanoine Boulard, de faire des cérémonies, appelées aussi « mariages-accueil[1] », durant lesquelles des couples mariés civilement recevaient une bénédiction. Il ne s'agissait pas d'un mariage religieux mais d'établir un moment fort pour ceux qui voulaient aller plus loin et qui consistait à mettre en place des étapes en vue de montrer toute la valeur du sacrement de mariage à travers toute une pédagogie. Le « mariage-accueil » supposait que

1. *La Vie*, mars 1980.

le couple marié civilement se dise en accord avec les principes du mariage catholique : désir de construire un mariage pour la vie et dans la fidélité réciproque, accueillir des enfants, enfin prendre sa place dans la société.

La presse grand public a vu dans l'expérience de Lugny la mise en place « d'un mariage à l'essai[1] ». L'article de *Paris Match* du 14 septembre 1974 mentionnait des mariages célébrés sans « le sacrement indissoluble[2] ». Dans *La Vie catholique*, le père Robert Pléty[3], qui avait la responsabilité du secteur paroissial de Lugny, pensait que l'expérience menée donnerait plus de maturité à des couples qui opteraient ultimement pour un mariage religieux. À l'inverse, Georges Daix[4], dans *L'Homme nouveau*, pensait que l'expérience de Lugny ne pouvait que détruire le mariage. En septembre 1974, *L'Aurore*, parlait également de « mariage à l'essai » à propos de l'expérience pastorale de Lugny. Cette expression utilisée par certains journaux était exagérée car elle ne renvoyait pas à la cohabitation juvénile par exemple. En tout cas, ces accusations de vouloir promouvoir le mariage à l'essai sont remontées jusqu'à Rome et très rapidement la Curie s'est montrée très critique sur l'expérience de Cluny. Face à ces remous, le diocèse d'Autun a dû réagir en précisant que les cérémonies étaient destinées à des couples mariés civilement qui n'envisageaient pas un mariage religieux avant un certain nombre d'années mais qui néanmoins voulaient être accompagnées par l'Église. Les prêtres de Lugny reconnaissaient une valeur au mariage civil, ce que ne partageait pas la hiérarchie catholique. Ils étaient conscients néanmoins que les cérémonies qu'ils dirigeaient pour les couples mariés civilement pouvaient être confondues de l'extérieur avec des mariages religieux. Pendant longtemps, l'expérience pastorale de Lugny

1. *Paris Match*, 14 septembre 1974.
2. *Ibid.*
3. *La Vie catholique*, n° 1520, 25 septembre-2 octobre 1974.
4. *L'Homme nouveau*, 6 octobre 1974.

a subi des calomnies comme le bruit qui s'était répandu au sujet des couples divorcés qui auraient été majoritaires lors des cérémonies. Or, dans la réalité, ils y étaient très peu nombreux. En 1974, dans une lettre au cardinal Marty, archevêque de Paris, le cardinal Seper lui écrivait[1] sa préoccupation à propos de l'affaire de Lugny. Il considérait que cette expérience pastorale, voulue par Mgr Le Bourgeois, valorisait beaucoup trop le mariage civil et ce, au détriment du mariage religieux. Toujours en 1974, dans une lettre au cardinal Marty, Mgr Le Bourgeois parlait de mariages non sacramentels à propos de l'expérience pastorale de Lugny. L'évêque d'Autun insistait sur la valeur du mariage civil, quitte à prendre quelques distances avec Rome. Il considérait aussi que les interventions de la Congrégation pour la Doctrine de la foi rappelaient le rôle jugé très autoritaire du Saint-Office d'avant le concile Vatican II. À propos de l'affaire de Lugny, Mgr Le Bourgeois écrivait au cardinal Marty : « Je ne vois pas pourquoi la réaction vient de la Congrégation pour la Doctrine de la foi alors qu'il existe une Sacrée congrégation des sacrements. Nous voyons renaître un Saint-Office, je le crains[2] ».

En 1977, dans une lettre au cardinal Seper, Mgr Le Bourgeois s'est plaint du mauvais fonctionnement de la Conférence des évêques de France qui ne lui avait laissé que peu de temps pour s'exprimer sur l'affaire de Lugny et sur les polémiques qu'elle suscitait. L'évêque d'Autun lui écrivait : « Permettez-moi de constater et de regretter la lourdeur de nos organismes officiels, y compris ceux de la Conférence des évêques de France. J'en ai fait la désagréable expérience lors de l'Assemblée plénière de 1974. L'affaire de Lugny, orchestrée par la presse malgré moi, faisait grand bruit. Je pensais nécessaire et utile d'en parler entre évêques. Après

1. *Lettre du cardinal Seper au cardinal Marty*, 1PP21, archives du CNAEF, 22 novembre 1974.

2. *Lettre de Mgr Le Bourgeois au cardinal Marty*, 1PP21, archives du CNAEF, 12 octobre 1974.

plusieurs sollicitations pressantes, j'ai eu huit minutes chronométrées pour m'expliquer en assemblée plénière. Sans doute, le programme était bien établi mais il s'établissait sur 6 jours, et faisait place à de moindres questions. Je constate enfin que l'équilibre est difficile à trouver entre l'action collective d'une conférence épiscopale ou d'une commission et la liberté d'expression de chaque évêque[1] ».

Le bilan de l'expérience pastorale de Cluny s'est révélé assez décevant pour l'Église. En effet, très peu de couples, qui étaient entrés dans la démarche du « mariage-accueil », ont franchi le pas en choisissant de se marier à l'Église. En effet, sur les 200 couples, qui avaient participé aux célébrations proposées par l'équipe pastorale de Lugny entre 1973 et 1980, seul l'un d'entre eux s'est marié religieusement, et encore, il n'a pris aucun engagement par la suite au sein de l'institution ecclésiale. L'expérience de Cluny s'est étendue à d'autres diocèses comme ceux de Limoges, de Nantes et Rennes, ainsi qu'à l'étranger comme au Canada, à l'Île Maurice, en Nouvelle-Zélande et aux Pays-Bas. L'équipe des prêtres de Lugny a considéré que son travail pastoral auprès des couples n'était pas vraiment un échec mais que cette expérience ecclésiale avait souffert d'un manque de soutien de la communauté chrétienne. Toutefois, cette analyse n'a pas résisté à l'épreuve des faits : l'expérience de Lugny a d'abord laissé peu de traces dans le diocèse d'Autun. Globalement, très peu de couples concernés par l'expérience de Cluny ont souhaité conserver des liens durables avec l'Église catholique. Ainsi, n'ont-ils pas émis le souhait de faire baptiser leurs enfants.

1. *Lettre de Mgr Le Bourgeois au cardinal Seper*, archives du CNAEF, 1977.

Le poids des associations et de l'Institut des sciences de la famille (ISF) dans la pastorale familiale

En coordination avec les actions menées par l'épiscopat français, les associations et l'ISF ont joué un rôle déterminant dans la mise en place et le dynamisme de la pastorale familiale. Assurément, sans elles, le discours et les initiatives des évêques français dans ce domaine n'auraient pas eu la même force. Elles se sont donc révélées indispensables pour dynamiser une pastorale familiale qui avait parfois bien du mal à faire entendre sa voix dans les paroisses, en particulier.

Les Semaines sociales

Déjà en 1957, les Semaines sociales de France avaient consacré leur rassemblement à la famille. Quinze ans plus tard, en 1972, elles ont voulu reprendre cette thématique à frais nouveaux. Les organisateurs des Semaines sociales de France constataient que la famille était l'objet d'analyses paradoxales. Pour eux, elle était la fois « le refuge de la vie heureuse » mais aussi l'un des domaines où se situait « le conflit entre les générations, le terrain où s'affrontaient la masculinité et la féminité, enfin le lieu de transmission de valeurs et de l'éducation[1] ». Les Semaines sociales considéraient que la société, au début des années 1970, par ses orientations, fragilisait la famille. Par l'allongement de la scolarité, elles affirmaient que les jeunes étaient mis dans une situation de dépendance vis-à-vis de leurs parents, alors que dans le même temps, ils aspiraient à l'autonomie. Il semblait paradoxal aux Semaines sociales que nombre de jeunes veuillent se

1. *Couples et familles dans la société d'aujourd'hui*, session de Metz des Semaines sociales (4-9 juillet 1972), 32 CO 1, archives du CNAEF.

libérer du père, alors que celui-ci était de plus en plus absent de la structure familiale. Les Semaines sociales regrettaient que les politiques familiales menées en soient restées à un volet économique (prestations sociales, fiscalité), mais que dans le même temps, elles ne réalisaient pas suffisamment l'interdépendance des familles avec d'autres institutions comme l'école, les centres de loisirs et les structures hospitalières, ce qui aurait été un moyen d'améliorer leurs conditions de vie.

Espérance et Vie (Groupement spirituel des veuves)

Ce mouvement est né dans la continuité des Équipes Notre-Dame. En 1946, de jeunes veuves de guerre, issues de la région parisienne et ayant besoin de partager leurs souffrances, ont décidé de se retrouver à Lourdes. Puis, revenues chez elles, elles ont voulu poursuivre les échanges. Elles ont été conseillées spirituellement par le père Caffarel. Ainsi est né le mouvement. Il s'agissait pour ces veuves de donner un nouveau sens à leur vie. Lors de son rassemblement en 1972, le Groupement spirituel des veuves[1] a regroupé 8 000 veuves. Le mouvement « Groupement spirituel des veuves », s'est ensuite appelé « Espérance et vie » en 1976. À cette époque, pour répondre à l'attente des jeunes veuves, il a porté ses réflexions sur divers thèmes comme « l'affectivité et la sexualité chez la jeune veuve », « la relation des veuves avec leurs enfants », « les veuves et le suicide de leur mari ». Le but d'Espérance et Vie a été d'aider les veuves à se remettre debout, à retrouver l'espérance, enfin à reprendre leur place dans la communauté chrétienne et plus largement dans la société. Le mouvement voulait faire découvrir ou redécouvrir le Christ aux veuves. Pour Espérance et Vie, ces dernières devaient d'abord s'entraider. Le mouvement a réfléchi avec ses membres à leurs projets suite à

---

1. *La Croix*, 23-24 mai 1972.

leur veuvage : remariage, vie religieuse ou laïcat consacré, tout en les aidant à opérer ce choix en toute lucidité et en toute liberté. Il s'est proposé d'accompagner les veuves, souvent pour un temps limité et de les aider à retrouver leur place dans l'Église et dans la société. En 1981, il était présent dans 85 diocèses. Il comportait 1 500 responsables d'équipe. Tous les cinq ans, le mouvement organisait à Lourdes un vaste pèlerinage rassemblant plus de 2 000 veuves originaires de France et des pays limitrophes. En 2000, pour suivre l'évolution de la société, le mouvement est devenu mixte et a pris le nom de « Mouvement chrétien pour les premières années du veuvage et l'accompagnement des veufs et veuves ». En 2022, il était présent dans 70 diocèses français et rassemblait 4 000 personnes.

Vivre et Aimer

Vivre et aimer est un mouvement qui a eu pour but de préparer les jeunes au mariage. Ses origines s'enracinent dans l'association Mariage Encounter, appelée Mariage-Rencontre en France et en Suisse romande, fondée en 1960 par le père Gabriel Calvo en Espagne et en 1967 en Amérique par le père Chuck Gallagher. Le cardinal Suenens a souhaité le développer en Belgique à partir de 1972. En 1973, encouragé par Mgr Gérard Huyghe, évêque d'Arras, Mariage-Rencontre a démarré en France avec un premier week-end à Wardrecques, dans le Pas-de-Calais. Par la suite, les sessions du mouvement se sont multipliées à travers l'Hexagone et la Suisse romande. En 1996, en France et en Suisse, Mariage-Rencontre est devenu Vivre et Aimer. Dans les années 2000, 12 500 couples de fiancés avaient participé à ses deux séries de week-ends : « Vivre et aimer » d'un côté, et « Amour et engagement de l'autre ». Le mouvement Vivre et Aimer s'est inspiré de l'idéal évangélique et de la spiritualité ignatienne. Sa pédagogie est partie de l'expérience humaine pour s'ouvrir à l'autre et à

Dieu. Progressivement, Vivre et Aimer a intégré dans son sein des couples divorcés, ainsi que non catholiques.

Familles nouvelles

Familles nouvelles, issues des Focolari, est né en 1967. Il a puisé ses racines dans la spiritualité de Chiara Lubich, fondatrice de cette communauté italienne. L'objectif de Familles nouvelles est de faire grandir l'unité dans chaque famille, entre les familles, et ainsi contribuer à l'harmonie du monde. Familles nouvelles a développé les activités suivantes : rencontres entre les familles, soirées d'échanges et de réflexion, journées et week-ends pour couples, sessions pour les fiancés, congrès internationaux, enfin école internationale pour familles à Lopiano, en Italie. Le mouvement Familles nouvelles rassemblait 5 500 personnes en France et 200 000 dans le monde. Un secrétariat national, composé de dix personnes, l'animait, en lien avec la communauté des Focolari.

Les EFFA (Équipes familiales de formation apostolique)

En 1973, Madeleine Hardy a fondé les EFFA pour enseigner un catéchisme classique en rupture avec les évolutions progressistes à la suite de 1968. Il s'agissait de le proposer aux familles. Les membres des EFFA ont accordé un soin particulier à se former doctrinalement et pédagogiquement. Dans les années 1990, elles ont organisé des conférences qui avaient lieu aux Missions des Affaires étrangères. Y participaient l'abbé Patrick Chauvet, Jean-Marie Meyer, l'abbé Yves-Marie Dubigeon, enfin l'abbé Alain Hazemann.

L'Institut des sciences de la famille

L'Institut des sciences de la famille[1] (ISF), fondé au sein de l'Université catholique de Lyon en 1974, s'est défini comme un centre universitaire de recherche et d'enseignement sur les problèmes du couple, du mariage et de la famille. Il s'est adressé tant aux étudiants en formation initiale qu'à ceux qui étaient en formation continue. Il a commencé avec des cours du soir ouverts à tous ceux qui, par leur profession ou leurs engagements, intervenaient auprès des jeunes, des couples et des familles. Après l'introduction du cours sur l'éducation sexuelle, se sont ajoutés des éducateurs et des responsables de groupes de parents. Pour toucher un public plus large, des sessions ont été mises en place pour les prêtres d'un côté, et les travailleurs sociaux de l'autre. Progressivement, les activités[2] de l'ISF ne se sont plus cantonnées au Rhône mais se sont étendues à l'Ain, l'Allier, la Drôme, l'Isère, la Loire, la Saône-et-Loire, la Haute-Savoie et le Vaucluse.

L'ISF est né à l'initiative d'Emma Gounod, docteure en droit qui voulait donner naissance à une institution qui puisse réagir aux soubresauts créés par Mai 68 et surtout sa remise en cause de la famille traditionnelle, marquée par la crise majeure du mariage. La fondatrice de l'ISF lui a donné naissance « pour apporter des outils de réflexion et proposer des formations à des personnes, professionnelles ou non, travaillant dans le champ familial et confrontées aux grandes mutations de la famille et de la société[3] ». Si l'ISF a été fondé en réaction aux remises en cause de la famille traditionnelle par Mai 68, il s'est aussi inspiré du concile Vatican II qui

1. *L'Institut des Sciences de la Famille*, archives de l'Université catholique de Lyon (UCLY).

2. *Rapport de l'ISF*, archives de l'UCLY, 2 juin 1975.

3. Projet d'établissement de l'institut des Sciences de la famille (ISF), archives de l'Université catholique de Lyon.

a valorisé la place des laïcs. Pour la structure fondée par Emma Gounod, ces derniers étaient les premiers et les plus à même de traiter les questions familiales.

Dès l'origine, l'ISF a été rattaché à la Faculté de droit, sciences économiques et sociales de l'Université catholique de Lyon et s'est présenté comme interdisciplinaire. Ainsi a-t-il été amené à organiser des sessions, des journées d'étude et de réflexion sur des sujets liés à la famille avec des universitaires émanant de divers horizons (droit, théologie, psychologie, histoire, sociologie, philosophie) et des professionnels spécialisés, s'appuyant sur une pratique de terrain. Rapidement l'ISF a ouvert ses formations aux responsables d'organismes ecclésiaux comme les responsables de la pastorale familiale, d'aumôneries et de l'enseignement catholique qui cherchaient des lieux de réflexion sur les grands enjeux de société, à commencer par la famille. En 1977, l'ISF s'est davantage tourné vers les étudiants de théologie. À la fin des années 1970, parmi les enseignants, quelques figures s'imposaient comme le psychologue Joël Clerget et les philosophes Albert Desserpit et Paul Moreau. Toutefois le petit nombre de professeurs permanents constituait indéniablement une faiblesse pour l'institut de l'Université catholique de Lyon. Albert Dessertit a beaucoup fait pour le rayonnement de l'ISF, permettant à cette structure d'accueillir des croyants et des non-croyants pour débattre des questions familiales. En 1978, l'ISF était agréé par le ministère de la Santé comme organisme de formation au conseil conjugal et familial.

L'ISF avait 250 étudiants à temps plein au début des années 1980 mais son rayonnement à l'extérieur touchait 2 000 personnes. À la même période, il poursuivait ses activités de recherche avec l'organisation de colloques comme celui qui portait sur « la sexualité des handicapés à déficit mental » et qui eut lieu en octobre 1981. En 1984, Mgr Jullien a fait part de son étonnement[1] à Emma Gounot de voir le programme de son institut comporter trop peu de références chrétiennes à son goût, en particulier une place insuffisante donnée à l'approche chrétienne des réalités familiales, à la dimension sacramentelle du mariage et à l'enseignement de l'Église dans ce domaine. En 1992, l'ISF a pu décerner des diplômes sur la médiation familiale reconnue par l'État.

Il a organisé un certain nombre de colloques universitaires comme celui des 10-11 mai 1996, *La famille, le lieu, la norme*. Parmi les intervenants les plus connus, on trouvait René Lenoir, président de l'UNIOPS, Michel Mafesoli, sociologue à l'Université René-Descartes, Xavier Lacroix, théologien à l'Université catholique de Lyon, Boris Cyrulnik (psychiatre, éthologue à l'Université de Toulon). L'institut fondé par Emma Gounod a été sollicité par les responsables de nombreux organismes sociaux (DRASS, DASS du Rhône et d'autres départements, CAF, UDAF, MSA, ADMR), soucieux d'apporter à leur personnel des compléments de formation en lien avec la question familiale. Xavier Lacroix, qui fut l'un des responsables les plus marquants de l'ISF, a renforcé son pôle universitaire en complétant son offre de formation par un troisième cycle.

Amour et vérité

Amour et vérité est né en 1980 et s'est constitué l'année suivante en fondation internationale. Le mouvement s'est donné pour but la promotion humaine et spirituelle du couple et de la famille, l'ouverture à l'amour chrétien chez les jeunes, la diffusion de la régulation naturelle des naissances, enfin la recherche autour de la sexualité. Bien qu'issu de la communauté de l'Emmanuel, Amour

1. Lettre de Mgr Jullien à Emma Gounot, archives de l'UCLY, 4F3.2, 20 septembre 1984.

et vérité n'a pas voulu restreindre ses activités au simple renouveau charismatique. Les activités du mouvement ont pris la forme de week-ends pour couples et de sessions. En 1991, le nombre de couples atteints par Amour et vérité était de l'ordre de 1 500. Les autres activités du mouvement avaient trait à des soirées, des week-ends de préparation au mariage et des retraites pour fiancés. Amour et vérité a beaucoup axé ses enseignements sur des témoignages au sein des écoles et d'aumôneries. Le mouvement a fait ses missions paroissiales destinées aux couples. Il a aussi participé aux sessions de Paray-le-Monial l'été regroupant 20 000 à 25 000 personnes. Amour et vérité a fait une place non négligeable aux MAO (Méthodes d'auto-observation) pour la régulation naturelle des naissances.

Cana

Les sessions Cana, issues de la communauté du Chemin Neuf, sont nées en 1985. Les questions posées par les familles, ayant intégré le Chemin Neuf, ont décidé les responsables à faire naître le mouvement Cana. Ses sessions ont été conçues pour favoriser les échanges au sein des couples. En 1997, les sessions Cana regroupaient 1 350 familles, dont 950 en France. À partir de 2010, elles se sont fortement internationalisées pour rassembler 15 000 personnes.

4

Les catholiques, la contraception et la régulation des naissances

Le rejet traditionnel de la contraception par l'Église

Dans sa réflexion sur la sexualité, l'Église a abordé le sujet de la contraception. Dès l'Antiquité, ce sujet a intéressé de près les Hébreux, les Égyptiens et les Romains. Ils ont réfléchi à la manière de maîtriser leur fertilité, démontrant ainsi leur connaissance de la physiologie reproductive. Dans les techniques, sans être exclusif, le coït interrompu a été de loin le plus utilisé. Dès l'Église primitive, la contraception est rejetée. Cette prise de position obéissait à la réception de quatre influences. On trouve d'abord celle du judaïsme marqué par le récit d'Onân[1]. Son frère étant mort sans héritier, son père Juda lui a alors demandé de s'unir à sa belle-sœur Tamar. Mais Onâm, refusant de donner la vie, éjacule en dehors de son corps. Il est alors condamné par Dieu pour ce geste qui est un refus d'engendrer. Toujours sous l'influence du judaïsme, qui s'appuyait sur le livre d'Isaïe (57,5), considérant que la stérilisation volontaire était un infanticide, l'institution ecclésiale s'est opposée à la contraception. En troisième lieu, l'Église primitive a été fortement marquée par le stoïcisme qui affirmait que

1. *Genèse*, 38, 8-10.

la contraception allait à l'encontre de la fécondité conçue comme un bien public. Enfin, toujours sous l'influence de ce courant philosophique, les premiers chrétiens ont rejeté les rapports sexuels recherchés uniquement en vue du plaisir et non en vue de la procréation. L'Église des premiers siècles a évolué dans une culture gréco-romaine marquée par des attitudes contradictoires dans le domaine de la contraception et de l'avortement. Si, d'un côté, les pouvoirs politiques sous l'Antiquité ont toléré des pratiques abortives et contraceptives, de l'autre, elles ont encouragé des mesures favorisant la procréation en pénalisant le célibat et stérilité afin de ne pas porter atteinte à la puissance publique.

La méthode Ogino-Knaus

En 1924, le professeur de gynécologie Kyusaku Ogino a fait la découverte que la femme ovulait une seule fois au cours de son cycle menstruel. Il avait aussi remarqué que l'ovulation se situait autour du 14e jour sans que la date soit toujours facile à identifier. En 1928, le gynécologue autrichien Hermann Knaus confirmait la découverte du savant japonais mais l'a orientée vers une méthode de régulation des naissances, visant donc à identifier la période infertile de la femme. Si un couple souhaitait avoir des relations sexuelles sans qu'une grossesse se produise, il s'agissait donc de s'unir une fois l'ovulation passée. Le professeur Ogino récusa la récupération de sa découverte par le docteur Knaus car il estimait que repérer l'ovulation était parfois chose délicate et que les échecs éventuels de la méthode, qui très vite fut appelée « Ogino-Knaus », pouvaient amener certaines femmes à opter pour l'avortement. En France, cette dernière ne fut connue que dans les années 1930 et ce n'est que dans les années 1960 qu'elle commença à être appliquée par une minorité de femmes, presque immédiatement et fortement concurrencée par la pilule. Pendant longtemps, l'intérêt des médecins catholiques, dont une partie adhérait à la Société Saint-Luc, fut très mitigé concernant la méthode Ogino-Knaus. Ces praticiens semblaient réticents à tout changement. Ils étaient natalistes et considéraient bien souvent que la régulation des naissances relevait d'abord du choix des couples eux-mêmes. La méthode Ogino-Knaus fut très vite brocardée par le planning familial qui parlait de « bébés Ogino », laissant entendre que la méthode était totalement inefficace, alors que dans la réalité, elle était fiable à 80 %. Dans le domaine religieux, le père Michel Riquet, jésuite, a en revanche montré un grand intérêt pour elle, considérant qu'elle était une méthode naturelle que les époux pouvaient pratiquer pour espacer les naissances, tout en respectant les préceptes de l'Église. En 1951, le pape Pie XII, devant la Société italienne des sages-femmes, a confirmé que la méthode Ogino-Knaus était acceptable et que les couples catholiques pouvaient y avoir recours. En effet, ils avaient établi, de manière certaine, l'existence d'une période stérile au cours du cycle féminin. Pour le pape, avec la méthode Ogino-Knaus, appelée « continence périodique », l'intégrité de l'acte conjugal était préservée, les couples tirant simplement profit de la nature. Encore en 1951, il est revenu sur le sujet devant l'Association italienne des familles nombreuses en confirmant son adhésion à cette méthode et donc à la régulation des naissances à condition qu'elle tînt compte du rythme biologique de la femme. À partir de 1951 dans l'Église, ce n'est plus sur le principe du contrôle des naissances que portaient les débats mais sur les « moyens licites de le réaliser[1] ». Dans la seconde partie des années 1950, deux médecins catholiques, les docteurs Michel Chartier et Guy Van der Stappen ont été pionniers dans le domaine de la régulation des naissances en mettant au point la méthode thermique. Celle-ci permettait de mieux préciser la date de l'ovulation en partant du constat que le processus

1. Jean-Louis FLANDRIN, *L'Église et le contrôle des naissances*, Paris, Flammarion, 1970, p. 96.

s'accompagnait d'une hausse de la température chez la femme. Comme pour la méthode Ogino-Knaus, celle des températures a en grande partie rencontré l'inertie de la Société Saint-Luc, pour les mêmes raisons que trente ans plus tôt.

Les années 1950 et des questionnements de plus en plus manifestes sur la régulation des naissances

Dès le début des années 1950, les signes d'une crise de la morale conjugale traditionnelle se sont multipliés. Le rapport de l'abbé François Dantec, en 1950, confidentiel, mettait en lumière les grandes difficultés que les couples catholiques du diocèse de Quimper avaient pour diminuer les naissances ou au moins pour les espacer. Dans son texte, l'ecclésiastique signalait que nombre d'eux se détournaient des sacrements ou au moins de la pratique religieuse. Il écrivait ainsi : « Un très grand nombre de foyers se détournent de l'Église et surtout de la pratique sacramentelle (même de la communion pascale) parce qu'il leur semble impossible de concilier leur amour et leur christianisme, et qu'ils ne veulent pas avoir l'air de "jouer une sorte de comédie"[1] ». Dans la première partie des années 1950, des publications parues en France dans le domaine de la sexualité furent retirées de la vente car elles donnaient l'impression au Saint-Office de remettre en cause la morale traditionnelle conjugale, à l'image de la brochure de l'abbé Boussemart, *Quand l'amour s'éveille,* ou du livre de l'abbé Marc Oraison[2], *Vie chrétienne et problème de sexualité*, qui fut mis à l'index. Soupçonnant plusieurs théologiens moralistes, surtout

1. Cité par Martine Sevegrand, *Les enfants du bon Dieu. Les catholiques français et la procréation au XXe siècle*, Paris, Albin Michel, 1995, p. 128.
2. Marc Oraison, *Vie chrétienne et problème de sexualité*, Paris, Lethielleux, 1951.

allemands, d'être influencés par le protestantisme, le Saint-Office a publié, en 1956, une Instruction sur la « morale de situation ». Comme plusieurs d'entre eux enseignaient une éthique sexuelle y faisant référence, Rome voulait rappeler que cette théologie reposait sur des réflexions subjectives qui ne s'appuyaient que sur des jugements faisant appel à la conscience.

L'affaire « Chanson » (1950-1952) est un autre exemple de divisions qui ont traversé le catholicisme français au sujet de la contraception et de la régulation des naissances. En 1949, Paul Chanson, un catholique social issu de la bourgeoisie calésienne, très fervent, a publié l'ouvrage[1], *L'art d'aimer*. Dans cet ouvrage, il préconisait pour les couples « l'étreinte réservée » qui consistait en une union sexuelle sans éjaculation qui n'était pas sans rappeler le coït interrompu, remontant aux temps les plus anciens. La méthode proposée par Paul Chanson avait l'avantage, selon lui, de favoriser le plaisir de l'homme et de la femme, cette dernière dont il estimait que l'Église était bien muette concernant sa jouissance sexuelle. D'après lui, l'étreinte réservée jouait un rôle bienfaiteur dans l'épanouissement du couple et dans sa pérennité. Paul Chanson a rapidement reçu le soutien de l'abbé Viollet et des ecclésiastiques qui dirigeaient l'AMC. Dès 1950, une vive polémique s'est développée au sujet de son livre. L'archevêque de Paris, Mgr Feltin, qui lui avait accordé son imprimatur dans un premier temps, lui a très vite retiré par la suite. Les pères Caffarel et Carré se sont montrés très hostiles à l'ouvrage, considérant que dans le premier cas, il ne centrait son regard que sur la jouissance physique aux dépens du spirituel et que dans le second cas, il allait contre la vertu de tempérance.

Le corps médical est resté critique au sujet de l'étreinte réservée et n'a donc nullement soutenu Paul Chanson sur ce terrain. Quant à l'abbé Oraison, il l'a aussi rejetée, estimant qu'elle posait des

1. Paul CHANSON, *L'art d'aimer*, Paris, Éditions familiales de France, 1949.

problèmes tant au niveau physique que psychologique. Selon lui, l'étreinte réservée opérait une scission entre l'acte sexuel et la procréation. Cela est d'autant plus paradoxal que ce prêtre est devenu dans les années 1960, un farouche partisan de la pilule contraceptive. Quelques mois après la parution de *L'art d'aimer*, l'abbé Viollet, influencé par le père Eugène Tesson, professeur de théologie morale à l'Institut catholique de Paris, qui s'était montré sévère sur l'étreinte réservée, a changé d'avis en ne soutenant plus Paul Chanson. En 1950, le Saint-Office prenait fait et cause contre la méthode de ce dernier perçue comme une sorte d'hédonisme.

La naissance du planning familial

En 1956, naissait le planning familial qui s'est d'abord appelé « Maternité heureuse » jusqu'en 1960. Ses premiers membres étaient souvent francs-maçons. Marie-Andrée Lagroua-Weill-Hallé a décidé de fonder, avec le soutien d'Évelyne Sullerot, l'association La Maternité heureuse, affiliée en 1958 à l'International Planned Parenthood Federation (IPPF). En 1960, elle est devenue le Mouvement français pour le planning familial (MFPF). Marie-Andrée Lagroua Weill-Hallé avait été très marquée par les avortements clandestins qui avaient parfois laissé de graves séquelles chez les femmes qui les pratiquaient, ainsi que par la question des grossesses non désirées. Elle voyait dans la pilule contraceptive un moyen de résoudre cela. Ayant eu connaissance de la rapide diffusion de la contraception chimique aux États-Unis, elle a eu l'idée d'œuvrer à sa commercialisation en France. Dès 1947, elle avait profité d'un voyage aux États-Unis pour visiter la clinique du *birth control* créée par Margaret Sanger et dirigée par Abraham Stone. L'établissement informait les couples sur la possibilité de planifier leurs naissances. Pour Margaret Sanger, la contraception était le moyen de faire baisser le nombre d'avortements, ces derniers étant perçus comme un fléau à combattre. Le Mouvement français pour le planning familial (MFPF) avait pour but de rassembler toute une documentation pour que les couples puissent espacer les naissances et de réviser la loi de 1920. En juin 1961, ouvrait en France le premier centre du planning familial à Grenoble suivi, quatre mois plus tard, d'un second à Paris. Rapidement, des catholiques se sont opposés au planning familial, dont le docteur Paul Chauchard, futur président de l'association Laissez-les vivre. Les échanges entre Paul Chauchard et Marie-Andrée Lagroua-Weill-Hallé ont donné naissance à un livre-débat[1] paru en 1967, *La pilule et le planning familial*. Pour le docteur Chauchard, la pilule contraceptive avait l'inconvénient de banaliser l'acte sexuel en supprimant ses conséquences.

En 1965, François Mitterrand faisait de la pilule contraceptive l'un des chevaux de bataille de sa campagne électorale. Entre 1963 et 1965, trente-trois centres de planning familial s'ouvraient en France. En 1967, la loi Neuwirth autorisait la pilule contraceptive. En 1970, était créé le Mouvement de libération de l'avortement. En 1971, eut lieu le Manifeste des 343 (femmes déclarant avoir avorté) qui était une pétition parue dans *Le Nouvel Observateur*, où elles demandaient la légalisation de l'avortement en France en raison, disaient-elles, des risques médicaux provoqués par sa clandestinité[2]. En 1972, le procès de Bobigny, concernant Marie-Claire Chevalier, une mineure ayant avorté après un viol, a opéré de profonds changements dans les mentalités. Ce fait divers a été transformé en procès politique par l'avocate Gisèle Halimi qui

1. Paul CHAUCHARD et Marie-Andrée LAGROUA-WEILL-HALLÉ, *La pilule et le Planning familial*, Nancy, Berger-Levrault, 1967.

2. Parmi elles, Stéphane Audran (Colette Dacheville), actrice marquante de la Nouvelle Vague ; en 2009, dans l'émission *On n'est pas couché* sur France 2, elle déclarait qu'elle ne le signerait plus, réalisant qu'une IVG était très traumatisante. Sans rejeter l'avortement néanmoins, elle souhaitait que les femmes qui voulaient avorter soient mieux accompagnées.

défendait la jeune fille et a mené une action en vue de dépénaliser l'avortement. La défenseure de Marie-Claire Chevalier avait été largement soutenue par son amie Simone de Beauvoir. À la suite du procès de Bobigny, le ministre de la Justice, Jean Taittinger, a donné comme consigne au Parquet de ne plus poursuivre les femmes qui avaient eu recours à un avortement. Cette affaire, très médiatisée, a, par la suite, été analysée comme ayant préparé la légalisation de l'avortement opérée par la loi Veil en 1975.

Le travail des femmes et leur autonomie financière ont eu une influence majeure sur l'évolution de la famille. La levée de la contrainte de la lactation (lait en poudre) et l'alimentation de base pour les nourrissons (petits pots), associée à l'aide à la primo-éducation jusqu'à l'entrée de l'enfant à la maternelle, ont délesté la femme d'une charge importante qui lui était dévolue dans la famille traditionnelle, Dès les années 1960, elle a aussi bénéficié de la mécanisation des tâches comme l'invention du frigidaire, de la cuisinière et de la machine à laver qui lui a donné plus de temps et d'autonomie, ce qui a rendu sa vie de famille compatible avec un travail extérieur. Ces progrès techniques ont rendu inutile la présence de la femme au foyer. Dans le même temps, la soif de consommation, dès les années 1960, rendait nécessaire un second salaire, ce qui a grandement contribué à la rendre indépendante financièrement vis-à-vis de son mari. Enfin, les moyens anticonceptionnels tels que la pilule lui ont donné un véritable pouvoir, celui du choix de l'enfantement. Jean-Michel Gaillard expliquait bien que les évolutions techniques concernant la vie du foyer et la hausse rapide de la scolarisation des femmes dans l'enseignement supérieur ont eu de fortes incidences sur la remise en cause du modèle familial traditionnel. Il écrivait ainsi : « L'ensemble de ces révolutions techniques et industrielles, du lait industriel à la pilule, de la machine à laver aux crèches, ont donné leur plein effet car elles sont intervenues sur un fond de révolution culturelle qui a permis aux femmes de mettre à mal la famille traditionnelle. Leur scolarisation massive dans le secondaire, puis à l'université, leur a ouvert des horizons nouveaux et la possibilité d'accéder à des métiers qui leur étaient jusque-là fermés, au moment même où la tertiarisation de l'économie et la multiplication des emplois liés au Welfare State leur donnaient un avantage comparatif certain sur le marché du travail. Ils nécessitaient des qualités que la vie familiale au foyer avait développées davantage chez les femmes : dévouement, gestion des relations humaines, capacités éducatives, etc.[1] ».

Le double processus de l'urbanisation et de la déchristianisation a permis aux femmes une grande autonomie et de rompre bien souvent avec l'autorité patriarcale et celle de l'Église. Ainsi a-t-il diminué le contrôle social sur la nuptialité et son indissolubilité inhérentes « aux campagnes, bourgs et villes de provinces, au profit de l'anonymat des grands ensembles et des mégalopoles urbaines (...) qui rompaient tous les cadres conformistes de la société traditionnelle[2] ». Dans ces villes de grande solitude où la déchristianisation rapide était à l'œuvre, la femme a conquis une liberté spécifique qui s'est accompagnée d'une désacralisation du mariage où maternité abondante et indissolubilité n'avaient plus rien d'évident pour les générations nées du baby-boom.

Lors de la fondation du planning familial, Marie-André Lagroua Weil-Hallé a aussi reçu le soutien déterminant de Pierre Simon, médecin et franc-maçon, membre de La Grande Loge de France. Politiquement, les partis de gauche, à l'exception du parti communiste, ont accordé leur soutien au planning familial. Par une lettre pastorale, le 2 juin 1962, les archevêques et évêques du sud-est de la France condamnaient ce mouvement. L'Ordre des médecins, ancré en partie dans le catholicisme, s'est nettement opposé à la contraception chimique. En janvier 1962, il attirait l'attention sur le fait que le corps médical n'avait aucun rôle

1. Jean-Michel GAILLARD, *La famille en miettes*, Paris, Sand, 2001, p. 48.
2. *Ibid.*

à jouer concernant la contraception et ni aucune responsabilité à assumer dans ce domaine. L'Ordre des médecins considérait que la pilule contraceptive trompait la nature et qu'elle n'avait rien à voir avec le traitement des maladies qui était le cœur de métier du corps médical. Jusqu'en 1965, le parti communiste s'est opposé à la pilule contraceptive. Il partageait cette conviction avec l'Église catholique mais pour des raisons bien différentes. En effet, pour son secrétaire général, Maurice Thorez, la pilule contraceptive appartenait à la culture bourgeoise et faisait partie du *birth control*, intimement lié selon lui aux « théories barbares du néo-malthusianisme américain[1] ».

Sa compagne, Jeannette Vermeersch, déclarait : « Depuis quand les femmes prolétaires luttent pour les mêmes droits que les dames de la bourgeoisie ? Jamais. Les femmes travailleuses n'ambitionnent pas d'accéder au mode de vie des bourgeoises, souvent poupées luxueuses et inutiles, considérées comme telles par leur monde (…). Depuis quand les femmes travailleuses réclameraient le droit d'accéder aux vices de la bourgeoisie ? Jamais[2] ». En 1965, à l'occasion de la campagne de l'élection présidentielle, François Mitterrand s'était prononcé en faveur de la pilule contraceptive. Pour Pierre Simon, la liberté de concevoir un enfant s'intégrait parfaitement à la vision maçonnique de la liberté de l'individu. Il a largement soutenu différents combats qui ont mené à un profond changement des mœurs comme l'accouchement sans douleur, la contraception, l'avortement, la procréation médicale assistée, l'euthanasie. Les premières femmes à intégrer le planning familial étaient issues du mouvement protestant Jeunes femmes qui était avant tout constitué de féministes.

En 1960, la pilule contraceptive est arrivée sur le marché américain. Elle a été conçue par l'endocrinologue américain Gregory

1. *L'Humanité*, 2 mai 1956.
2. *France nouvelle*, 12 mai 1956.

Pincus et elle a d'abord été testée sur les femmes portoricaines. Elle était l'aboutissement de recherches depuis 1937 sur les hormones sexuelles. Il a découvert à cette époque le pouvoir bloquant de la progestérone sur l'ovulation. Désormais, la sexualité et la reproduction humaines pouvaient être dissociées de manière efficace. La contraception chimique a suscité de vives inquiétudes chez ses adversaires et en particulier chez l'Église catholique dans la seconde partie des années 1960. Ils lui reprochaient de dénaturer la femme et ils prédisaient que la nature se vengerait. En 1967, l'un des sénateurs de droite, Jacques Henriet, s'exprimait ainsi : « En effet, pas de cycle, pas de femmes, pas de libido, fini ces fantaisies, fini ces chatteries qui font le charme féminin[1] ! ». Les médias ont joué un rôle fondamental dans la promotion et la diffusion de la pilule contraceptive, que ce soit la presse avec les périodiques *Elle* ou *Marie-Claire* ou la radio avec les émissions animées par Ménie Grégoire. Elle a animé sur RTL l'émission *Allo Ménie !* de 1967 à 1981, ainsi que *Responsabilité sexuelle* de 1973 à 1981. Marie Laurentin, alias Ménie Grégoire, surnom qu'elle a choisi pour se démarquer d'une éducation religieuse jugée trop rigide, est née à Cholet en 1919 dans une famille catholique bourgeoise et très croyante. Elle fut, entre autres, la sœur de l'abbé René Laurentin, théologien et journaliste spécialiste des apparitions mariales. Après des études d'histoire, elle s'est mariée avec le conseiller d'État Roger Grégoire. Ils ont eu trois enfants ensemble. La découverte de la psychanalyse par Ménie Grégoire l'a amenée à se tourner vers les problèmes des femmes tant au plan familial, conjugal que sexuel. Membre du Comité directeur de la revue *Esprit* de 1960 à 1970, elle a publié[2] en 1965 le résultat d'une enquête sur la condition féminine, *Le métier d'une femme*. Cet ouvrage lui a ouvert les portes de la presse féminine, puis surtout de la radio.

---

1. Jeanine Mossuz-Lavau, « De Gaulle rétrograde ? Le cas de la pilule », *Pouvoirs*, mars 2020.
2. Menie Grégoire, *Le métier d'une femme*, Paris, Plon, 1965.

En 1967, Jean Namur, directeur des programmes à RTL, qui avait eu vent des articles remarqués de Ménie Grégoire sur la condition féminine, lui a confié une émission sur les femmes destinées surtout à leur donner la parole. Elle lisait des lettres que certaines d'entre elles lui avaient envoyées et qu'elle commentait, puis dialoguait par téléphone avec ses auditrices. Les émissions qu'elle animait se présentaient sous la forme de « confessions radiophoniques[1] » et ont connu un grand succès. De 1968 à 1978, elle a représenté 40 % des parts du marché radiophonique en France. Elle a reçu la somme astronomique de 100 000 lettres au cours de sa carrière de journaliste. Ménie Grégoire a cherché à pénétrer l'intimité de ses auditrices en ayant recours aux techniques de la psychanalyse. Se déclarant catholique, elle a fait appel à des experts dont certains étaient des prêtres comme l'abbé Laurentin et le père Maurice Cocagnac, dominicain. Ménie Grégoire a largement promu la pilule contraceptive, ce qui lui a valu des lettres acerbes de mères catholiques qui l'accusaient d'inciter leurs filles à multiplier les expériences sexuelles sans risque de grossesse, courant le danger, disaient-elles de les faire tomber dans la prostitution. Toutefois, au début des années 1970, elle a montré des réticences sur l'avortement, ce qui lui a occasionné des critiques sévères de la part des féministes les plus radicales.

La liberté sexuelle rendue possible en France par la pilule contraceptive en 1967, s'est imposée dans le contexte de la société de consommation. Mai 68, qui a pu paraître comme une crise de l'autorité, a beaucoup insisté sur la nécessité de supprimer les interdits moraux. Au milieu des années 1970, malgré l'évolution des mœurs, le mariage monogame restait la norme. À la suite de mai 68 et du début des années 1970, le droit, qui était normatif

1. Claire BANDIN, « Les médias comme lieu de confession. Paroles de femmes catholiques dans les émissions de Menie Grégoire », sous la direction de Bruno DUMONS, *Femmes et catholicisme en Europe (1960-1970)*, Peter Lang, 2020.

jusque-là, va devenir évolutif et donc tenir compte de la modification des mœurs, ce qui faisait dire à Michel Rouche : « À chacun son droit, à chacun sa famille[1] ». Ces transformations sociétales se sont traduites par le mariage à l'essai, ces unions hors mariage ayant plusieurs appellations comme « cohabitation » ou « unions libres ». Dans ces couples par définition instables, les désignations de ses membres ont varié. Ainsi a-t-on, parlé de partenaires, concubins, compagnons, ami, copain.

Dans les années 1960, l'influence du *birth control* est devenue majeure en France. Né aux États-Unis en 1921, il considérait que le mariage n'avait pas comme but la procréation, celle-ci pouvant déboucher sur la multiplication des naissances et à terme l'accroissement de la pauvreté. Le *birth control* a beaucoup insisté sur la possibilité pour chaque femme de choisir le nombre d'enfants qu'elle mettrait au monde. Dans les années 1960, nombre de catholiques, y compris des membres du clergé, ont considéré que la contraception chimique était compatible avec les préceptes moraux du catholicisme. Ils ont pu s'appuyer sur le livre[2] J.T. Noonan, avocat new-yorkais, *Contraception et mariage*, paru en 1969. La diffusion rapide de la contraception chimique s'expliquait, en partie, par les bénéfices très importants que dégageaient les laboratoires pharmaceutiques qui la fabriquaient. Inversement, les méthodes naturelles de régulation des naissances, qui ne reposaient sur aucun artifice, ont fait l'objet d'un certain ostracisme dans la mesure où elles échappaient aux industries du secteur. Dès les années 1960, de nombreux médias ont perçu la position de l'Église catholique en matière de contraception comme fixiste et archaïque en raison de la condamnation de cette dernière. Le père de Lestapis[3], dans son ouvrage *La régulation des naissances*,

1. Michel Rouche, *op. cit.*, p. 153.
2. J.T Noonan, *Contraception et mariage*, Paris, Éditions du Cerf, 1969.
3. *Compagnie*, n° 330, 1999.

datant de 1960, considérait qu'elle faisait des couples, des adultes, à l'inverse de la contraception chimique qui, selon lui, les maintenaient dans l'adolescence. D'après ce religieux, les méthodes contraceptives avaient pour résultat de « discréditer la famille nombreuse, d'accélérer le vieillissement spirituel des adultes, d'avilir le bonheur familial, de déviriliser l'homme et de déféminiser la femme [1] ».

La riposte catholique au Planning familial

La réaction catholique à la mise en place du planning familial s'est appuyée sur le rejet d'une nouvelle propagande malthusienne qui avait émergé dans les années 1950 et qui souhaitait alerter sur le danger d'une explosion démographique. Cette volonté de limiter les naissances a trouvé des relais puissants dans les instances internationales qu'étaient l'OMS, la FAO et l'UNESCO. L'Église catholique, traditionnellement nataliste, l'a combattue et sa riposte s'est organisée autour du jésuite belge Clément Mertens et de son confrère français Stanislas de Lestapis. Ce dernier dénonçait le « mythe de la surpopulation [2] ». Pour le père de Lestapis, il n'existait pas de surpopulation à l'échelle mondiale mais un problème de répartition des richesses au niveau mondial. Joseph Folliet, grand pourfendeur du malthusianisme, considérait que le rationalisme était sa cause principale et qu'il éliminait « tout imprévu (...) et par conséquent toute aventure humaine [3] ». Si le catholicisme français, quelles que soient ses tendances, a fait front contre le néo-malthusianisme au cours des années 1950, quelques voix discordantes se sont

1. Cité par Miche Rouche, *op. cit.*, p. 147.

2. Martine Sevegrand, *Les enfants du bon Dieu. Les catholiques français et la procréation au XXe siècle*, Paris, Albin Michel, 1995, p. 164.

3. Cité par Martine Sevegrand, *op. cit.*, p. 165.

manifestées à l'image du philosophe Gabriel Marcel qui considérait que l'attitude rigide de l'Église sur la question du contrôle des naissances lui paraissait d'une grande gravité. Il dénonçait les maris catholiques inconscients devant les difficultés importantes que vivaient leurs femmes qui affrontaient des grossesses à répétition sans le moindre répit. Néanmoins, jusqu'en 1958, les catholiques voyaient à travers la diffusion du planning familial et plus largement du *birth control*, une manœuvre de ses ennemis traditionnels : la gauche laïque et les protestants. Même la presse catholique progressiste comme les *Informations catholiques internationales* voyaient à travers le contrôle des naissances le symbole d'un égoïsme : « Le contrôle des naissances, tels que l'entendent les néo-malthusiens, est, à tous égards, une mesure de facilité, une porte ouverte, un alibi. On voudrait le faire passer pour une étape indispensable dans l'évolution du monde, alors qu'il relève généralement d'une attitude égoïste et fondamentalement conservatrice. Loin d'être une panacée, c'est une mesure de sclérose sociale et de stérilité spirituelle[1] ».

Les catholiques ont été soutenus par les deux grands démographes de l'INED qu'étaient Jean Sutter et Alfred Sauvy. Ce dernier, en visionnaire, considérait que la diffusion des contraceptifs chimiques ne supprimerait pas les avortements et dénonçait ainsi les « illusions des partisans du planning familial[2] ». En effet, depuis 1967 et la loi Neuwirth autorisant la diffusion de la pilule, les IVG (Interruption volontaire de grossesse), qu'elles soient clandestines jusqu'en 1975 ou pratiquées légalement dans des établissements hospitaliers depuis, sont restées nombreuses chaque année en France. Alfred Sauvy pensait que supprimer la loi de 1920 remettrait en cause le redressement démographique de la France. Bien que non catholique, celui-ci, par ses réflexions

1. *Informations catholiques internationales*, mai 1956.
2. *Le Monde*, 30 et 31 mai 1956.

natalistes, a rejoint les positions catholiques en matière de contraception.

La riposte catholique face au développement du planning familial s'est traduite par la fondation du CLER à l'initiative du père de Lestapis. Ce dernier est né en 1903, issu d'une vieille famille aristocratique du Béarn. À dix-sept ans, après son baccalauréat, il est entré au noviciat des jésuites de Beaumont-sur-Oise. En 1938, il est nommé à l'Action populaire à Vanves. Progressivement, il s'est orienté vers les questions concernant le mariage, la famille et la démographie. En 1944, il est nommé professeur de sociologie familiale à l'Institut catholique de Paris. Jusqu'en 1968, il a publié de nombreux articles dans de très nombreuses publications. Ses compétences ont été rapidement reconnues par Rome qui l'a nommé délégué du Saint-Siège au Congrès mondial de la population en 1954. Ce dernier lui a permis de nouer des contacts avec des spécialistes venus d'horizons très divers. Ils lui furent précieux à l'heure de la création du CLER et des difficultés importantes qui n'ont pas manqué d'apparaître. En 1955-1956, le père de Lestapis a fait un voyage de plusieurs mois aux États-Unis et au Canada qui lui ont fait connaître, entre autres, la méthode thermique, fondée sur le cycle féminin, qui lui est très vite apparue comme un élément déterminant dans le long combat qu'il allait mener face au planning familial et à ses différents centres. Le jésuite français était persuadé que cette méthode, qui respectait le fonctionnement naturel de la sexualité féminine, constituait un outil important au service des couples qui voulaient espacer et donc réguler les naissances.

Au milieu des années 1950, le père de Lestapis est aussi entré en contact le docteur Guy Van der Stappen qui exerçait à Nantes. Ce dernier avait commencé à enseigner la méthode des températures dans un quartier populaire de cette ville de l'ouest de la France. À partir des cours qu'il donnait à l'Institut catholique de Paris, le père de Lestapis a publié, en 1959, son livre[1] le plus important, *La limitation des naissances*. La mort brutale du docteur Van der Stappen en 1960, d'une crise cardiaque, a obligé le jésuite à trouver un autre médecin pour continuer l'œuvre de diffusion de la méthode des températures, ce qui fut fait avec le docteur Bernard Vincent, de Nantes également. Alors que le jésuite s'apprêtait à terminer la rédaction de son nouvel ouvrage *La grande joie d'aimer*, il fut très déçu par les réactions du père Riquet et de son Provincial. Le premier considérait qu'il n'était pas possible de privilégier une seule méthode de régulation des naissances pouvant être remise en cause sur le plan scientifique. Quant au second, il encourageait le père de Lestapis à ne plus s'intéresser à la question de la limitation des naissances et de laisser à des laïcs le soin de se charger de ce domaine. Cela prouve une fois de plus le grand désintérêt de toute une partie du clergé français pour la question familiale et conjugale. Cela était d'autant plus regrettable que le père de Lestapis, au caractère abrupt, était l'un des rares prêtres à avoir des compétences reconnues dans le secteur de la régulation des naissances. Le jésuite a eu bien du mal à intéresser les médecins catholiques à la régulation des naissances par la méthode de la courbe thermique.

En janvier 1961, au moment où le planning familial ouvrait son premier centre à Grenoble, le père de Lestapis a rassemblé des médecins autour du livre[2] du docteur Sacha Geller, *La température, guide de la femme*. Parmi eux, se trouvaient Maurice Abiven, médecin à l'Hôpital universitaire, Michel Chartier, pionnier de la méthode des températures, qui dirigeait la maternité de l'hôpital Notre-Dame de Bon Secours, Odile et Pierre Cordier, Charles Rendu, ainsi que Jérôme Lejeune. Ces praticiens exerçaient tous à Paris. En juillet 1961, le père de Lestapis, secondé par Charles

1. Stanislas de LESTAPIS, *La limitation des naissances*, Paris, Spes, 1959.
2. Sacha GELLER, *La température, guide de la femme*, Paris, Julliard, 1960.

Rendu et sa femme Élisabeth, donnaient naissance au CLER. En 1962, paraissait enfin le livre[1], *La grande joie d'aimer*, du docteur Bernard Vincent et de sa femme Annick, dont le père de Lestapis a finalement rédigé la préface. Rapidement, les premiers membres du CLER ont été confrontés à de fortes résistances au sein de l'Église. En effet, l'épiscopat français ne lui a pas apporté de soutien dans sa volonté de promouvoir la méthode des températures. Autrement dit, le CLER n'a reçu aucun mandat des évêques français et son insertion institutionnelle dans l'Église fut difficile. Il a fallu l'intervention énergique du docteur Robert Traissac pour que la Société Saint-Luc, qui rassemblait des médecins catholiques, accepte que le mouvement fondé par le père de Lestapis soit reconnu comme l'une de ses commissions spécialisées. L'aumônier national de la Société Saint-Luc, le père Riquet, n'a d'ailleurs pas souhaité que des centres catholiques valorisant ce mécanisme de régulation des naissances s'ouvrent pour concurrencer les structures du planning familial. C'était une manière pour lui de s'opposer à son confrère jésuite, le père de Lestapis et au déploiement du CLER. En 1962, dans le diocèse de Lyon, l'un de ses vicaires généraux, le père Gabriel Matagrin, et le père Jean Bécaud, aumônier de la Chronique sociale, relativisaient ces méthodes d'espacement des naissances, en particulier celle qui s'appuyait sur la courbe thermique, car ils considéraient que le sacrement du mariage transcendait ces mesures d'ordre technique.

De 1961 à 1963, le CLER a connu un développement rapide, passant de 363 abonnés à ses *Fiches documentaires* à 1 500 en 1966. Si le mouvement a subi de nombreuses critiques émanant de l'extérieur, il a aussi connu de profondes divisions dès 1964. On trouvait ainsi une tendance majoritaire qui défendait la recherche médicale, alors qu'une minorité était surtout attachée à

1. Bernard et Annick VINCENT, *La grande joie d'aimer. Préface du père de Lestapis,* Paris, Spes, 1960.

l'aide conjugale qui s'appuyait sur l'enseignement de la méthode des températures. L'ancrage du CLER dans ces deux réalités assez différentes ne pouvait que se traduire par des tensions internes, ce qui n'a pas manqué d'arriver. Le père de Lestapis et les Rendu ont privilégié l'aide conjugale, donc la dimension pastorale. En 1964, les médecins ont considéré que le CLER sacrifiait la recherche fondamentale, d'où des déceptions et la volonté de rompre avec le mouvement fondé par le père de Lestapis. S'ajoutait à cela la question confessionnelle. En effet, nombre de ces médecins supportaient de plus en plus mal la tutelle de l'Église. Parfois encouragés par des prêtres, ils ont accompagné ce vaste mouvement de déconfessionnalisation, si caractéristique des années 1960 en France et plus largement de l'Europe occidentale. L'une des équipes parisiennes, sous la houlette des pères Alain Ponsar et Marc Oraison, a contesté le leadership du père de Lestapis et de Charles Rendu. Outre les deux prêtres, le groupe, qui affichait son opposition à la direction du CLER était composé des docteurs Chartier, Pierre et Odile Cordier, Michel Ledoux et Jean-Raymond Bertholus. Cette équipe reprochait au père de Lestapis et à Charles Rendu leur catholicisme trop classique et leur opposition ferme à la pilule contraceptive. En effet, progressivement, elle a pris ses distances avec la position traditionnelle de l'Église catholique sur la contraception chimique. Ainsi, les membres de cette équipe ont considéré que la méthode thermique supposant une abstinence périodique n'était pas fiable. Pour eux, seule devait prévaloir l'utilisation de la pilule, jugée la méthode de contraception la plus efficace et la plus facile à utiliser. À partir de 1964, les premières démissions importantes se sont produites au sein du CLER. En effet, le docteur Abiven donnait sa démission et quittait son conseil d'administration. À ce sujet, il déclarait que le CLER laissait de côté la recherche fondamentale et que la gouvernance dominée par le père Lestapis n'était pas démocratique. Toujours en 1964, en plein débat conciliaire, l'affrontement entre d'un côté, le père de Lestapis et son confrère jésuite le père Mac Avoy et de l'autre, les théologiens de Louvain favorables à la pilule contraceptive, ont persuadé l'équipe parisienne précitée du CLER que la direction du mouvement se situait dans le camp de la minorité. En 1965, le docteur Bernard Vincent était exclu du CLER pour avoir affirmé que la continence périodique, qui est au fondement de la méthode des températures, devait être mise sur le même plan que la pilule.

Après la contestation de l'équipe de Paris, a suivi celle des groupes de Lille et de Lyon. Les trois groupes étaient sensibles aux arguments du père Ponsar, curé de l'église Saint-Séverin, qui pensait que la question de la contraception était d'abord d'ordre médical et que sa dimension religieuse ne pouvait être que secondaire. Pour ces groupes dissidents mais dont les options étaient devenues majoritaires au CLER, il revenait à chaque couple de choisir sa méthode de régulation des naissances, que ce soit la méthode thermique ou la contraception chimique. À travers ce choix, selon eux, le plus important était la signification que chacun d'entre eux allait donner à la technique adoptée. À partir de 1964, pour une majorité des membres du CLER, la question de la régulation des naissances ne relevait plus ni de la religion ni de la morale.

Ainsi se précisait l'idée d'une laïcisation du CLER. Le docteur Vincent l'avait évoquée en 1964 et elle avait été acceptée par le père de Lestapis, à la grande déception des Rendu. Mais ces derniers s'étaient rangés du côté du jésuite. En 1966, a eu lieu la déconfessionnalisation du CLER dans sa très grande majorité. La majorité désormais laïcisée devenait la Fédération Couple et famille. Avec l'accord du père de Lestapis, les principales activités du CLER étaient transmises à la nouvelle structure. Le CLER était désormais très affaibli et reposait surtout sur le trio des origines comprenant le père de Lestapis, Charles Rendu et sa femme Élisabeth. Toutefois, cette évolution douloureuse a permis au CLER de conserver son caractère catholique. Cela lui a ainsi donné la possibilité de s'insérer dans l'institution ecclésiale, dépendant désormais du Secrétariat de la pastorale familiale et de la Commission épiscopale de la famille. En 1967, le Conseil de l'épiscopat nommait le père de Lestapis « conseiller ecclésiastique du CLER[1] ». Quelques équipes du CLER, qui refusaient la déconfessionnalisation de Couple et famille, ont décidé de lui rester fidèles. C'est à partir de ce petit noyau que le CLER a pu connaître un nouveau développement. Le renfort des docteurs Guy, après leur séjour sur l'île Maurice pour diffuser la méthode thermique, a aussi été déterminant dans le renouveau du mouvement fondé par le père de Lestapis.

La défense par l'Église catholique des méthodes naturelles doit beaucoup à l'action menée par ce couple de médecins en France mais surtout sur l'Île Maurice. Ils ont commencé par fonder en 1961 le Service de documentation conjugale. Son but était d'informer sur les méthodes naturelles de régulation des naissances. Cette structure organisait des conférences sur ce thème. À côté de la régulation des naissances, il s'occupait de la formation des jeunes et de l'harmonie au sein du couple. Le Service de documentation conjugale a aussi créé une équipe intégrant des assistants familiaux, des médecins, des professeurs, des éducateurs, des psychologues et des psychanalystes pour traiter de la question familiale. François et Michèle Guy se sont établis à l'Île Maurice de 1964 à 1966. Ils avaient été appelés par le gouvernement local mais surtout par l'abbé Margéot, qui avait fondé en 1963 l'Action familiale dans le but de trouver une solution à l'explosion démographique que connaissait ce territoire de l'océan Indien en ayant recours à la méthode naturelle de régulation des naissances.

Les docteurs Guy ont travaillé également avec l'INED (Institut national des études démographiques). Alfred Sauvy, son premier

1. Martine Sevegrand, *op. cit.*, p. 210.

directeur, a même préfacé le livre[1] des deux médecins. Ce dernier était favorable à la « liberté du couple[2] » en matière de contraception ou d'avortement. Les aspects moraux de la question ne l'intéressaient pas. Toutefois, Alfred Sauvy avait une mauvaise image du planning familial et lui reprochait de vouloir imposer un modèle unique reposant sur une politique contraceptive et la culpabilisation des familles nombreuses. François et Michèle Guy ont eu maille à partir sur l'Île Maurice avec le planning familial qui faisait la promotion de la pilule contraceptive. Le travail de ce dernier eut peu de succès car sa politique se heurtait aux populations catholiques, hindoues et musulmanes pour lesquelles la fertilité des femmes et donc la naissance d'enfants étaient primordiales. La démarche des docteurs Guy fut bien mieux acceptée car elle tenait compte du cycle de la femme et valorisait l'enfant à naître à travers l'utilisation de méthodes naturelles de régulation des naissances. Insistant sur la responsabilité des parents, le couple Guy préférait parler d'espacement des naissances plutôt que de limitation de celles-ci. En effet, cette expression était mal perçue par les populations locales qui voyaient à travers elle une volonté de porter atteinte à la fertilité des couples. Les docteurs Guy ont grandement contribué[3], par l'enseignement de la méthode naturelle de régulation des naissances, à ce que le taux d'accroissement de la population passe de 29,3 %° en 1963 à 26,9 %° en 1966.

Le père de Lestapis s'est montré très favorable à l'encyclique *Humanae Vitae* et son positionnement à ce sujet a indéniablement donné la possibilité au CLER de connaître une nouvelle dynamique, captant ainsi davantage les catholiques traditionnels.

1. François et Michèle GUY, *Île Maurice, régulation des naissances et action familiale*, Mappus, 1968.
2. *Lettre des docteurs François et Michèle Guy au père de Lestapis*, 1 CO 81, archives du CNAEF, 30 octobre 1964.
3. *Le Progrès*, 28 décembre 1966.

UN NOUVEAU PAYSAGE CULTUREL FAVORABLE À LA CONTRACEPTION

Dans les années 1960, la révolution sexuelle, qui s'est fortement politisée, a joué un rôle déterminant dans la promotion de la mentalité contraceptive. Elle a puisé ses racines dans l'œuvre de Wilhem Reich, *La révolution sexuelle*, qui paraissait en France en 1968, mais qui avait été déjà éditée en Allemagne en 1936 sous le titre *La sexualité dans le combat culturel*. Il analysait les relations entre la répression et l'autorité. Il a ainsi dessiné « un idéal de la libéralisation humaine à travers la libre expression de la libido et de l'énergie orgasmique[1] ». La révolution sexuelle a aussi puisé ses racines néo-malthusiennes et son militantisme en faveur de la contraception dans la pensée des anarchistes du XIXe siècle comme Paul Robin ou Eugène Humbert, ainsi que de féministes radicales comme Madeleine Pelletier, Nelly Roussel et Berty Albrecht. La pensée de Wilhem Reich s'est aussi inspirée de l'effervescence du début du XXe siècle où il était déjà question de crise de la famille, de critique du mariage et de femmes indépendantes qui préféraient le célibat à l'union matrimoniale. Déjà dans la première partie du XXe siècle, s'étaient opérés des changements majeurs sur le plan des mœurs comme la valorisation de la séduction, le triomphe du mariage d'amour, le recul des tabous gestuels et la tolérance vis-à-vis des relations prénuptiales et adultérines.

Peu de temps avant Mai 68, *Partisans*, la revue de la gauche radicale et anticapitaliste, fondée par François Maspero, a offert une tribune à la cause de la révolution sexuelle avec un numéro « Sexualité et répression » paru en 1966. Le freudo-marxisme s'est affirmé au début des années 1970 comme le courant le plus en vue pour porter le thème de la révolution sexuelle. Mai 68 dans

1. Sous la direction de Sylvie STEINBERG, *Une histoire des sexualités*, p. 350.

sa dimension érotique doit aussi beaucoup à la pensée d'Herbert Marcuse qui a inspiré la nouvelle gauche radicale. En 1955, il a publié *Eros et civilisation* qui a été traduit en 1963 en français. Selon lui, la sexualité conjugale à finalité reproductive a « participé au contrôle social global[1] ». La dimension sexuelle de la révolution de Mai 68 doit aussi beaucoup à la philosophe Simone de Beauvoir à travers son ouvrage, *Le deuxième sexe*. Porte-drapeau des féministes, elle a dénoncé la domination des hommes sur les femmes. Selon elle, il s'agissait pour ces dernières de s'arracher au déterminisme biologique et à la pensée naturaliste. Sa fameuse phrase « on ne naît pas femme, on le devient » a eu un très fort retentissement. En 1968, aux États-Unis, le terme « genre » a fait son apparition à travers deux ouvrages de l'universitaire Robert Stoller, le premier étant *Sex et Gender. On the development of masculinity and feminity* et le second *Sex and gender : the transsexual experiment*. Le thème du genre ne s'est imposé en France que dans les années 1980. La grande majorité des féministes des années 1960 et 1970 a été marquée par le marxisme. La révolution sexuelle en 1968, très rapidement, a dû se penser en référence à la thématique marxiste concernant « la surexploitation des femmes dans les travaux rémunérés et domestiques, l'utilisation de leur force productive et reproductive, enfin leur aliénation comme consommatrices[2] ». La révolution sexuelle a surtout été antinaturelle. Il s'agissait surtout de présenter la sexualité comme une construction sociale. La liberté de la parole fut rapidement considérée comme l'un de ses fondements.

1. *Ibid.*, p. 357.
2. *Ibid.*, p. 358.

La loi Neuwirth et ses répercussions sur le catholicisme

Le général de Gaulle, nataliste de par ses convictions catholiques, s'est au début montré très hostile à la pilule contraceptive. En 1965, Alain Peyrefitte avait suggéré au président de la République qu'une délibération ait lieu au Parlement au sujet de la contraception. Le général de Gaulle lui avait répondu : « Vous avez songé à l'enjeu ? ça veut dire que j'accepterais que la population française, au lieu de croître, diminue ? Que notre race disparaisse dans un siècle ou deux ? Ces naissances qui assurent le maintien de notre population et même depuis la guerre, un progrès sensible, sont dues à des grossesses non désirées. La femme ne se doit pas seulement à elle-même, elle se doit à son foyer et à son pays. Elle a reçu le pouvoir de donner la vie, elle doit rendre ce qu'elle a reçu. C'est bien joli de favoriser les femmes, mais il ne faut pas pousser à leur disparition [1] ». Le général de Gaulle, en pleine contradiction avec ses principes catholiques, a fini par donner raison à Lucien Neuwirth, député gaulliste du département de la Loire, qui a su le persuader du bien-fondé de la pilule contraceptive. Cet élu avait des liens solides avec le docteur Pierre Simon, co-fondateur du planning familial qui comptait en 1966 presque une centaine de centres à travers la France et plus de 100 000 adhérents. Lucien Neuwirth s'est alors appuyé sur Alexandre Sanguinetti, un intime du général de Gaulle. Ce dernier a alors vanté les mérites de la pilule auprès d'Yvonne de Gaulle qui, malgré ses convictions catholiques affirmées, s'est montrée enthousiaste à ce sujet. Elle a, à son tour, fait la promotion de la contraception chimique à son mari qui a clairement changé d'avis sur le sujet. Il a alors autorisé Lucien Neuwirth à déposer un projet de loi à l'Assemblée, ce que

1. Cité par Alain Peyrefitte, *C'était de Gaulle*, Paris, Gallimard, p. 1198-1199.

ce dernier a fait. Finalement, la loi sur l'autorisation de commercialiser la pilule contraceptive en France fut votée et adoptée en 1967 avec l'ensemble de la gauche et une partie de la droite. Cette disposition législative donnait à la femme une maîtrise sur sa fécondité. A posteriori, elle a été perçue comme un premier pas vers la loi sur l'avortement qui laissait la possibilité à la femme d'interrompre sa grossesse et d'avoir le contrôle sur son corps. Malgré la loi de 1967 qui autorisait la pilule contraceptive, la publicité et la propagande antinataliste restaient interdites. Il faudra attendre 1972 pour que ces interdictions soient levées.

Des catholiques divisés sur la question de la contraception à partir de 1958

Si les AFC et l'Association des médecins catholiques sont restés très opposés à la contraception, des prêtres ont commencé à défendre le recours à la pilule ou au moins à considérer qu'elle constituait un moindre mal tels que le père Michel Riquet. Interprétant la pensée de saint Thomas d'Aquin, il précisait : « Il est permis à un gouvernement, même catholique, de se demander s'il est préférable d'interdire ou de ne pas interdire une certaine diffusion des méthodes anticonceptionnelles, si par exemple, il était à prévoir qu'une législation trop stricte en ce domaine, provoquerait un accroissement désastreux des avortements criminels[1] ». En 1962, la position de l'ACA, sous l'autorité du cardinal Paul Richaud, archevêque de Bordeaux, a pu apparaître comme ambiguë. En effet, il affirmait que la régulation des naissances était légitime mais en même temps, il ne prenait pas position pour telle ou telle méthode. Il excluait aussi que des centres médicaux d'inspiration chrétienne puissent être créés pour concurrencer ceux du

1. Cité par Martine Sevegrand, *op. cit.*, p. 176.

planning familial afin, disait-il, que l'Institution ecclésiale ne soit pas l'objet d'une récupération politique, sous-entendu par la droite. Toutefois, en 1961, le journaliste de *La Croix*, Pierre Limagne, père de famille nombreuse, et très hostile au planning familial, demandait aux socialistes de la SFIO de ne pas soutenir ses centres afin de ne pas mettre en péril ses alliances avec le MRP, très attaché à une politique familiale dynamique et à la loi de 1920 pour des raisons de défense de la natalité française. Le cardinal Richaud, dans son rapport de 1962 à l'ACA faisait remarquer que nombre de femmes catholiques fréquentaient les centres du planning familial, encouragées bien souvent par des prêtres. Parmi celles-ci, se trouvait Geneviève Texier, professeur au lycée Victor-Duruy à Paris qui s'engagea au planning familial et qui a fait partie de son conseil d'administration. Il en fut de même de la catholique grenobloise Madeleine Abric, qui dans le bulletin du planning familial, a fait une sévère critique de la loi naturelle exposée par le père Tesson, jésuite, hostile à ce mouvement. À Grenoble, les docteurs François et Michèle Guy constataient amèrement que l'ACO encourageait les femmes à recourir à la pilule contraceptive. Quant à l'ACI, elle se montrait très hésitante quant à une condamnation de celle-ci. Enfin, le docteur Robert Traissac, à Bordeaux, catholique et proche du CLER, remarquait, avec regret, que les catholiques étaient nombreux à fréquenter le tout nouveau centre du planning familial qui avait ouvert dans la ville en 1963. Les fidèles catholiques ont fortement évolué sur la question de la contraception chimique en dix ans. En 1956, selon un sondage de l'INED, ils étaient 63 % à s'opposer à ce que les femmes reçoivent des informations à ce sujet. Mais en 1966, ils étaient 70 % à approuver ce contraceptif. De 1971 à 1978, la pratique de la pilule contraceptive chez les femmes catholiques est passée de 6,7 % à 26 %. Les femmes catholiques n'ont pas perçu l'abstinence comme une forme de contraception car l'enfant restait le bienvenu même s'il n'était pas attendu, tout cela s'inscrivant dans une constante catholique.

La loi de 1920 et le catholicisme français

La diminution du taux de natalité a été l'objet de vives controverses au début du XXe siècle car elle inquiétait nombre d'hommes politiques français qui y voyaient une perte de la puissance française. Ce phénomène avait été aggravé par l'hécatombe de la Première Guerre mondiale. C'est dans ce contexte que les ligues natalistes et familialistes ont pu prospérer. Influentes à l'Assemblée nationale, elles ont permis que la loi de 1920 ait un volet qui réprime l'avortement. Devant l'hécatombe de la Première Guerre mondiale et la très faible natalité, en France, la chambre « bleu-horizon » a voté la loi du 31 juillet 1920 qui interdisait toute pratique contraceptive et abortive, ainsi que toute propagande ou information dans ce domaine. En 1923, une nouvelle loi l'a correctionnalisée afin que les auteurs ou auteures d'avortements se voient infliger des peines plus lourdes. Pendant l'Occupation, le régime de Vichy a durci la répression sur l'avortement. Désormais, il était considéré comme un crime contre l'État. Une « faiseuse d'ange », autrement dit une avorteuse, est même guillotinée en 1943, en la personne de Marie-Louise Giraud[1]. L'« égoïsme » des célibataires était stigmatisé et la famille porteuse d'enfants était valorisée à travers le fameux slogan « travail, famille, patrie ». « L'ordre sexuel post-vichyste », selon l'expression de la politologue Jeanine Mossuz-Lavau s'est poursuivi bien au-delà de la Libération à travers une politique familiale rondement menée. En 1955, l'avortement thérapeutique[2] fut autorisé lorsque la grossesse mettait la vie de la mère en danger, même si les lois de 1920 et de 1923 n'étaient pas remises en cause.

1. Cette affaire a inspiré le film de Claude Chabrol, *Une affaire de femmes*, 1988.

2. Fiammetta Venner, *L'opposition à l'avortement. Du lobby au commando*, Paris, Peter Lang, 1995, p. 13.

L'Église catholique a eu à affronter la presse féminine en France qui a mené une campagne pour l'abrogation de la loi de 1920 qui sanctionnait le recours à la contraception et la pratique de l'avortement. La journaliste de *Marie-Claire* Marcelle Auclair, qui se disait favorable à la pensée de l'Église sur la contraception chimique en 1956, changeait radicalement d'avis en 1960, persuadée que la méthode Ogino et celle des températures n'étaient pas fiables et que seule la pilule apportait une réponse crédible aux couples qui voulaient espacer leurs naissances et jouir sexuellement sans entrave. Pour Marcelle Auclair, cela supposait une abrogation de la loi de 1920. En 1961, l'épiscopat français, prudemment, avait opté pour le statu quo concernant la loi de 1920, soucieux de ne pas porter atteinte à la natalité de la France. Toutefois, des moralistes se sont fait entendre, tels que le dominicain Pierre de Contenson, qui reprenait le point de vue du père Riquet, en affirmant que la loi de 1920 engageait l'État français mais pas forcément l'Église. Partant de cette distinction, le religieux considérait que le recours à la pilule pouvait être toléré sur le plan moral. Ces différents points de vue émanant d'autorités ecclésiastiques ne pouvaient que troubler des fidèles catholiques. Ce manque de clarté de la hiérarchie catholique en France a amené *France-Soir* à titrer le 14 septembre 1965 : « Contrôle des naissances : la position du Concile pourrait entraîner une révision des lois françaises ». Cette presse féminine a ouvert ses colonnes à des médecins et des psychologues qui ont mis en valeur le sentiment comme socle du mariage et de la décision d'enfanter, tout cela étant jugé bien trop subjectif pour l'Église. Ces périodiques ont aussi grandement contribué à la vulgarisation des principaux concepts freudiens.

Le concile Vatican II et la pilule contraceptive

Au début des années 1960, même chez les catholiques, la pilule a remporté un franc succès car elle semblait être nettement plus fiable que la méthode Ogino. À son sujet, on commençait à plaisanter sur les « bébés Ogino[1] » qui signifiaient que des naissances étaient possibles malgré la découverte du chercheur japonais. Au début des années 1960, le théologien Louis Janssen, de Louvain, comme d'autres de ses confrères en Belgique et dans les Pays-Bas, déclarait qu'il ne percevait pas de différence essentielle entre la pilule contraceptive et la méthode Ogino. C'est ainsi que le dominicain hollandais Edward Schillebeeckx voyait dans la pilule contraceptive un contraceptif idéal car, selon lui, il n'interférait pas dans l'action lui-même. Concernant leur position sur la contraception, les Pères du concile Vatican II, pour la plupart d'entre eux, ont été influencés par le père Bernhard Häring. Au cours des années 1960, il a joué un rôle important dans la manière dont l'Église catholique a repensé la question de la sexualité. Ainsi a-t-il considéré que l'union sexuelle dans le couple faisait grandir l'amour de Dieu. Il a beaucoup fait pour qu'au sein de l'institution ecclésiale, sexualité et spiritualité ne soient plus opposées. Dans le domaine de la morale, il a défini une théologie de la miséricorde en soulignant l'importance de la liberté de conscience des croyants, mais aussi en rejetant le rigorisme qui avait parfois prévalu dans l'Église sur la question sexuelle. Expert au concile Vatican II, le père Häring a donné une dimension personnaliste à la théologie catholique en matière de sexualité.

Dans un climat où les controverses se développaient au sujet d'une régulation des naissances à l'aide d'un moyen artificiel, Jean XXIII, en mars 1963, lançait la Commission pontificale sur ce thème qui prit le nom de Commission pontificale pour l'étude de la population, de la famille et des naissances. Son maître d'œuvre fut le cardinal Léon-Joseph Suenens, archevêque de Malines-Bruxelles. Il avait été très déçu par l'un des premiers schémas du concile Vatican II, *De Castitate*, élaboré par le théologien

1. Robert Mc Clory, *Rome et la contraception. Histoire secrète de l'encyclique Humanae Vitae*, Paris, Éditions de l'Atelier, 1998, p. 41-12.

franciscain Ermenegildo Lio, qu'il trouvait daté et qu'il considérait comme une simple reprise de l'encyclique *Casti Connubii*. C'est ainsi qu'il persuada Jean XXIII de créer la Commission de la population, de la famille et des naissances. Le pape avait profité de l'annonce par l'ONU et l'OMS d'une grande conférence sur la population prévue à New Delhi pour la lancer. La Commission pontificale pour l'étude de la population, de la famille et des naissances était composée de membres favorables à la pilule contraceptive comme le père Häring mais aussi hostiles à l'image du père de Lestatpis. Au sein de la Curie, le très classique cardinal Alfredo Ottaviani, pro-préfet du Saint-Office, se montrait très virulent contre toute contraception chimique. Après la mort de Jean XXIII en 1963, le cardinal Suenens a été fort irrité de voir Paul VI retirer du concile Vatican II la question de la contraception. Le cardinal Ottaviani s'est montré tout à fait défavorable à la régulation des naissances. Il disait ainsi : « Je ne suis pas satisfait de cette idée... que les époux puissent déterminer le nombre d'enfants qu'ils auront. On n'a jamais entendu chose pareille, des siècles passés à nos jours. Le prêtre qui vous parle est le onzième de douze enfants, dont le père travaillait dans une boulangerie, il n'en était pas le propriétaire, mais un travailleur. Il ne douta jamais de la Providence, ne songea jamais à limiter sa famille, à travers toutes les difficultés[1] ».

La question de la contraception et du contrôle des naissances a été abordée au concile Vatican II entre juin et octobre 1964 dans le cadre du schéma 13. Le sujet a donné lieu à de fortes oppositions entre d'un côté, les partisans de la pilule contraceptive, qui souhaitaient que l'Église évoluât dans son discours sur le couple à l'image du cardinal Paul-Émile Léger, archevêque de Montréal, de Maximos IV, patriarche d'Antioche, du cardinal Suenens, archevêque de Malines-Bruxelles, enfin du cardinal Alfrink, le primat

1. Cité par Robert Mc Clory, op. cit., p. 75.

de Hollande, et de l'autre, les adversaires farouches des moyens de contraceptifs chimiques parmi lesquels se trouvaient le cardinal Browne, irlandais et ancien maître général des dominicains, le cardinal Ruffini, archevêque de Palerme, enfin le cardinal Ottaviani, secrétaire du Saint-Office. La Commission de la population, de la famille et des naissances a beaucoup évolué, passant de 6 membres (3 clercs et 3 laïcs) au nombre final de 70, comprenant des évêques et des cardinaux.

En 1964, Paul VI a expliqué sa décision de retirer du Concile la question de la contraception en précisant qu'une commission avait été instaurée à cet effet. Mais il y avait aussi des raisons précises. La première tenait au fait qu'il avait peur de voir le Concile se diviser gravement à ce sujet. La seconde avait trait à sa crainte de voir la presse ne retenir de Vatican II que le thème de la pilule à l'exclusion de tous les autres. Progressivement, des couples ont été intégrés à la Commission pontificale pour l'étude de la population, de la famille et des naissances. Elle a fait l'objet de critiques parfois sévères à l'occasion d'une rencontre de ses membres en 1965 car les maris ont dû être séparés de leur femme, les uns et les autres devant loger dans des lieux séparés, ce qui était ressenti par les laïcs comme une pesanteur cléricale. Paul VI avait voulu que la commission reflète une certaine diversité puisque l'on retrouvait des théologiens, des démographes, des sociologues, des économistes, des médecins et trois couples. En 1965, une majorité des théologiens (15 contre 4), emmenée par Pierre de Locht, s'est dit favorable à la pilule contraceptive. En 1966, la Commission prenait fin. Dans son rapport final, la plupart de ses membres demandaient à l'Église catholique d'opter pour des réformes dans le domaine de la morale sexuelle. Le père de Riedmatten, dominicain suisse et secrétaire de la Commission avait ainsi écrit : « Tous, conservateurs ou progressistes, théologiens et laïcs, tous sont convaincus de la nécessité pour l'Église de bouger pour faire face à la détresse de conscience et aux besoins révélés par des faits qu'il est impossible de nier[1] ». Si, dans un premier temps, Paul VI a été favorablement impressionné par le rapport de la Commission, l'influence déterminante du cardinal Ottaviani et du jésuite français Gustave Martelet, tous les deux hostiles à la pilule, sur Paul VI, l'a conduit à rejeter finalement ses conclusions. La minorité au sein de la commission avait été très opposée aux moyens contraceptifs, estimant que si l'Église catholique cèdait sur ce terrain, il ne resterait plus rien de la morale sexuelle défendue par l'institution ecclésiale. Paul VI lui a donné raison en 1968 dans l'encyclique *Humanae Vitae,* l'année même où les Nations Unies déclaraient que les couples avaient le droit fondamental de choisir librement le nombre d'enfants qu'ils voulaient avoir, ainsi que le moment où ils voulaient les accueillir.

Humanae Vitae et ses premières controverses au sein de l'Église

Au cours des années 1960, le discours de l'Église sur la sexualité a rencontré une opposition de plus en plus forte en Occident qui a vu la promotion rapide de la liberté sexuelle rendue possible techniquement par l'invention de la pilule contraceptive aux États-Unis par Pincus en 1956. La généralisation de la contraception chimique a connu une rapidité tout à fait remarquable des années 1960 et 1980, prenant ainsi une ampleur mondiale, tout spécialement dans les pays occidentaux. Les théologiens progressistes ont souvent critiqué *Humanae Vitae* en raison de sa propension à défendre les méthodes naturelles de régulation des naissances et donc à rejeter la pilule contraceptive. Pour ceux-ci, le recours à cette dernière n'avait pas de portée morale fondamentalement. C'est la raison pour laquelle, ces théologiens progressistes

1. Cité par Robert Mc Clory, *op. cit.*, p. 91.

pensaient que l'utilisation de la pilule contraceptive était parfaitement compatible avec l'idéal chrétien. La position de Rome sur la sexualité et spécialement sur la contraception a distingué le catholicisme des Églises protestantes. En effet, en 1930, les évêques anglicans, à Lambeth, admettaient l'usage des contraceptifs dans le cadre du mariage. La même année, dans l'encyclique *Casti connubii*, le pape condamnait cette attitude.

Humanae Vitae a mis l'accent sur l'ouverture à la vie. L'encyclique ne s'est pas inscrite seulement contre la pilule contraceptive mais a aussi voulu être un appel à un amour authentique qui s'est matérialisé par une paternité et une maternité responsables. À travers cette encyclique, Paul VI a insisté aussi sur le fait que l'être humain n'était pas le maître de la vie. Si nombre de catholiques de France ont ressenti un malaise face à *Humanae Vitae*, il n'en a pas été de même pour ceux qui résidaient en Afrique et en Asie. Les évêques français ont regretté que l'opinion publique ait eu une vision réductrice de l'encyclique de Paul VI. Selon eux, elle n'avait retenu que trois éléments. D'abord, l'opinion publique[1] avait d'abord considéré que l'Église s'est fait l'avocate d'une politique nataliste. En second lieu, elle a vu l'institution ecclésiale comme celle qui condamnait la sexualité, la voyant comme un péché. Enfin, l'opinion publique a perçu l'Église comme en retard sur son temps. Les évêques français ont constaté que peu de Français avaient lu l'encyclique *Humanae Vitae*. Ils rappelaient aussi que la loi naturelle qui la sous-tendait n'était plus acceptée par la pensée moderne et ils étaient bien conscients que les méthodes naturelles de régulation des naissances n'étaient pas jugées assez fiables par l'opinion publique. À ce propos, le frère Serge Bonino précisait :

1. *Note d'information à l'usage du chanoine Gaudillère et des évêques membres de la Commission épiscopale de la famille*, 32 CO 10, archives du CNAEF.

« Compromise dans l'affaire (d'*Humanae Vitae*), la loi naturelle a traversé une sorte de purgatoire[1] ».

En 1968, lorsque Paul VI a publié l'encyclique *Humanae Vitae*, les réactions ont été très vives, tant dans l'Église qu'en dehors. Cette publication tombait au plus mauvais moment car 1968 était l'année, par excellence, de la liberté sexuelle et la négation de toute autorité. Le refus de la contraception par *Humanae Vitae* a été jugé comme une provocation par une grande partie du monde occidental. Paul VI n'a pas trouvé les mots pour convaincre et il a été accusé par une partie de l'Église de ne pas avoir retenu les « avancées[2] » du Concile. Pour le pape, la sexualité formait un tout et il n'était donc pas possible de séparer l'acte sexuel de l'amour spirituel. Pour Paul VI, comme la contraception cassait ce lien entre sexualité et procréation, elle n'était pas acceptable sur le plan moral. D'après le pape, elle constituait un désordre au sein de l'être humain et à partir de là, elle était indigne de lui. Paul VI, qui considérait que la régulation des naissances était recevable, la liait au cycle féminin et à ses périodes d'infertilité. Autrement dit, elle était éthiquement acceptable dans la mesure où elle avait comme fondement la nature. En revanche, la contraception, elle, était condamnable selon lui dans la mesure où elle impliquait une action artificielle qui, par définition, ne relevait pas de la nature et donc pas du corps humain. La non-réception d'*Humanae Vitae* a créé une onde choc d'autant plus importante que la commission chargée par le Concile de réfléchir sur la contraception s'y était montrée largement favorable. La principale critique portée à l'encontre de l'encyclique de Paul VI concernait son aspect « biologisant », jugée trop restrictif, faisant trop peu de cas de la dimension personnaliste du couple conformément à ce qu'avait développé le rédemptoriste Bernhard Häring.

1. Cité par Dominique FOYER, « La loi naturelle dans les textes récents du magistère catholique », *Revue d'éthique et de théologie morale*, n° 261, 2010.

2. Guy BEDOUELLE, alii, *op. cit.*, p. 102.

La Note pastorale des évêques français, 8 novembre 1968

Les évêques français ont cherché à atténuer le refus de Rome d'autoriser la contraception chimique. Ils l'ont fait à travers un document intitulé *Note pastorale.* Ce texte a eu un écho certain et a été l'objet de nombreuses polémiques. Sa rédaction a nécessité neuf moutures et a dû intégrer 800 amendements. C'est dire que ce texte a suscité de nombreux débats. Les évêques français justifiaient la publication de cette note par le fait que l'encyclique *Humanae Vitae* avait « suscité en France de multiples commentaires et des réactions passionnées[1] ». Se sentant fortement sollicités, les évêques français ont fait le choix de rédiger ce petit texte qui commentait le document de Paul VI.

Commentant[2] la *Note pastorale* des évêques de France, le cardinal Renard rappelait que le pape Paul VI défendait une paternité et une maternité responsables qui justifiaient le fait que les couples puissent choisir le nombre d'enfants qu'ils voulaient. L'épiscopat français a cherché à nuancer le point de vue de Paul VI en justifiant le recours à la pilule contraceptive lorsque l'observation du cycle féminin ne donnait pas une base assez solide pour réguler les naissances. Ici, les évêques français ont parlé de « conflits de devoirs », car, si pour eux, le contraceptif était un mal en soi, un couple ne pouvait pas être fragilisé par une naissance non programmée et non désirée. Selon Paul VI et plus largement l'épiscopat français, la sexualité relevait de l'humain et ne pouvait pas être réduite à l'usage de techniques en ayant recours aux contraceptifs. Les évêques français écrivaient ainsi dans leur *Note pastorale* à l'article 16 : « La

1. *Note pastorale de l'épiscopat français sur l'encyclique Humanae Vitae*, Paris, Éditions du Centurion, novembre 1968, p. 5.
2. *Présentation de la Note pastorale des évêques de France au sujet d'Humanae Vitae*, 32 CO 10, archives du CNAEF.

contraception ne peut jamais être un bien. Elle est toujours un désordre, mais ce désordre n'est pas toujours coupable. Il arrive, en effet, que des époux se considèrent en face de véritables conflits de devoirs. Nul n'ignore les angoisses spirituelles où se débattent les époux sincères, notamment lorsque l'observance des rythmes naturels ne réussit pas à donner une base suffisamment sûre à la régulation des naissances (*Gaudium et spes,* n° 51). D'une part, ils sont conscients du devoir de respecter l'ouverture à la vie de tout acte conjugal et estiment également en conscience devoir éviter ou reporter à plus tard une nouvelle naissance et sont privés de la ressource de s'en remettre aux rythmes biologiques. D'autre part, ils ne voient pas, en ce qui les concerne, comment renoncer actuellement à l'expression physique de l'amour sans que soit menacée la stabilité de leur foyer. À ce sujet, nous rappellerons simplement l'enseignement constant de la morale : quand on est dans une alternative de devoirs, où, quelle que soit la décision prise, on ne peut éviter un mal, la sagesse traditionnelle prévoit de rechercher devant Dieu quel devoir, en l'occurrence, est majeur. Les époux se déterminent au terme d'une réflexion commune menée avec tout le soin que requiert la grandeur de leur vocation conjugale[1] ».

À travers sa note, l'épiscopat français a voulu faire acte de pédagogie et montrer de la compassion pour les couples qui éprouvaient de la difficulté à maîtriser leur fécondité en raison de cycles menstruels trop irréguliers, tout en souhaitant être ouverts à la vie. Le document des évêques voulait mettre en avant cette tension au sein des couples entre l'ouverture à la vie, le plaisir charnel et la nécessité de réguler les naissances.

En 1970, le père Charles Robert, professeur de théologie morale à la Faculté de théologie de Strasbourg, a clairement critiqué la *Note pastorale* des évêques français au sujet de la contraception.

---

1. *Note pastorale de l'épiscopat français sur l'encyclique Humanae Vitae*, Paris, Le Centurion, novembre 1968.

Ainsi, jugeait-il dangereuse sur le plan moral la notion de « conflits de devoir ». Il écrivait : « Cette Note a semblé introduire un thème dangereux en théologie morale, exactement au numéro 16, où elle parle de véritables conflits de devoirs qu'aurait suscités l'encyclique *Humanae Vitae*. N'était-ce pas ouvrir la voie au dévergondage d'imagination, n'importe qui pouvant ainsi se croire dans une situation de conflits (...), celui de la procréation et celui de la paix au foyer et d'inventer sa conduite morale (...). Nos évêques n'auraient-ils pas pris pour modèle les *habiles gens* qu'étaient déjà les Jésuites des *Provinciales*[1] ? ».

LE MALAISE SUSCITÉ PAR *HUMANAE VITAE* JUSQUE DANS LES RANGS DE L'ÉPISCOPAT FRANÇAIS

Si des théologiens, tels que le jésuite Gustave Martelet, avaient été des grands défenseurs du texte romain, d'autres comme son confrère Paul Valadier pensaient exactement le contraire, estimant qu'il était dénué de pédagogie et de psychologie. Beaucoup d'aumôniers de lycée, lorsqu'ils ont dû l'expliquer aux jeunes, ont ressenti de la gêne dans la mesure où ils ne partageaient pas les conclusions d'*Humanae Vitae*. Sa parution, en 1968, est tombée au plus mauvais moment, soit à une période d'explosion de l'hédonisme.

Pour Mgr Jullien, archevêque de Rennes, l'élément le plus important *d'Humanae Vitae* était sa perception globalisante de la personne. Le prélat pensait que le texte avait souvent été mal reçu par l'opinion publique en raison de l'absence d'une philosophie solide. Pour lui, si l'Église voulait être mieux entendue sur ce sujet, il fallait impérativement tenir compte des façons de penser de ses contemporains. Il insistait sur le fait que la sexualité était

1. Père Charles ROBERT, « la situation de "conflit", un thème dangereux de la théologie morale aujourd'hui », *Revue des Sciences religieuses*, janvier-avril 1970.

plus qu'une mécanique biologique. D'après Mgr Jullien, elle s'inscrivait dans une finalité qui était le don de la personne à travers la naissance d'un enfant. Il écrivait ceci : « L'homme n'est pas la rencontre fortuite de gènes, ni un agrégat de cellules vivantes, ni une énergie anarchique produite par des pulsions contradictoires, ni le sous-produit d'une culture. À travers et au-delà de toutes ces composantes, il apparaît comme un sujet capable progressivement de donner une unité au composé humain apparemment disparate, capable de donner un sens à la vie, capable d'une liberté imparfaite, mais réelle[1] ». Reprenant les axes d'*Humanae Vitae*, Mgr Jullien considérait que la séparation technique de la sexualité de toute fécondité tendait à déresponsabiliser l'être humain et à déshumaniser la sexualité. Il voyait, à travers cette cassure entre la sexualité et la fécondité, la cause profonde de l'effondrement de l'Occident, matérialisée par la fragilisation des couples, l'augmentation massive des divorces, la multiplication des cohabitations juvéniles et la précocité des relations sexuelles. Le père Gustave Martelet, qui a beaucoup défendu *Humanae Vitae*, avait pressenti que le texte serait mal reçu en Occident. Si pour le jésuite, le document répondait aux exigences d'une partie des catholiques en matière de régulation des naissances, il était persuadé que nombre d'entre eux considéraient l'encyclique comme « terriblement décevante et pratiquement inapplicable[2] ».

Jacques Nobécourt, journaliste au *Monde*, considérait que l'opinion publique avait été mal préparée à l'encyclique *Humanae Vitae*. Selon lui, le public attendait de Paul VI des remèdes pratiques plutôt qu'une réflexion de fond sur la contraception. Jacques Nobécourt regrettait qu'à travers *Humanae Vitae,* l'Église n'ait pas su prendre en compte les attentes du peuple catholique et les

1. Texte de Mgr JULLIEN, *Autour d'Humanae Vitae*, 16 ans après, 32 CO 3, archives du CNAEF, 1984.

2. Père MARTELET, *Présentation de l'encyclique du pape sur la régulation des naissances*, 32 CO 7, archives du CNAEF, 29 juillet 1968.

nouvelles données scientifiques en termes de fécondation humaine. Le docteur Charles Rendu a rédigé un texte dans le but d'aider l'épiscopat français à réaliser une note pastorale sur *Humanae Vitae*. Tout d'abord, il montrait que le document de Paul VI faisait l'objet de critiques sévères émanant des défenseurs de l'érotisme ambiant, des milieux athées de la psychiatrie, des philosophes férus de phénoménologie, ainsi que des médias qui n'avaient de cesse de vanter les mérites de la pilule contraceptive. Le docteur Rendu constatait que pour la grande majorité des Français, la contraception chimique était la « seule solution pour réguler les naissances [1] », ceux-ci pensant que la méthode Ogino basée sur les courbes de températures du cycle féminin n'avait aucune fiabilité.

Le médecin défendait le pape Paul VI qui, à travers *Humanae Vitae,* cherchait à valoriser le respect des époux entre eux, celui de la vie, enfin celui du mariage. En 1980, Mgr Jullien a clairement exprimé des critiques sur *Humanae Vitae* et sur la manière dont elle avait été expliquée aux fidèles. Il trouvait que les arguments utilisés dans l'encyclique n'étaient pas pertinents. Il eut une claire perception de cela lors des interventions des experts théologiens au cours du synode de la famille en 1980. Il écrivait ainsi : « Au cours de la séance solennelle du vendredi, des experts ont tenté d'expliquer au plan philosophique et anthropologique la réponse [2] de Paul VI dans *Humanae Vitae*. Or, les arguments présentés, s'ils s'enracinent manifestement dans une conviction profonde, n'ont pas renouvelé ni approfondi (…) l'argumentation relative aux affirmations de l'encyclique (…). Si nous n'arrivons pas à justifier de manière pertinente nos positions en matière de régulation des naissances, la majorité des personnes adonnées à une discipline

1. Docteur Charles Rendu, *Réflexions sur quelques points particuliers pour l'établissement d'une note pastorale sur l'encyclique Humanae Vitae*, 32 CO 7, archives du CNAEF, 2 septembre 1968.

2. Alain Mattheeuws, *Union et procréation. Développement de la doctrine des fins du mariage*, Paris, Éditions du Cerf, 1989, p. 149.

intellectuelle sera conduite à écarter un discours qu'elles estimeront défaillant[1] ». D'autres évêques français, à la suite de Mgr Jullien, ont exprimé un malaise devant certaines lignes *d'Humane Vitae* qui traitaient de la pilule contraceptive. Ainsi demandaient-ils que soit tolérée dans l'Église une contraception chimique qui n'ait pas d'effets négatifs sur la santé. Ils écrivaient : « Le fait massif que l'immense majorité des femmes utilisent les moyens contraceptifs – mêmes pratiquantes régulières – et ne reconnaissent pas la position de l'Église dans *Humanae Vitae* ne peut manquer de poser une question aux évêques (…). Une loi qui n'est observée ni reconnue crédible par l'immense majorité d'un peuple ne signifie plus rien. Il faut reprendre les choses autrement[2] ».

L'épiscopat français précisait dans son document sur les suggestions faites à Rome en vue du synode sur la famille de 1980, *Les fonctions de la famille dans le monde contemporain* : « On nuancerait seulement le refus global de toutes les méthodes dites artificielles et on montrerait à quelle condition telle ou telle serait acceptable[3] ». Les évêques français doutaient de l'argumentation de Rome qui s'appuyait sur le droit naturel pour refuser la contraception chimique : « L'argumentation basée sur le droit naturel défini par l'anatomie et non plus par la finalité humaine du mariage donne-t-elle une base certaine à ce rejet des méthodes dites artificielles ? (…) Il faut reconnaître que le message d'*Humanae Vitae* n'est pas passé[4] ».

En 1992, les évêques de France[5] ont fait le constat que les méthodes naturelles étaient mal perçues et mal acceptées par les

1. *Intervention de Mgr Jacques Jullien sur Humanae Vitae. Observations sur les interventions des experts théologiques du synode le 10 octobre 1980*, 32 CO 85, archives du CNAEF.

2. *Synthèse des remarques et suggestions de la Conférence des évêques de France au sujet du synode sur la famille*, 32 CO 74, archives du CNAEF, 1980.

3. *Ibid.*

4. *Ibid.*

5. *Assemblée plénière sur la famille. Introduction à la partie « huis clos ». Texte de Mgr Jean Cuminal*, archives du CNAEF, 28 septembre 1992.

couples, y compris par une partie de ceux qui évoluaient dans le catholicisme. Ils saluaient les efforts de l'Église pour faire connaître la technique des époux Billings, médecins australiens, dont la méthode était basée sur l'observation de la glaire cervicale pour repérer la période de fécondité de la femme. Selon l'épiscopat français, cette technique, alternative à la contraception chimique, était d'autant plus importante à faire connaître que l'avortement avait tendance à se banaliser et à apparaître comme un moyen contraceptif, ce qu'il n'était pas dans la réalité.

Mgr Jullien, archevêque de Rennes, était conscient d'un certain décalage entre les positions de Rome sur la contraception et le comportement des catholiques dans leur majorité. Ce prélat affirmait : « Je ne me fais pas d'illusion. Le pape et les évêques disent *non* et le peuple de Dieu dit massivement *oui*. C'est un fait d'Église[1] ». Mgr Jullien considérait que cette situation était due à un manque de pédagogie de l'Église[2] : « *C'est la faute des médias* est une réponse trop facile, même si elle contient une part de vérité. Elle donne bonne conscience mais ne résout pas les problèmes. Si les gens n'entendent pas ce que nous disons, ce n'est pas nécessairement parce que les médias déforment le message. Ce n'est pas non plus nécessairement parce qu'ils sont méchants. C'est peut-être aussi parce que nous ne savons pas annoncer ce message de manière audible à nos contemporains. Si nous voulons être entendus, apprenons à parler autrement… Beaucoup d'hommes honnêtes n'arrivent pas à trouver dans le texte de *Humanae vitae* une problématique et des raisons adéquates. Ils demandent qu'on leur explique (…). Si nous n'arrivons pas à justifier de manière pertinente nos positions en matière de régulation des naissances, la majorité des intellectuels sera conduite à

1. Cité par Frédéric MOUNIER, *L'amour, le sexe et les catholiques*, Paris, Centurion, p. 127.
2. *Ibid.*

écarter un discours estimé défaillant. On ne peut l'oublier quand on se propose d'évangéliser la culture moderne. (...). Un vide demeure entre la réponse de l'Église sur les moyens de régulation des naissances et la justification de cette réponse. Ce vide est dangereux. Il ouvre une sorte *de no man's* land entre la position de principe et les attitudes pratiques, où beaucoup cherchent à tâtons leur chemin pour l'intelligence, sinon pour l'action. Et ce vide menace la crédibilité de l'Église ». Mgr Jullien pensait que les problèmes rencontrés par la famille n'étaient pas d'abord d'ordre économique mais avant tout, culturel, tout en observant qu'elle constituait une valeur refuge.

La position de Mgr Jullien sur la contraception apparaissait plus souple que celle de Mère Teresa qui affirmait[1] : « La contraception ne peut être l'expression d'une générosité totale, car elle signifie que quelque chose est fait à quelqu'un pour détruire le pouvoir de concevoir un enfant. Nous devons combattre l'égoïsme par un amour véritable, généreux et plein d'abnégation. Après vingt-cinq ans d'*Humanae Vitae*, poursuit la Prix Nobel, j'espère que nous sommes renforcés dans notre conviction que suivre les préceptes de l'Église signifie suivre les préceptes de Jésus lui-même ». Dans les années 1990, la revue du diocèse de Paris, *Paris Notre-Dame,* et des Communautés nouvelles comme l'Emmanuel ont rejeté la contraception car, pour elles, elle introduisait une dissociation entre la procréation et l'union sexuelle, allant jusqu'à une dilution de la conscience morale et à un rejet du réel. Pour sortir de la simple interdiction de ne pas utiliser la pilule contraceptive proclamée par l'Institution ecclésiale, le théologien Xavier Lacroix précisait que la fécondité ne pouvait pas se limiter à la question physique de la fertilité.

---

1. Cité par Frédéric MOUNIER, *L'amour, le sexe et les catholiques*, Paris, Centurion, p. 128.

L'ÉPISCOPAT ET LES MÉDIAS AU SUJET DU MARIAGE ET DE LA FAMILLE

Des tensions ont vu le jour entre l'épiscopat français et les médias au sujet du mariage et de la famille, les évêques ayant l'impression que la confiance avec ces derniers n'était pas au rendez-vous. Le 5 septembre 1983, Mgr Jullien avait accepté un entretien sur la chaîne Antenne 2 au sujet des interventions de Jean-Paul II sur les questions de sexualité. Or, il fut très mécontent de voir que son interview avait été court-circuitée par un débat qui avait lieu le même jour entre le docteur Simon et l'abbé Hardy qui affirmait être le représentant de l'épiscopat français et de la Commission épiscopale de la famille. Mgr Jullien précisait au journaliste Jean-Claude Darrigaud : « Je vois là un signe de plus de l'omniprésence des détenteurs du pouvoir dans les médias : le respect des citoyens et la démocratie ont encore du chemin à faire tant qu'un pouvoir compensateur n'aura pas été suscité là aussi. J'imagine que vous-même et vos collaborateurs, traités comme de purs exécutants, n'êtes pas ravis de ce genre d'opération[1] ». Le 29 octobre 1987, Mgr Jullien, toujours lui, critiquait sévèrement l'émission que la chaîne TF1 avait consacrée au sida qui faisait entendre que le préservatif était le seul moyen de lutter efficacement contre ce fléau. Il écrivait ainsi à la journaliste Christine Ockrent : « On a persuadé les jeunes et les moins jeunes que la sexualité était une affaire mineure et que la rencontre sexuelle était sans risque ni responsabilité, à la limite sans signification. On récolte ce qu'on a semé[2] ». Encore en 1987, Mgr Jullien a été très critique avec le numéro 129 de la revue *Astrapi* qui faisait

1. *Lettre de Mgr Jullien à Jean-Claude Darrigaud, journaliste à Antenne 2*, 32 CO 2, archives du CNAEF, 6 octobre 1983.
2. *Lettre de Mgr Jullien à Christine Ockrent*, 32 CO 4, archives du CNAEF, 30 octobre 1987.

partie du groupe Bayard Presse. Il visait en particulier le fascicule « On va avoir un bébé ». Il était frappé par l'absence de références bibliques lorsque les débuts de la vie étaient abordés. Mgr Jullien écrivait ainsi à Catherine Peugeot, rédactrice en chef de Bayard Presse : « Il aurait fallu évoquer le miracle de la vie. Mais on cède trop ici à la logique fabricatrice[1] ». En 1988, Mgr Jullien[2] se plaignait à la direction de *L'Évènement du jeudi* de ne pas avoir retranscrit fidèlement ses propos au sujet de la FIVETE homologue. Le prélat s'y était dit favorable mais s'était plié à la décision de Rome qui, après la publication de *Domum Vitae*, avait rappelé que la procréation humaine devait s'effectuer de manière naturelle. En 1989, la pastorale familiale de l'épiscopat regrettait d'être sollicitée par les médias uniquement sur des questions difficiles comme la bioéthique et l'avortement au détriment du travail de terrain qui se faisait sur le long terme et qui se pratiquait dans l'ombre[3].

1. *Lettre de Mgr Jullien à Catherine Peugeot, rédactrice en chef de Bayard Presse*, 32 CO 4, archives du CNAEF, 23 août 1988.
2. *Lettre de Mgr Jullien à Marie-Ange Adler et Michel Labro*, 32 CO 4, archives du CNAEF, 24 août 1988.
3. *Commission familiale de l'épiscopat*, 32 CO 4, archives du CNAEF, février 1990.

5

L'avortement

L'avortement à travers l'histoire et le point de vue de l'Église à son sujet

Le père Guy Bedouelle faisait remarquer qu'il était difficile d'aborder la question de l'avortement dans nos sociétés contemporaines. Il écrivait ainsi : « Le sujet est sensible, rarement exempt d'esprit de polémique et de partis pris plus ou moins bien fondés[1] ». Sous l'Antiquité, l'avortement n'est nullement perçu comme un problème moral. Il était largement admis tant en Grèce que sous l'Empire romain. Seuls quelques courants philosophiques très minoritaires s'y opposaient. L'exposition des enfants sous l'Antiquité, autrement dit leur abandon par leur père était couramment pratiquée et ne posait pas de difficulté éthique. En effet, le droit romain reconnaissait au père de famille la possibilité d'abandonner un enfant après sa naissance pour des motifs d'ordre social ou économique. Il avait un droit de vie ou de mort sur l'enfant à naître ou déjà né. Sous l'Antiquité, seuls quelques courants comme l'école de médecine d'Hippocrate ont rejeté l'avortement. Son fameux serment était clairement orienté vers la vie. Chez les Grecs comme chez les Romains, l'individu à naître ou déjà né doit être subordonné au bien de la Cité. Autrement dit, aucun droit, fût-il

1. Guy Bedouelle et alii, *op. cit.,* 123.

le droit à la vie, n'est supérieur à l'intérêt de l'État. Les thèses de Platon et d'Aristote l'ont largement attesté. Seuls, ici, les stoïciens étaient opposés à l'avortement car, selon eux, il était contraire au bien commun. Toutefois, à Rome, l'avortement était relativement encadré. Ainsi, sous les empereurs Septime Sévère et Caracalla, les femmes mariées avaient interdiction d'avorter. Sous l'Antiquité, l'embryon n'est pas un être humain, encore moins un sujet de droit.

Sous l'Antiquité, le judaïsme et le christianisme ont tranché avec la civilisation gréco-romaine dans la mesure où la vie humaine relevait de la Création et à ce titre devait spécialement être respectée. Cela explique que la loi juive, dont l'Église catholique s'est largement inspirée, proscrivait l'avortement, ce dernier étant assimilé à un infanticide. Pour les chrétiens, reprenant la Genèse, l'enfant est à l'image et à la ressemblance de Dieu, et à ce titre, doit être respectée. Mais le Christ va plus loin que la loi juive en indiquant que l'ouverture[1] d'esprit des enfants est la voie à suivre pour ses disciples et que c'est elle qui conduit au Royaume de Dieu. Tertullien a posé les bases d'une réflexion philosophique et théologique fondamentale sur le statut de l'embryon. Il a considéré le fœtus comme un être humain à part entière et comme une personne en développement. En ce sens, pour Tertullien, il n'est pas simplement une partie de la mère même s'il est encore dépendant d'elle pour sa survie et sa croissance. Selon lui, l'avortement est un meurtre. Au IIIe siècle, tant pour les Églises d'Orient que d'Occident, l'avortement et l'infanticide étaient considérés comme des formes d'homicide. Au Moyen Âge, une peine de plusieurs années d'excommunication était prononcée contre une femme qui avait avorté, associée à un jeûne au pain et à l'eau. Depuis le XIXe siècle, l'Église a continué de condamner fermement l'avortement. Pie IX a supprimé la distinction entre le fœtus animé et celui qui ne l'était pas. Ainsi, toute forme d'avortement était-elle

1. *Matthieu*, 19, 14.

proscrite. Au XXe siècle, un pape comme Jean-Paul II s'est montré particulièrement inflexible sur l'avortement, confirmant « l'inviolabilité absolue d'une vie innocente[1] ». À son sujet, le *Catéchisme de l'Église de France,* a repris la position romaine, tout en prenant davantage en compte le contexte français. On y trouvait ceci : « La culture, les conditions économiques et sociales jouent un rôle considérable dans le fait que des couples envisagent l'avortement comme une solution à des problèmes qui peuvent être très réels. Cependant, il faut affirmer qu'objectivement, l'avortement est un acte très grave. Le concile Vatican II affirme que l'avortement est un crime abominable parce que Dieu, maître de la vie, a confié aux hommes le ministère de la vie et que, précisément, ils abusent de cette confiance en devenant les meurtriers de ceux dont ils sont appelés à être les protecteurs[2] ».

Les mouvements féministes et la promotion de l'avortement

Après la loi de 1967 autorisant la pilule contraceptive, le débat s'est vite focalisé sur l'avortement et les mouvements féministes ont de plus en plus poussé en ce sens. Leurs arguments s'appuyaient sur le nombre important des avortements en France qui, au début des années 1970, oscillaient entre un et deux millions chaque année, sans que les chiffres ne soient jamais très précis. Les militantes féministes martelaient aussi que l'absence d'une loi autorisant l'avortement dans l'Hexagone obligeait les Françaises à aller se faire avorter à l'étranger, en particulier en Angleterre, où les avortements étaient autorisés depuis 1967. Les mouvements féministes et leurs soutiens importants, bien présents au sein des partis de la gauche française, ont accentué brutalement leur action

1. *Evangelium vitae*, n° 57.
2. *Catéchisme des évêques de France*, n° 579.

avec un manifeste paru dans *Le Nouvel Observateur*, le 5 avril 1971 : « Un million de femmes se font avorter chaque année en France, elles le font dans des conditions dangereuses en raison de la clandestinité à laquelle elles sont condamnées, alors que cette opération sous contrôle médical est des plus simples. On fait le silence sur ces millions de femmes, je déclare que je suis l'une d'elles, je déclare avoir avorté. De même que nous réclamons le libre accès aux moyens anticonceptionnels, nous réclamons l'avortement libre ».

Parmi les 343 femmes qui ont signé ce texte, on pouvait trouver quelques célébrités appartenant au monde artistique et littéraire marqué traditionnellement par une liberté de mœurs. Ainsi trouvait-on Simone de Beauvoir, Catherine Deneuve, Marguerite Duras, Gisèle Halimi, Jeanne Moreau, Christiane Rochefort, Françoise Sagan, Delphine Seyrig et Agnès Varda. *Charlie Hebdo* en profitait pour titrer : « Qui a engrossé les 343 salopes ? ». Peu de temps avant, les défenseurs de la loi de 1920, militant contre l'autorisation de l'avortement, ont lancé un manifeste. Parmi les signataires, on trouvait le professeur Jérôme Lejeune, découvreur de la trisomie 21, son assistante Marie-Odile Rethoré, André Récipon, président des Fondations Raoul Follereau, l'historienne Régine Pernoud, enfin Abel Moreau, président de l'Association des écrivains catholiques.

Toutefois, à la suite du Manifeste des 343 femmes qui avaient pris fait et cause pour l'avortement, dans la foulée, un autre texte signé par 252 médecins affirmait que décider d'avorter était « du ressort de la liberté individuelle[1] ». Simone de Beauvoir, par ses ouvrages et ses relations atypiques avec Jean-Paul Sartre a exercé une influence considérable sur la jeunesse des années 1960. En effet, sa vie avec le philosophe, fondée sur un contrat affectif et non légal, où les deux membres du couple s'étaient autorisés à

1. *Le Nouvel Observateur*, 3-9 mai 1971.

nouer des relations infidèles, a servi de référence à de nombreuses générations intellectuelles de plus en plus nombreuses du fait de leur entrée massive dans l'enseignement supérieur. Leur fascination pour le couple de Simone de Beauvoir et Jean-Paul Sartre a ouvert la voie au féminisme contemporain et a joué un rôle de premier plan dans la critique de la famille classique ou traditionnelle et par ricochet dans l'émergence des grandes revendications en faveur de la contraception et de l'avortement.

Si, globalement, la droite s'est souvent montrée hostile à l'avortement au début des années 1970, certains de ses députés s'y sont déclarés favorables, au moins dans certaines conditions. Ce fut le cas du docteur Claude Peyret, député UDR (Union des démocrates pour la République) qui, en juin 1970, a déposé un projet de loi visant à autoriser l'avortement dans trois cas : un danger de mort pour la femme enceinte, le viol, enfin un embryon touché par une grave maladie chromosomique. Le 20 août 1970, des féministes allaient déposer une gerbe à « la femme inconnue du soldat » sous l'Arc de triomphe, ce qui fut l'acte de naissance du Mouvement de libération des femmes. Le mouvement défendait l'idée que les femmes puissent librement disposer de leur corps. Par ailleurs, il rejetait en bloc ce qu'il appelait la société patriarcale. Les femmes qui s'en revendiquaient ont exprimé l'idée qu'elles avaient le droit ou pas d'interrompre leur grossesse. En réaction au projet de loi du docteur Peyret et à la mouvance féministe qui faisait de l'avortement un droit, Jean-Baptiste Grenouilleau, premier Juge au Tribunal de grande instance d'Évry-Corbeil, a contacté quelques amis dont Charles Rendu, à la tête du CLER, et maître François Dellibes, avocat à la cour d'appel de Paris, pour fonder l'association Laissez-les vivre afin de « promouvoir la valeur spécifique de toute vie humaine qui doit être respectée dès sa conception et (à aider) la femme à assumer sa maternité[1] ». Parmi ses membres les

1. *Le Courrier de Laissez-les vivre*, janvier 1971.

plus marquants, on trouvait le professeur Jérôme Lejeune, le docteur Chauchard et Yvan Gobry. Politiquement, progressivement, l'association Laissez-les vivre s'est rapprochée de la droite nationale et spécialement du Front national. En effet, en 1991, son comité d'honneur comprenait plusieurs députés et membres du bureau politique de ce parti comme Bernard Anthony, Bruno Gollnisch, Martine Lehideux (fille d'un ministre du maréchal Philippe Pétain), Marie-France Stirbois et Georges-Paul Wagner.

L'opinion publique était plutôt favorable à la campagne des féministes en faveur de l'avortement. Le procès de Bobigny, en 1972, a renforcé cette mobilisation. En effet, cette affaire concernait Marie-Claire Chevalier, une mineure qui avait avorté après avoir été violée. Le responsable de la grossesse l'avait dénoncée, s'appuyant ici sur la loi de 1920 qui était toujours en vigueur. Elle fut jugée pour avoir avorté et fut finalement relaxée. Mais l'affaire a rebondi avec le procès de la mère de Marie-Claire Chevalier et de deux de ses collègues qui lui avaient fourni le nom de l'avorteuse. Cette dernière était aussi visée dans cette affaire. L'avocate de la mère de Marie-Claire Chevalier n'était autre Gisèle Halimi qui a beaucoup fait pour médiatiser le procès en faisant intervenir comme témoins de nombreuses personnalités : des féministes comme Simone de Beauvoir, deux prix Nobel de médecine [1], Jacques Monod et François Jacob, et des hommes politiques comme Michel Rocard. Ce fait divers a été transformé en procès politique par Gisèle Halimi qui a mené une action déterminante en vue de dépénaliser l'avortement. Le verdict du procès a été assez clément. En effet, la mère de Marie-Claire Chevalier a écopé d'une amende avec sursis, alors que l'avorteuse a été condamnée à un an avec sursis également.

Cette même année 1972, de jeunes médecins soutenus par le professeur Lejeune, ont créé l'Association des médecins pour

1. Ils ont obtenu le prix Nobel de médecine en 1965.

le respect de la vie (AMRV). De purement scientifiques dans un premier temps, les interventions de Jérôme Lejeune ont immanquablement pris une tournure politique. Il est devenu, en quelques mois, l'un des grands adversaires de l'avortement en France mais aussi à l'échelle internationale. À partir du début des années 1970, Jérôme Lejeune a été de plus en plus l'objet de violentes polémiques, souvent de la part de la mouvance féministe, en raison de sa ferme opposition à l'avortement. Ainsi, le 5 mars 1971, lors d'une conférence à l'Institut catholique de Paris, une contestation est orchestrée par un groupe de femmes dirigé par un prêtre défroqué avec des slogans du genre « Lejeune salaud, les femmes auront ta peau ! Avortement libre et gratuit ! »

À la suite du procès de Bobigny, des médecins catholiques ont pris leurs distances avec la hiérarchie catholique, à l'image du professeur Paul Milliez, connu pour ses convictions religieuses, qui déclarait au *Monde* : « Je ne vois pas pourquoi, nous catholiques, nous, imposerions notre morale à l'ensemble des Français[1] ». Le même journal citait le père Pohier, dominicain, qui rejetait le discours classique de l'Église sur l'avortement : « Toute expulsion volontaire d'un fœtus n'est pas forcément l'élimination d'un être humain[2] ». Sur les hésitations d'une partie de l'épiscopat français au sujet de l'avortement, Robert Solé, dans *Le Monde*, du 16 novembre 1972, précisait que les évêques français étaient plus sensibles aux situations dramatiques qu'à la doctrine. En 1972, sœur Françoise Vandermeersch, dans la revue qu'elle dirigeait, *Échanges*, écrivait que les législations qui condamnaient aveuglément l'avortement étaient « notoirement injustes[3] ».

En 1973, 331 médecins publiaient un manifeste dans lequel ils reconnaissaient avoir pratiqué des avortements. Très rapidement,

1. *Le Monde*, 28 novembre 1972.
2. *Ibid.*
3. *Échanges*, janvier 1972.

Laissez-les vivre a demandé une information judiciaire contre les 331 médecins et Pierre Vassal, rhumatologue à Charleville-Mézières, candidat du Centre national des indépendants dans la deuxième circonscription des Ardennes, portait plainte contre X « pour provocation publique à l'avortement[1] ». Encore en 1973, se mettait en place le Mouvement de libération de l'avortement et de la contraception (MLAC), une fédération d'associations regroupant le planning familial, le MLF, le Groupe Information Santé, des représentants des syndicats, du Parti socialiste, du Parti socialiste unifié (PSU), des partis de la gauche révolutionnaire et des mutuelles. Très vite, des comités se sont organisés pour pratiquer des avortements clandestins avant la huitième semaine en ayant recours à la méthode par aspiration, dite méthode de Karman. En 1973 également, était projeté pour la première fois un film montrant un avortement avec *Histoires d'A*, de Charles Belmont et Marielle Issartel, une production cinématographique qui a été vue par 500 000 personnes. Au sein du planning familial, la libéralisation de l'avortement n'a pas fait l'unanimité. En effet, des médecins, qui refusaient cette évolution, sont partis, ainsi que plusieurs membres fondateurs comme Évelyne Sullerot et Suzanne Képès. Cette dernière écrivait : « Avec l'avortement, la femme va subir, sans qu'elle le réalise à l'avance, une effraction sans son corps. Elle va probablement ressentir des sentiments qui vont la bouleverser, qui ne feront pas effet sur le moment mais qu'elle ressentira plus tard (...). Dès que l'on ouvrait la bouche pour le dire, je m'en suis rendu compte au planning familial, on passait pour réactionnaire[2] ». Le planning familial, désormais dirigé par la féministe Simone Iff, a en réaction, supprimé son collège de médecins récalcitrants, remplacés par une nouvelle génération de praticiens favorables à l'avortement et engagés dans la mouvance d'extrême gauche.

1. Fiammetta VENNER, *L'opposition à l'avortement. Du lobby au commando*, Paris, Peter Lang, 1995, p. 21.
2. Sous la direction de Sylvie STEINBERG, *Une histoire des sexualités*, p. 379.

Les catholiques divisés face à l'avortement

Au début des années 1970, le cardinal Marty, archevêque de Paris et président de la Conférence des évêques de France, fut de plus en plus confronté à la question de l'avortement. À cette période, l'épiscopat français hésitait quant à une condamnation franche de l'interruption volontaire de grossesse. Sur ce point, il divergeait de Rome qui lui enjoignait de rejeter catégoriquement l'avortement. Conscient que l'attitude des évêques français était plus libérale que celle du pape Paul VI dans ce domaine, le cardinal Marty a obtenu que la commission épiscopale française de la famille publie une *Note* doctrinale sur l'avortement le 13 février 1971. Elle contenait ceci[1] : « La science ne connaît pas de seuil qualitatif qui ferait passer l'embryon du non-humain à l'humain (…) Être humain l'est déjà en vertu de l'acte humain qui l'engendre ».

À la fin de l'année 1979, le cardinal Marty est revenu sur la question de l'avortement à travers un article dans *Présence et dialogue* avec l'article suivant[2] : « Avortement : la vie en échec ». L'archevêque souhaitait d'abord rappeler quelques fondamentaux[3] : « Le fait est certain. Dès la conception, il s'agit bien d'un être humain entièrement *programmé*. La femme est devenue mère : elle porte en elle non pas quelque chose mais quelqu'un. L'homme responsable de cette future naissance, est devenu père. La communauté sociale a des devoirs et des droits vis-à-vis de l'enfant à naître. L'Église prend position, non pour écraser mais pour libérer, éclairer et pacifier les consciences. Ce qu'elle désire, c'est le bonheur, de la femme et de l'enfant (…).

1. « Note doctrinale sur l'avortement », *La Documentation catholique*, n° 182, 21 mars 1971.
2. *Présence et dialogue*, n° 264, 17 novembre 1979.
3. *Ibid.*

Cette loi (sur l'avortement) cinq ans après, est un échec. Elle est mal appliquée (...). La loi aujourd'hui a une portée purement permissive (...). Elle introduit dans notre société un germe de mort ». Dans un texte, *Le prix de la vie*, le cardinal Marty insistait bien sur le fait que l'avortement était un geste de mort. Ainsi écrivait-il[1] : « L'avortement est la suppression d'un être humain, d'un vivant, d'un être qui a le droit de vivre de l'amour des siens. Détruire ce germe de vie humaine, c'est un acte de mort. Et les intentions n'y changent rien. Le fait est là, il est grave et c'est une faute contre l'espérance ». L'archevêque considérait comme purement inadmissible le nombre très important des avortements pratiqués en France à la fin des années 1970. Il précisait ainsi[2] : « Où allons-nous ? C'est la question que nous posons aux catholiques de France. Nous ne pouvons accepter la situation actuelle : 150 000, voire 300 000 avortements par an, un avortement pour trois naissances en certains départements... ! Que faisons-nous de la vie humaine que nous a confiée le Créateur ? N'ayons pas peur de vivre et de faire vivre. Ne refusons pas d'être dérangés par le cri d'un enfant et la vitalité des jeunes ! ». Pour le cardinal Marty, il ne suffisait pas de condamner l'avortement. En effet, selon lui, il était nécessaire de comprendre la détresse et la solitude de femmes qui avaient sacrifié leur enfant. L'archevêque de Paris résumait ainsi sa position sur l'avortement[3] : « Dire non à l'avortement, c'est d'abord dire oui à la vie, dire oui à la liberté et à la dignité de l'enfant comme personne humaine ».

Le cardinal Marty a été mêlé à une polémique qui a eu pour objet l'interruption volontaire de grossesse (IVG). Elle est née d'une interview, en 1979, de Mgr André Fauchet sur ce thème, parue dans la revue du diocèse de Paris *Présence et dialogue*. Cet

1. Cardinal MARTY, *Le prix de la vie*, 1D17,8, Archives du diocèse de Paris.
2. *Ibid.*
3. *Ibid.*

entretien a fait davantage de bruit lorsque le journal *Ouest France* en a donné un écho le 20 novembre 1979. Mgr Fauchet a été beaucoup plus sensible au soutien devant être apporté aux femmes tentées par l'IVG qu'à la condamnation de l'avortement comme le meurtre d'un enfant. De ce point de vue-là, son intervention a parfois été jugée laxiste, au moins relativiste. Mgr Fauchet s'exprimait ainsi[1] : « La mission de l'Église ne consiste pas d'abord à dénoncer le péché mais à annoncer Jésus-Christ, sauveur. Il est venu pour sauver, pas pour condamner (...). Les évêques, à Lourdes, viennent de réaffirmer que l'avortement est un acte de mort, une faute grave (...). Nous n'avons pas à condamner chaque personne en lui assénant des termes comme *faute grave* ou *péché mortel* alors que ce n'est pas forcément un pécheur. Il n'y a de péché que devant Dieu (...). En fait, nous voulons éviter que ne soit banalisé l'avortement. Ce n'est jamais un acte banal. Fallait-il pour autant que nous proposions une loi ? Nous n'avons pas à nous substituer au législateur. D'ailleurs, beaucoup de ceux qui refusent la loi de 1975 sont bien en peine de dire ce qu'ils ont à proposer à la place. Le retour à la loi de 1920 ? Ce serait bien hypocrite et inacceptable : on en reviendrait à la situation antérieure où celles qui avaient de l'argent trouvaient toujours en Angleterre ou ailleurs les conditions favorables. En revanche, si les parlementaires ne peuvent faire une meilleure loi, il faut souhaiter qu'ils ne laissent pas saccager ce que celle-ci contient de moins mauvais ».

Toujours en 1979, Mgr Elchinger a tenu à exprimer au cardinal Marty son désaccord profond quant au choix d'avoir fait paraître dans *Présence et dialogue* l'interview de Mgr Fauchet. Il écrivait ceci à l'archevêque de Paris[2] : « Je viens d'être interpellé au téléphone de la part de parlementaires catholiques qui

1. *Présence et dialogue*, 17 novembre 1979.

2. *Lettre de Mgr Elchinger au cardinal Marty*, Archives du diocèse de Rodez, 22 novembre 1979.

étaient décidés à lutter contre la reconduction de la loi Veil pour essayer de trouver une autre solution aux cas de détresse. Mais ils sont découragés par l'apparente division de l'épiscopat. Le 21 novembre, on a fait circuler à l'Assemblée nationale, à plus de cent exemplaires, une copie de *Présence et dialogue* du samedi 17 novembre, où l'on avait reproduit les paroles de Mgr Fauchet qui conseillait pratiquement de voter la loi de 1975 (...). Je ne sais pas qui est responsable de la revue *Présence et dialogue* mais j'estime profondément maladroit d'avoir reproduit les paroles de Mgr Fauchet dans le numéro de votre revue officielle quelques jours avant le vote de la loi ».

Les évêques de France s'alarmaient de voir qu'une partie de la population française n'exprimait aucune résistance à l'idée d'une prochaine légalisation de l'avortement. La Commission épiscopale de la famille critiquait les défenseurs de l'IVG de la promouvoir en s'appuyant uniquement sur des situations à la fois exceptionnelles et dramatiques. Dans l'esprit des évêques de France, cette attitude comportait le risque majeur de légitimer l'avortement et de l'étendre à toutes les situations sans opérer aucune distinction. Ils n'étaient pas loin de penser qu'il y avait là une escroquerie intellectuelle. La Commission épiscopale de la famille écrivait : « Dissipons une équivoque. Dans les discussions sur l'avortement, les arguments tirés de certains cas tragiques, qui sont parfois de grandes détresses, occupent une large place : la mère en péril de mort ou en grave dépression, la mineure violée, les parents tarés, le fœtus dont on peut prévoir avec certitude qu'il donnera un débile ou un infirme... ces cas douloureux existent. Mais derrière eux, passent des centaines de millions d'autres qui revendiquent abusivement le même caractère dramatique. Il fallait dénoncer cette confusion qui fausse toute réflexion sérieuse [1] ».

1. Commission épiscopale de la famille, *Note doctrinale sur l'avortement*, Paris, Éditions du Centurion, 1971, p. 4.

Les évêques français insistaient sur le fait que, pour eux, la règle morale était au-dessus de la loi et que cette dernière devait s'y conformer. Cette réflexion a donné l'impression à toute une partie de la sphère politique que l'Église prenait ses distances avec les pouvoirs publics et qu'elle n'avait désormais plus besoin d'eux pour faire triompher le bien. Par cette sorte de mépris de la classe politique, l'épiscopat français s'est coupé de parlementaires, souvent situés à la droite de l'échiquier politique, qui auraient pu lui apporter un soutien essentiel dans sa défense de l'enfant à naître. Dans ce document, les évêques de France rappelaient que l'embryon devait être respecté dès sa conception. Toutefois, ils constataient au début des années 1970, que les mentalités avaient fortement évolué et qu'elles étaient de moins en moins ouvertes à l'accueil de l'enfant, ce qui leur faisait craindre une évolution législative autorisant l'avortement à plus ou moins brève échéance.

En 1973, la question de l'avortement a divisé les catholiques en France. Ainsi, la revue des Jésuites *Études*, cette même année, a ouvert ses colonnes à des théologiens qui demandent une abrogation de la loi de 1920 et au fond une libéralisation de la pratique de l'avortement qui ressemblait fort à une autorisation. Des religieux comme les dominicains Jacques Pohier et Philippe Roqueplo ont déclaré être favorables à l'avortement, prenant le contre-pied des décisions de Rome. Ils étaient réciproquement membres de l'Association nationale pour l'étude de l'avortement (Anea) et de l'association Choisir. Dans un premier temps, l'épiscopat français n'était pas au courant que ces deux clercs étaient des membres actifs de ces deux organisations. Cela prouve, une fois de plus, qu'une partie non négligeable des théologiens moralistes français, qualifiés de progressistes, a non seulement milité pour une loi autorisant l'avortement mais qu'ils ont largement aidé la mouvance de gauche favorable à l'IVG à se structurer intellectuellement.

L'Anea avait été créée en 1969 par des membres du Mouvement français pour le planning familial (MFPF). Elle a joué un rôle de premier plan dans l'élaboration de la future loi sur l'avortement. L'Anea était présidée par le docteur Raoul Palmer et avait plusieurs membres de poids comme le pasteur André Dumas et le père René Simon, religieux salésien et président de l'ATEM (Association de théologiens pour l'étude de la morale). L'association s'est rapidement dotée d'une commission « éthique ». Dans cette dernière, on trouvait, entre autres, le père Jacques Pohier, le père Albert Plé, directeur du *Supplément*, tous deux dominicains, et le père René Simon. En 1971, le père Pierre de Locht[1], prêtre du diocèse de Bruxelles et théologien de l'Université catholique de Louvain, qui avait exercé une forte influence sur les théologiens moralistes traitant des questions sexuelles, précisait que l'avortement relevait d'une décision des parents et qu'elle devait être prise en conscience. En prenant une position comme celle-là, il s'affrontait directement au discours de Rome sur le sujet. La revue *Études*, dans son numéro de janvier 1973, faisait paraître l'article, « Pour une réforme de la législation sur l'avortement ». Il y était précisé que la décision d'interrompre une grossesse appartenait à la mère ou au couple et à la société. Ce texte était signé par 14 personnes, dont trois théologiens : les pères Bruno Ribes, Philippe Roqueplo et René Simon. Dès 1965, le docteur Chartier, gynécologue-obstétricien à l'hôpital réputé Notre-Dame de Bon Secours, avait commencé à pratiquer des avortements. Il en avait fait part au cardinal Marty en 1971 lors d'un déjeuner qui, sans l'approuver, lui accorda sa confiance. En 1973, le père Roqueplo faisait office de conseiller auprès de l'association *Choisir*, présidée par le professeur Jacques Monod et l'avocate Gisèle Halimi, tous deux à la tête du combat pour obtenir, des pouvoirs publics, la mise en place d'une loi autorisant l'avortement.

1. Pierre de Locht, « Un théologien catholique s'interroge », *L'avortement*, Éditions universitaires, 1971, p. 132.

À la veille du débat à l'Assemblée nationale sur l'IVG, les théologiens précités se retrouvaient chez Françoise Giroud, secrétaire d'État à la condition féminine. À sa demande, ils ont rédigé une courte note destinée à « libérer la conscience » des députés qui auront quelques mois plus tard à se prononcer sur le projet de loi porté par Simone Veil. Le lendemain de la rencontre, le texte était distribué[1] à l'Assemblée nationale. Les positionnements des pères Pohier et Roqueplo favorables à l'avortement ont fortement mécontenté Louis Reverdy, à la tête des AFC, qui a adressé une lettre aux cardinaux Marty et Renard et à Mgr Puech : « Il ne m'appartient pas de juger, mais je constate que pour donner plus de poids à leur déclaration ces théologiens ont fait état des charges et fonctions (...) qui ne leur ont pas été retirées malgré leur opposition à la doctrine de l'Église, ce qui prouve qu'ils ont encore la confiance de l'épiscopat. Indépendamment des décisions qui pourraient être prises contre des prêtres ou des religieux qui contestent publiquement la position de l'Église, les familles seraient heureuses qu'avant le nouveau débat (sur l'avortement) qui va s'engager devant le Parlement, la hiérarchie rappelle à nouveau par une note qui pourrait être lue dans toutes les paroisses le respect dû à la vie humaine dès la conception et le devoir des chrétiens et des pouvoirs publics de promouvoir les mesures sociales et familiales indispensables[2] ».

Le projet de loi de 1973 : un ballon d'essai ?

À la droite de l'échiquier politique, toujours en 1973, un projet de loi a été déposé par Pierre Messmer, Jean Taittinger et

---

1. Martine Sevegrand, « Avortement, retour sur le débat catholique » *Revue d'éthique et de théologie morale*, n° 285, 2015.

2. *Lettre de Louis Reverdy aux cardinaux Marty, Renard et à Mgr Puech*, archives de la CNAFC, 8 mars 1974.

Michel Poniatiowski, défendant l'idée que l'avortement pouvait être autorisé en cas de risque pour la santé physique, psychique ou psychologique de la mère. Dans leur texte, ces trois hommes politiques de droite préconisaient aussi l'IVG pour les femmes victimes de viol et pour les fœtus atteints de maladies congénitales graves. Toutefois, quatre députés du même camp ont été de farouches adversaires de l'avortement, à l'image de Pierre Bas (UDR), Jean Foyer (UDR), Jean Chérioux (RPR) et Rémy Montagne (Réformateurs démocrates sociaux). Ces hommes politiques ont entretenu des liens étroits avec les AFC, participant à certains de leurs pèlerinages ou rassemblements. Les opposants fermes à l'avortement ont développé l'idée que l'IVG contribuait à faire diminuer la natalité française, s'appuyant ainsi sur le Groupement d'études sur la population au sein de l'INED où l'influence d'Alfred Sauvy[1] était déterminante, ainsi que sur les travaux de l'étudiant protestant Pierre Chaunu, actif militant pro-vie.

Entre 1971 et 1973, l'avortement est devenu un sujet de plus en plus passionnel. Pour les partisans de la morale chrétienne, la pratique d'avortements clandestins par aspiration était purement et simplement inadmissible. L'interruption volontaire de la vie de fœtus dans le sein des femmes était assimilée à un meurtre. L'opposition à l'avortement, qui provenait presque toujours des partis de droite, se voyait confortée par l'Ordre des médecins, souvent en adéquation avec les principes de l'Église catholique sur la question de l'avortement. Jean Foyer, ministre de la Santé de 1972 à 1973, voyait l'avortement comme un engrenage menant à l'eugénisme qui, pour lui, n'était pas sans rappeler les heures sombres de la politique raciste du régime hitlérien. Pour nombre de catholiques de droite, lutter contre l'interruption

1. Pierre CHAUNU et Georges SUFFERT, *La peste blanche. Comment éviter le suicide de l'Occident*, Paris, Gallimard, 1976.

volontaire de grossesse signifiait combattre le vieillissement de la population qui pouvait menacer la nation et ainsi la livrer à des puissances étrangères.

Les lois Veil (1975) et Pelletier (1979)

La loi sur l'avortement a été rendue possible par la volonté du président Valéry Giscard d'Estaing de prendre en compte les demandes des féministes qui posaient comme principe que les femmes pouvaient librement disposer de leur corps. Déjà en 1973, alors qu'il était encore ministre de l'Économie et des finances, il s'était déclaré en faveur de la modification de la loi de 1920. À peine élu président de la République, il souhaitait que le Parlement « tranche dans un sens qui soit libéral et non répressif[1] », ajoutant qu'il s'agissait d'accompagner « un élan général d'aspiration à la modernisation[2] ». Autrement dit, pour Valéry Giscard d'Estaing, avortement rimait avec modernisation, ce que l'électorat catholique, largement ancré au centre et à droite, lui fera payer cher en 1981, à l'heure de l'élection présidentielle en choisissant l'abstention. Valéry Giscard d'Estaing a aussi inauguré un féminisme institutionnel[3] avec la création du secrétariat d'État à la Condition féminine en juillet 1974. Les catholiques de droite et conservateurs ont vécu l'attitude du nouveau président en faveur d'une loi autorisant l'avortement comme une trahison. Louis Reverdy, à la tête des AFC, lui a adressé une lettre sans équivoque : « Un grand nombre de parents me font part, en effet de leur vif

1. *Le Monde*, 27 juillet 1974.
2. *Ibid.*
3. Constance Chesnel, « Une contre-révolution sexuelle : la défense de l'embryon et de l'ordre familial », sous la direction de Florian Michel et Yann Raison du Cleuziou, *À la droite du père. Les catholiques et les droites de 1945 à nos jours*, Paris, Seuil, 2022, p. 437.

mécontentement (…). Ces parents ne sont pas ennemis du changement, mais ils avaient espéré en soutenant votre candidature que vous seriez le défenseur et même le promoteur de certaines valeurs fondamentales qui sont à la base de toute société : la famille, l'amour, le respect de la vie et des engagements[1] ». En 1974, plus de 10 000 médecins sur 68 000 ont soutenu l'idée que l'avortement n'était pas « l'acte d'un médecin[2] ». Ceci démontre que les associations catholiques exerçaient une véritable influence sur le corps médical dans son combat contre l'IVG. Toujours,lors des débats sur l'avortement, le professeur Jean-Louis Lortat-Jacob, président de l'Ordre des médecins, a exprimé son opposition au projet de loi de Simone Veil et donc à l'IVG. Cela confirmait que le corps médical n'était pas du tout unanime sur la question d'autoriser l'avortement.

Valéry Giscard d'Estaing a confié à Simone Veil, ministre de la Santé, le soin d'élaborer un projet de loi en ce sens. Elle l'a défendu devant les parlementaires à la fin de 1974. Elle martelait que la femme enceinte était fragilisée et qu'elle pouvait solliciter l'aide d'un médecin pour avorter avant la fin de la dixième semaine. La loi sur l'avortement fut définitivement adoptée par 277 voix contre 192, ce qui signifie que sans la gauche, elle n'aurait eu aucune chance de passer. Mais l'adoption de celle-ci a aussi bénéficié des divisions de la droite. La loi sur l'avortement fut promulguée le 17 janvier 1975. Des amendements ont été votés afin de ne pas banaliser l'IVG (Interruption volontaire de grossesse) et donner une information précise aux femmes qui avaient fait le choix d'avorter, rappelant les droits que les mères avaient, ainsi que les aides dont elles pouvaient bénéficier. Étaient aussi portées à leur connaissance les procédures d'adoption. Les établissements

1. *Lettre de Louis Reverdy à Valéry Giscard d'Estaing*, archives des AFC, 31 juillet 1974.

2. Fiametta VENNER, *L'opposition à l'avortement. Du lobby au commando*, Paris, Peter Lang, 1995, p. 22.

hospitaliers privés pouvaient refuser de faire des avortements et la loi Veil n'avait été votée que pour cinq ans. Cette mesure législative s'est voulue prudente, garantissant dans son article premier le respect de tout être humain dès le commencement de la vie. La loi Veil, à son origine, n'a donc pas constitué un droit à l'avortement mais à l'issue de quelques années, dans l'esprit de nombreuses Françaises et dans les faits, elle l'est devenue.

En 1979, le projet de loi de Monique Pelletier a pérennisé la loi Veil. Il fut voté par 271 voix contre 201. Seuls 70 députés de la droite gouvernementale sur 290 avaient voté pour la loi proposée. Encore une fois, le vote des partis de gauche s'était révélé déterminant quant à une législation portant sur l'évolution des mœurs. Les féministes avaient ainsi remporté une victoire importante mais les débats n'étaient pas finis pour autant. Restant mobilisées, elles ont obtenu le remboursement de l'IVG en 1982, à la suite de l'initiative d'Yvette Roudy, nouvelle ministre des Droits de la femme. L'alternance politique, qui s'était soldée par l'arrivée au pouvoir de François Mitterrand avait rendu cela possible puisque durant la campagne présidentielle, il s'était engagé à promouvoir une loi en ce sens. Dès l'élection du candidat socialiste, l'association Laissez-les vivre était sortie de sa réserve apolitique pour appeler ses adhérents et ses sympathisants à faire front face « aux socialo-communistes [1] » et à « leurs idées parasites du socialisme français : malthusianisme, euthanasie, avortement (...), pessimisme, drogue, chômage accru [2] ». Alors qu'Yvette Roudy préparait sa loi sur le remboursement de l'IVG, ses opposants, principalement catholiques, à commencer par l'AOCPA (Association pour l'objection de conscience à toute participation à l'avortement) et Laissez-les vivre, se sont organisés. Ces dernières se sont

1. Cité par Fiammetta Venner, *L'opposition à l'avortement. Du lobby au commando*, Paris, Peter Lang, 1995, p. 25.
2. *Ibid.*

regroupées dans le « Manifeste des contribuables qui ne veulent pas collaborer par leurs impôts à l'avortement ».

Mille signataires ont accepté que leur nom figure sur le texte et se sont « engagés à retenir de leurs impôts une somme équivalente à ce qui correspondait à leur contribution forcée à l'avortement tant que celui-ci sera remboursé par la Sécurité sociale[1] ». Une grande majorité des députés, qui s'est inscrite contre les lois sur l'avortement, provenait de l'Ouest et du Centre-Ouest de la France comme François d'Aubert (UDF-PR, Mayenne), Loïc Bouvard (UDFC, Morbihan), Jean-Guy Branger (UDF, Charente-Maritime), Jean-Louis Gosduff (RPR, Finistère), Olivier Guichard (Loire-Atlantique, RPR), Xavier Hunault (apparenté UDF, Loire-Atlantique), Jean Royer (divers droite, Indre-et-Loire). Une exception : l'Aveyron dans le sud de la France, un autre bastion traditionnellement catholique, avec les députés Jean Briane (UDC) et Jacques Godfrain (RPR), deux députés anti-avortement provenant de ce département. Ce n'était pas un hasard si ces élus étaient en grande partie issus de terres de l'Ouest où l'enracinement catholique avait été très fort.

L'inscription de l'avortement dans la constitution de la Ve République (2024)

Le 4 mars 2024, le Parlement français, réuni en congrès à Versailles, a approuvé très largement l'inscription de l'avortement dans la constitution de la Ve République par 780 voix contre 72. Les associations féministes ont vu dans ce vote un « jour historique[2] ». À ce propos, Aymeric Christensen, directeur de la rédaction de *La Vie,* précisait avec lucidité : « Nous y

1. Cité par Fiammetta Venner, *op. cit.,* p. 26.
2. *Le Monde*, 4 mars 2024.

sommes. La France a inscrit la *liberté garantie* de l'IVG dans la Constitution de sa Ve République (…). À quoi bon émettre encore des réserves, assurément inaudibles, sur un sujet qui recueille une si large approbation ? Peut-être juste pour redire, une dernière fois, que cette *conquête historique* proclamée repose sur un jeu de dupes. Mirage, cynique façon de jouer à se faire peur : quoi qu'on en dise, il n'existe aucune menace sur la liberté des femmes de recourir à l'avortement aujourd'hui en France. Bon an mal an, malgré des fermetures de centres, l'IVG est loin d'être “l'exception, l'ultime recours pour des situations sans issue” énoncé par Simone Veil : il continue de progresser, tant en valeur absolue (plus de 240 000 en 2022) que relative (16,2 pour 1 000 femmes), sans réflexion de fond sur ces chiffres ni les drames qu'ils recouvrent parfois. Parallèlement, une pointilleuse attention législative lui assure des élargissements continuels, sans remise en cause politique – même le Rassemblement national a voté pour son inscription dans la Constitution (…). Dans ce contexte, il y a aussi une forme d'escroquerie à prétendre “graver dans le marbre” ce qui était en fait déjà une jurisprudence constitutionnelle, dans une société où il n'est souvent plus possible d'émettre la plus petite nuance, même bien modérée, sur le sujet. Et alors que la majorité s'était opposée en 2018 et 2019 à des propositions similaires venues de la gauche, elle s'assure désormais une unité de façade et donne des gages de progressisme à peu de frais en brandissant une menace imaginaire, faisant mine de ne pas voir que, si l'accès à l'avortement est parfois plus difficile dans certaines régions de France, c'est d'abord pour des raisons de moyens et parce que tous ses élargissements – notamment l'allongement du délai à 14 semaines, qui modifie la nature de l'acte – le rendent moins facilement acceptable pour les médecins qui le pratiquent. Au risque de faire planer à l'avenir une menace sur leur clause de conscience ? Ce point appelle vigilance. Pour l'heure, la question essentielle n'est pas là. Elle est dans la mise sous le tapis de l'énigme que représentent les balbutiements de l'existence, et les questions de dignité humaine qui découlent de ce mystère. Elle est aussi dans l'articulation sensible de deux principes – droits des femmes et "respect de l'être humain dès le commencement de sa vie", inscrit dans le Code civil… et rappelé par la loi Veil en 1975 –, dans un équilibre dont on s'éloigne toujours plus. Et la "tristesse" exprimée par les évêques – dont la voix n'a plus ni portée ni influence – ne saurait suffire, si elle ne s'accompagne pas d'un effort résolu de tous les chrétiens pour bâtir les conditions d'un monde où le recours à l'avortement ne serait jamais perçu comme nécessaire. Idéal naïf ? Peut-être, mais quelle autre réponse y aurait-il, sans créer toujours plus de détresse ? La protection de la vie devrait être une affaire de justice sociale et d'humanité avant d'être politique [1] ».

À la suite du vote du Sénat favorable à l'inscription de l'IVG dans la constitution de la Ve République, peu d'évêques français ont réagi à titre personnel. Toutefois, quelques-uns d'entre eux l'ont fait à l'image de Mgr Matthieu Rougé, évêque de Nanterre, qui déclarait : « Quoi que l'on pense de la loi de 1975, il est frappant de voir comment une loi affirmant ouvrir une possibilité d'urgence a conduit à instaurer un prétendu droit fondamental, le verrou devenant cliquet, dans une dangereuse inversion des valeurs [2] ». À la même période, Mgr Olivier Germay, archevêque de Lyon, réagissait de manière virulente au projet de faire entrer l'IVG dans la constitution : « Nous sommes en réalité tous concernés par la question de l'IVG. Mais le débat est-il encore possible ? Il devient difficile aujourd'hui de s'exprimer sur ce sujet sans prendre le risque de devenir une cible médiatique. Beaucoup de personnalités publiques ont d'ailleurs déserté le débat [3] ».

1. *La Vie*, 5 mars 2024.
2. *La Croix*, 29 février 2024.
3. *Ibid.*

Le CLER (Centre de Liaison des Équipes de Recherche), l'avortement et l'éducation sexuelle auprès des jeunes

Les acteurs du CLER

La fondation du CLER a été précédée d'échanges entre le père Stanislas de Lestapis, jésuite, et Guy Van der Stappen, médecin catholique. Ce dernier finissait de mettre au point une méthode de régulation des naissances basée sur les températures. Elle donnait un fondement plus solide à celle d'Ogino, médecin japonais. Le CLER est né, en 1961, à l'initiative des pères de Lestapis et d'Heilly, tous deux jésuites, des docteurs François et Michèle Guy, du docteur Charles Rendu et de sa femme Élisabeth qui participaient au troisième colloque national du CPM consacré à la régulation naturelle des naissances. Ce thème avait été demandé par de nombre de médecins qui étaient embarrassés pour répondre aux questions de nombreux couples confrontés à des naissances rapprochées.

Le CLER a été mis en place en réponse à l'ouverture du premier centre d'accueil du planning familial à Grenoble en 1961 par la gynécologue Marie-Andrée Lagroua Weill-Hallé. Dès l'origine, le CLER s'est défini comme un organisme familial chrétien de réflexion et d'action. Il s'est aussi présenté comme un établissement d'information, de consultation, enfin de conseil conjugal et familial. Au début, la méthode des températures du docteur Ogino, a focalisé tout l'intérêt du CLER car ce dernier s'opposait frontalement à la contraception chimique. En 1962, un premier colloque du CLER a eu lieu à Nantes. Quatre-vingts personnes étaient présentes, surtout des médecins. En 1963, le mouvement était actif dans 53 départements. À cette époque-là, le père de Lestapis[1] sou-

1. *Histoire du CLER*, archives du CLER.

haitait vivement que le CLER soit un mouvement de ressourcement spirituel et ne voulait pas qu'il ressemble à un mouvement d'Action catholique. De 1963 à 1968, chaque année, un colloque du CLER était organisé à Paris. Le mouvement s'est senti interpellé par certains textes du concile Vatican II, particulier par *Gaudium et spes* : « Le véritable amour conjugal sera tenu en haute estime (...) si les époux chrétiens prennent leurs responsabilités dans le nécessaire renouveau culturel, psychologique et social en faveur du mariage et de la famille [1] ».

En 1963, 30 % des couples formateurs au sein du CLER étaient membres des Équipes Notre-Dame, mais 50 % des personnes accueillies n'étaient pas catholiques. Le nombre de participants était de plus en plus important. Ils étaient 520 au congrès du CLER organisé en 1968 qui avait pour thème « le couple et la régulation des naissances ». La même année, le CLER s'est encore un peu plus enraciné dans l'Église en adhérant totalement à l'encyclique *Humanae Vitae*. En 1968, conscient de l'importance de l'éducation des jeunes en matière de sexualité, le mouvement a créé une branche d'animateurs-jeunes qui a vite pris un réel essor. En 1975, à la suite de la loi Veil, le CLER s'est senti concerné et a formé ses conseillers à l'écoute des femmes tentées par l'avortement dans le cadre de l'entretien préalable prévu par la nouvelle législation en vue d'une éventuelle IVG. Il a alors accentué son effort de formation pour que ses conseillers soient mieux armés face à l'évolution des mœurs et plus attentifs aux modifications du droit sur le plan familial. En 1975, le CLER a voulu répondre à l'appel du cardinal Marty qui s'est adressé aux catholiques français à la télévision pour lutter contre l'avortement : « Les déclarations d'intention ne suffisent pas ; le meilleur service que les catholiques puissent rendre, c'est de garder intactes leurs convictions, c'est de s'efforcer de les faire partager, c'est de s'engager avec désintéressement au service

1. *Gaudium et spes*, 49.

de toutes les personnes qui se trouvent en situation de détresse. J'appelle les catholiques à soutenir ou à créer dans les meilleurs délais des centres d'accueil, de consultation et d'entraide pour les futures mères[1] ». Dans ce contexte, le caractère confessionnel du CLER a entraîné plusieurs DDASS à refuser de travailler avec lui par réflexe anticlérical. Pour répondre à l'intervention de l'archevêque de Paris, le mouvement a demandé à ses conseillers conjugaux et familiaux de collaborer avec les centres de Grossesse-Secours ou de SOS futures mères.

Des tensions majeures au sein du CLER

En 1966, le CLER a connu de vives tensions. En effet, une nette majorité de ses adhérents, estimant que son caractère confessionnel faisait obstacle à son ouverture en direction des couples non catholiques, l'a quitté pour donner naissance à l'organisme Couple et famille. Dès 1968, la rupture était consommée entre les deux structures. Une clarification s'est donc opérée. Il y avait désormais le CLER comme mouvement familial confessionnel et Couple et famille qui évoluait en dehors de l'Église.

Dans la seconde partie des années 1970, le CLER a connu de fortes tensions internes liées au rôle qu'il jouait dans les entretiens préalables à l'avortement que certaines femmes envisageaient. En effet, la loi Veil avait fait une place importante à des temps d'échanges et d'information afin que les femmes tentées par une IVG aient une perception claire de ses enjeux. C'est dans ce cadre que des conseillers familiaux du CLER ont participé à ces entretiens préalables, leur rôle étant reconnu par l'État. En effet, en 1974, le mouvement catholique avait reçu l'agrément du ministère en charge des Affaires sociales en tant qu'organisme de formation pour le conseil conjugal et familial et l'éducation à la vie. L'année

1. *Le CLER* 1976, archives du CNAEF, 32 CO 321.

d'après, en 1975, le CLER est devenu membre du Conseil supérieur de l'information sexuelle (CSIS). À ce titre, le mouvement catholique recevait chaque année une subvention. Ainsi, en 1977, reçut-il 314 000 francs de la part de l'État pour ses activités liées au conseil conjugal et familial, comprenant sa participation aux entretiens préalables.

Ces derniers ne faisaient que rarement changer d'avis des femmes qui avaient décidé d'avorter. Cela était très mal vécu par les conseillers familiaux du CLER qui n'acceptaient pas ce qu'ils considéraient comme un échec et qui accusaient leur mouvement de cautionner l'avortement au bout du compte. Michel Cropsal et sa femme furent les principaux animateurs de ces conseillers du CLER qui refusaient d'apposer leur signature, théoriquement obligatoire, sur le document qui attestait l'entretien préalable suivi presque toujours par un avortement. Membre du conseil d'administration du CLER, Michel Cropsal accusait la hiérarchie catholique de ne pas l'avoir suffisamment soutenu dans sa volonté de ne pas cautionner les IVG en refusant d'apposer sa signature lorsque l'entretien préalable débouchait sur un avortement. Il l'accusait d'avoir trop vu un moindre mal dans la loi Veil qui avait légalisé l'IVG en 1975. Il écrivait, en 1977, à l'abbé Philippe Audollent, responsable national de la pastorale familiale : « Si nous ne refusons pas des personnes qui veulent faire tuer leur enfant, nous refusons quant à nous, ma femme et moi, de donner la deuxième signature, en principe obligatoire, pour que l'avortement de l'enfant ait lieu, en cas d'échec, c'est-à-dire le plus souvent[1] ».

La position de Michel Cropsal l'a amené à entrer en conflit avec Jean Mutricy, chirurgien et président du CLER au milieu des années 1970. En 1977, dans une lettre qu'il lui adressait, il réaffirmait son opposition à la deuxième signature qui était requise pour

1. *Lettre de Michel Cropsal à l'abbé Audollent*, 32 CO 321, archives du CNAEF, 9 mai 1977.

autoriser une femme à recourir à l'avortement. Michel Cropsal accusait Jean Mutricy d'avoir voulu réduire au silence les membres du CLER qui refusaient la deuxième signature et ainsi de participer aux entretiens préalables. Le premier accusait le second d'avoir fait du CLER un allié objectif du président Valéry Giscard d'Estaing lorsque celui-ci avait demandé à Simone Veil de porter la loi sur l'avortement. Michel Crospal considérait que le respect de « la liberté des femmes[1] », pouvant les amener à avorter, idée défendue par le gouvernement et acceptée par le CLER d'une certaine façon, était contraire à la morale la plus élémentaire. Pour lui, le rôle de l'organisme catholique dans la cadre des entretiens préalables, qui n'évitaient que rarement le recours à l'avortement, était trop ambigu pour être admissible. Michel Crospal fut invité à s'expliquer devant le conseil d'administration du CLER. Son opposition radicale à Jean Mutricy lui valut, en 1977, d'être exclu de l'organisme catholique. Sa femme se vit aussi retirer son titre de conseillère conjugale et familiale.

Dès 1974, Jean Mutricy avait vu dans le projet de loi de Simonne Veil une certaine pertinence. Selon lui, le CLER pouvait le soutenir, à la condition stricte qu'elle fasse baisser le nombre d'avortements. Il écrivait ainsi au président de la République Valéry Giscard d'Estaing : « Bien que le libéralisme de l'avortement soit profondément contraire à nos optiques philosophiques (qui font du respect de la vie dès la conception un principe fondamental), nous sommes prêts à le comprendre et à nous soumettre à la condition formelle que cette nouvelle législation-moindre mal conduise effectivement à une diminution du nombre global des avortements clandestins ou légaux et des accidents qui les suivent. Les recherches que notre organisme (CLER) a menées dans les pays qui ont libéralisé l'avortement (…) ne semblent pas aller,

1. *Lettre de Michel Crospal à Jean Mutricy*, président du CLER, 32 CO 321, archives du CNAEF, 9 mai 1977.

hélas, dans ce sens[1] ». Des catholiques traditionnels ont considéré que le CLER collaborait à un « geste gravement répréhensible[2] », à savoir l'avortement. Au contraire, le bureau du mouvement confessionnel dédié à la famille pensait que les entretiens préalables étaient l'élément positif de la loi Veil et qu'il était difficile aux catholiques de se dérober à cette tâche d'accueil. Pour justifier sa participation aux entretiens préalables, le CLER précisait : « Il y a la possibilité de faire prendre conscience à la femme ses vraies motivations, en apportant sans la traumatiser des éléments informatifs éclairants, de l'amener dans le respect de sa décision à garder son enfant ! Même si cela est impossible dans un grand nombre de cas[3] ».

Concernant les entretiens préalables pour lesquels ils étaient contestés, le docteur Charles Rendu et son épouse Élisabeth, présidents et fondateurs du CLER, ont pris conseil auprès du père Visser, attaché à la Congrégation pour la doctrine de la foi à Rome avec lequel ils avaient travaillé dans la Commission préparant *Humanae Vitae*. Ce prêtre a encouragé le docteur Rendu et sa femme à réaliser des entretiens préalables. Il leur disait ainsi : « Non seulement vous n'êtes pas complices en réalisant ces entretiens mais au cas où vous les refuseriez, vous devriez vous demander si vous ne seriez pas responsables de la mort des enfants que vous auriez pu sauver[4] ». En 1975, après délibération, le CLER a estimé qu'il fallait faire les entretiens préalables afin de ne pas laisser les associations pro-avortement en avoir le monopole. Jean-Paul II a aussi encouragé le mouvement chrétien à pratiquer des entretiens préalables afin de préparer les consciences à la protection de la vie.

---

1. *Lettre de Jean Mutricy au président de la République Valéry Giscard d'Estaing*, 3 CO 321, archives du CNAEF, 25 octobre 1974.
2. *Le CLER 1976*, 32 CO 321, archives du CNAEF.
3. *Ibid.*
4. *Historique des actions du CLER*, 32 CO 184, archives du CNAEF.

Dans les années 1980, le CLER a, une fois de plus, été contesté pour avoir participé aux entretiens préalables à l'avortement. Un arrêté du 25 novembre 1980 précisait le caractère obligatoire de tels entretiens préalables en vue d'un avortement. Celui-ci devait avoir lieu auprès d'un travailleur médical ou social (assistante sociale, sage-femme, conseiller conjugal ou social). Leur but était de préciser les enjeux d'un avortement. Une attestation de consultation sociale confirmait que l'entretien préalable avait bien eu lieu. Certains catholiques classiques ou traditionnels estimaient que les membres du CLER étaient allés trop loin et qu'ils n'étaient pas assez fermes dans la lutte contre l'IVG. Mgr Jullien a soutenu le CLER dans sa volonté de maintenir ses entretiens relatifs à l'avortement. Il stigmatisait les catholiques français qui en avaient appelé à Rome pour dénoncer les ambiguïtés du CLER en matière d'avortement. Face à une éventuelle condamnation de Rome au sujet des entretiens préalables du CLER, Mgr Jullien confirmait ainsi son approbation à Régis de Crépy en 1986 : « Je trouverais navrant que les plus fidèles serviteurs de l'enseignement et de la pratique de l'Église (CLER) qui, depuis 18 ans, essaient d'œuvrer dans le sens d'*Humanae Vitae*, soient désavoués. Il faudrait veiller auparavant à ce que les autorités compétentes sachent exactement ce que fait le CLER et dans quel esprit[1] ». En 1986, Mgr Jullien récidivait en prenant une nouvelle fois la défense du CLER qui était accusé de laxisme et de ne pas dissuader les femmes d'avorter alors même qu'elles étaient accueillies dans le cadre des entretiens précédant leur IVG. Le prélat précisait : « Sur le fond, je n'aurai pas la naïveté de prétendre que tous les intervenants, au nom du CLER, ont parlé d'une manière inattaquable ; mais je prétends que le CLER, dans son esprit, sa lettre et ses publications, est foncièrement fidèle. Aussi je regrette que des *surapôtres*, comme le disait saint Paul, fassent constamment de la surenchère et trouvent trop facilement

1. *Lettre de Mgr Jacques Jullien à Régis de Crépy*, 32 CO 3, archives du CNAEF, 15 décembre 1986.

des oreilles complaisantes[1] ». En 1981, le CLER regroupait 1 190 membres actifs et 791 sympathisants. Il était présent dans 75 départements au sein de 106 équipes comprenant 274 conseillers et 307 éducateurs. Les entretiens de conseil du CLER représentaient 9 442 interventions pour 12 279 heures. Ceux-ci ont permis de rencontrer 6 670 personnes. L'aide demandée portait sur divers aspects comme la fragilité des couples qui envisageaient très vite la séparation, le désarroi des parents face à la rupture conjugale de leur enfant ou de leurs enfants, enfin sur l'information MAO (Méthode d'auto-observation).

Le 9 février 1987, les docteurs François et Michèle Guy ont été reçus par Jean-Paul II pour s'expliquer sur les entretiens préalables que le CLER effectuait auprès des femmes qui sollicitaient un avortement. Ceux-ci ont tenté de le rassurer sur les intentions du mouvement en matière de défense de la vie. Le 10 février 1987, ils ont également échangé avec le Conseil pontifical pour la famille dans le même but. Le CLER a aussi reçu le soutien de Mgr Louis Simonneaux et Mgr Lustiger qui sont intervenus en sa faveur auprès de Rome. L'action du CLER dans le domaine des entretiens préalables s'est révélée assez peu efficace puisque seuls 10 % des femmes, qui envisageaient l'avortement, ont renoncé à leur projet.

Le développement du CLER dans les années 1970-2000

En 1977, le CLER avait réalisé 5 965 entretiens individuels, 604 entretiens préalables en vue de l'avortement, 522 réunions de parents dans les établissements scolaires, enfin 962 conférences d'information. En 1978, les interventions[2] du mouvement s'éta-

1. *Lettre de Mgr Jacques Jullien à Mgr Eduardo Martinez, substitut de la secrétairerie d'État*, 32 CO 4, archives du CNAEF, 3 juillet 1987.

2. *Assemblée générale du CLER*, 32 CO 321, archives du CNAEF, 16 octobre 1977.

blissaient à presque 19 000. En 1980, le CLER avait 86 équipes réparties dans 64 départements. Cette année-là, le nombre de ses conseillers était de 320. En 1978, les administrateurs du CLER étaient les suivants : Jean Mutricy, Jacqueline Halter, Simone Motat, Olivier Florant et Michel Rouche. Ce dernier, au-delà de son investissement au sein du CLER dont il a été vice-président de 1968 à 1978, a beaucoup fait pour le développement de la revue *Alliance*. Cette publication est née en 1979 à l'initiative de prêtres et de foyers. La revue *Alliance*, dont la direction avait été confiée à Michel Rouche, s'est voulue indépendante de tout mouvement familial. Elle s'adressait, disait-elle, à tous ceux qui voulaient vivre un amour conjugal réussi. Deux rencontres ont particulièrement marqué Michel Rouche : celle du père Maxime Charles, aumônier du centre Richelieu, et d'Henri-Irénée Marrou, spécialiste du christianisme antique. À la fin des années 1950, il a suivi des cours de théologie à la basilique de Montmartre et y a rencontré sa femme Monique avec laquelle il aura quatre enfants. Il a aussi puisé son inspiration dans sa vie conjugale pour animer certaines activités du CLER et surtout la revue *Alliance*. Sous sa houlette, ce périodique entendait renouveler le regard sur la famille. L'historien a insisté sur le fait que « l'Église ne condamnait pas le plaisir dans le mariage et que l'idéal chrétien d'un mariage monogame, librement consenti et fidèle n'était pas mort[1] ». Pour développer la revue *Alliance*, Michel et Monique Rouche ont pu compter sur deux prêtres du diocèse de Paris, les pères Xavier de Chalendar et Hervé Géniteau. Historien du christianisme, spécialiste de l'époque médiévale et professeur à l'université de Lille, puis à la Sorbonne, Michel Rouche s'est également beaucoup intéressé à l'histoire du couple et à l'éducation. En 1986, à la demande du cardinal Lustiger, il a animé l'Institut de la famille dans le cadre de l'École cathédrale et du diocèse de Paris, une instance qui proposait notamment une préparation au mariage.

1. *Le Monde*, 15 décembre 2021.

Le développement du CLER doit aussi beaucoup à la personnalité et au dynamisme missionnaire du père Denis Sonet[1]. Ce Franc-Comtois des Vosges, est né en 1926. Après avoir intégré le séminaire de Besançon, il dut le quitter à cause d'une décalcification osseuse pour celui de La Rochelle. Il est ordonné prêtre en 1951. Puis, il a fait le choix de l'Aube et donc du diocèse de Troyes, dépourvu de prêtres, afin d'y être curé de campagne. Il est d'abord curé de campagne pendant quinze ans mais rapidement des couples de la Jeunesse agricole chrétienne sont venus le solliciter pour des conseils portant sur les réalités de la vie conjugale. Il a alors décidé de se former auprès du père Alphonse d'Heilly, l'un des fondateurs du CLER. Il a rejoint cet organisme par la suite où il a reçu comme mission de former des conseillers conjugaux et des éducateurs dans le domaine de la vie affective. Le père Sonet a été l'un des fondateurs du Service social de l'Aube où il a commencé à réaliser des montages audiovisuels qui se sont beaucoup diffusés au CLER par la suite.

Il s'établit alors à Saint-André-les-Vergers, face aux barres de HLM, dans cette banlieue de Troyes. Le journaliste Luc Adrian le décrivait ainsi : « De l'auguste clown, Denis Sonet a les bretelles apparentes sous le maillot jersey boutonné jusqu'au col, la couronne de cheveux blancs en pétard, la voix qui grimpe et va se percher haut, jusque sous le chapiteau, les yeux qui tourneboulent, l'air malicieux, la bouche qui s'étire en sourire ou se crispe en cul-de-poule, l'art de la mimique et celui du trapèze qui lui permet de sauter d'un public à l'autre, sans contorsions[2] ».

Il était très apprécié grâce à ses enseignements et ses conférences sur la vie sexuelle et affective. Son humour et sa liberté de ton lui ont souvent assuré un franc succès auprès des publics de jeunes. En 1969, le père de Lestapis devant désormais résider

1. 1926-2015.
2. *Famille Chrétienne*, n° 1677, 2 mars 2010.

dans le sud-ouest de la France et donc quitter sa fonction d'aumônier national du CLER, le père Sonet l'a remplacé à ce poste. Auteur d'une vingtaine d'ouvrages, ce dernier a été la personnalité la plus connue et la plus marquante de cet organisme des années 1970 aux années 1990. Sous l'impulsion du père Denis Sonet, s'est mise en place la formation pour les éducateurs auprès des jeunes. La demande dans ce domaine s'est vite révélée plus importante que les deux autres secteurs traditionnels du CLER qui étaient la régulation des naissances d'un côté, et le conseil conjugal de l'autre. Les enseignements du père Sonet avaient un aspect pionnier dans la mesure où ils avaient initié un dialogue entre l'Église catholique en France et les adolescents au sujet de la sexualité et de la vie affective. Il fut souvent l'hôte de médias confessionnels tels que Radio Notre Dame avec son émission *Évangile au Présent* et le périodique *Famille Chrétienne* où il avait une chronique. Très apprécié au sein du CLER malgré une période de tâtonnements où il s'était interrogé sur sa présence au sein du mouvement, il avait obtenu de l'évêque de Troyes, Mgr Fauchet, d'avoir un statut d'animateur permanent au CLER. Le père Sonet a joué un rôle considérable dans l'élaboration de la brochure *Principes de base d'une éducation sexuelle*, publiée en 1974. Ils étaient les suivants :

- une éducation concertée entre parents, éducateurs et élèves,
- une éducation à la responsabilité,
- donner à l'information sexuelle une juste place,
- une relation respectueuse entre l'animateur et les jeunes.

Pour le père Denis Sonet, les qualités de l'animateur en charge de l'éducation des jeunes étaient les suivantes : la confiance, l'équilibre affectif et sexuel, la patience, la disponibilité, le respect profond, l'écoute, l'accueil, la vérité, la loyauté, l'objectivité et l'aptitude relationnelle. En 1981, le père Sonet a mis en place les équipes CLER-Jeunes à la demande de ces derniers. De manière récurrente, le CLER a insisté sur sa lutte contre l'avortement, défendant une sexualité plus humaine et plus responsable. De 1970 à 1974, le CLER a amélioré son organisation par l'intermédiaire de Jean Leone qui était son secrétaire général. Par son dynamisme, il a fait en sorte que l'éducation affective et sexuelle prenne rapidement de l'ampleur au sein du mouvement. En 1972, à la suite des décrets d'application de la loi Neuwirth, le CLER fut reconnu par les pouvoirs publics comme établissement d'information, de consultation et de conseil conjugal et familial. En 1973, avec la circulaire Fontanet, les sections locales du CLER se font reconnaître comme « établissements d'information » par les Directions d'action sanitaire et sociale (DDAS) et elles étaient ainsi habilitées à signer des conventions avec les préfectures. Cette évolution de la législation a permis au mouvement d'intervenir beaucoup plus dans les établissements scolaires.

En 1974, le CLER a participé à la création de la FIDAF (Fédération internationale d'action familiale) dont la charte a principalement été élaborée par le docteur François Guy. La même année, il est agréé par le ministère en charge des Affaires sociales en tant qu'organisme de formation pour le conseil conjugal et familial et l'éducation à la vie. Auprès des jeunes, le mouvement s'est centré sur l'éducation sexuelle, les conflits relationnels provoqués par des problèmes de fugue, de drogue, d'alcoolisme et de chômage. Il s'est proposé d'aider toute personne, jeune ou adulte, à mieux vivre sa sexualité. Il considérait l'amour conjugal, l'accueil de l'enfant et la vie familiale comme des valeurs essentielles. Il s'efforçait de favoriser un meilleur épanouissement humain et spirituel des personnes. Le CLER était rattaché à la pastorale familiale comme mouvement d'Église et travaillait en lien avec la Commission épiscopale de la famille. En 1974, il est aussi devenu membre du Conseil[1]

1. Décret du 3 janvier 1974.

supérieur de l'information sexuelle, de la régulation des naissances et de l'éducation familiale. En 1975, le CLER adhère au CSIS (Conseil supérieur de l'information sexuelle) créé par le ministère de la Santé.

En 1976, le CLER a participé à Rome à la Journée de la famille avec la présence en particulier de François et Éliane d'Estais, Claude et Françoise Sand. La même année, il est déclaré comme organisme de formation professionnelle continue auprès de la préfecture d'Île-de-France. Il fut donc habilité à établir des conventions de formation professionnelle avec les employeurs. En 1977, le CLER fut reconnu d'utilité publique. En 1979, 150 personnes du CLER sont reçues en audience privée par Jean-Paul II, signe du caractère ultramontain du mouvement. Cet ancrage romain est renforcé en 1980 lors du Synode sur la famille. François et Michèle Guy y participèrent comme experts. Quant à Jean et Françoise Mutricy, ils y furent appelés comme auditeurs. Tous les quatre avaient été nommés directement par Jean-Paul II.

En 1981, le CLER était implanté dans 75 diocèses. Il comprenait 86 équipes qui exerçaient dans 98 centres et établissements. Sa revue *Amour et Famille* comptait 2 500 abonnés. La même année, les entretiens avant IVG étaient en baisse puisqu'il n'y en avait eu que 700. En 1983, le mouvement a décidé que les divorcés remariés ne pourraient pas être membres à part entière de celui-ci. Le CLER s'exprimait de la façon suivante : « Ils [divorcés remariés] ne pourront pas parler au nom du mouvement, étant donné leur situation de contradiction (ce n'est pas la personne qui est en cause mais son état). Donc la carte d'éducateur ou de conseiller du CLER ne pourra leur être délivrée. Il serait bon de leur faire expliciter pourquoi ils veulent travailler au niveau du mariage… Il y a beaucoup d'autres secteurs dans l'Église[1] ». Toujours en 1983, les activités

1. *Document du CLER. À propos de l'entrée des divorcés remariés dans une équipe*, 32 CO 325, archives du CNAEF, juillet 1983.

du CLER[1] se sont déroulées au sein de 103 équipes réparties dans 71 départements avec 310 conseillers et 282 éducateurs bénévoles. En 1984, le CLER est devenu membre associé de l'UNAF au titre d'organisme à but familial dans la catégorie « Action sociale pour l'enfance et la famille ». La même année, il a participé à la Conférence gouvernementale des mouvements familiaux. En 1987, le mouvement a participé à l'élaboration des programmes de formation « Éducation à la vie » (100 heures) et « Conseil conjugal et familial » (400 heures). Cette même année aussi, la Commission familiale de l'épiscopat tenait à remercier le CLER pour son travail en faveur des couples et de l'éducation affective auprès des jeunes, domaines dans lesquels le clergé n'était pas toujours à l'aise. Elle pointait le fait que nombre de prêtres se trouvaient désarmés lorsqu'il fallait aborder la question de la contraception.

En 1988, le mouvement fut agréé par le ministère de la Jeunesse et des Sports en tant qu'association de jeunesse et d'éducation populaire. Cette même année, le CLER avait 1 740 membres adhérents au sein de 113 équipes. Elles étaient présentes dans 72 départements et comprenaient 276 conseillers conjugaux et familiaux, ainsi que 282 éducateurs. Ces derniers développaient leurs activités dans le domaine de la relation conjugale et familiale, ainsi que dans celui de la régulation des naissances. Les demandes des jeunes adressées aux jeunes portaient sur la recherche de sens quant aux relations sexuelles, ainsi que sur l'amitié entre garçons et filles, la signification du mariage, les rapports entre parents et enfants, le suicide, la violence, l'inceste, l'homosexualité, la drogue. Les éducateurs du CLER répondaient à cette jeunesse en l'informant sur la sexualité, l'affectivité et la reconnaissance de l'autre. Ils faisaient passer aux jeunes des vidéos sur la physiologie, la psychologie, la vision chrétienne de la sexualité, enfin

1. *Compte-rendu de l'assemblée générale du 20 octobre 1984*, 32 CO 325, archives du CNAEF.

sur le dialogue dans la famille. Pour les jeunes mariés, le CLER a mis en place des équipes regroupant des couples pendant trois ans de mariage. C'était une manière pour le mouvement de répondre aux critiques faites à l'Église de ne pas assurer de suivi aux jeunes mariés. La première année concernait la vie de couple, la seconde l'éducation des enfants et la troisième des sujets divers.

Toujours en 1988, le CLER se félicitait de ses bons liens avec Jean-Paul II. Il lui redisait sa volonté de travailler avec le Conseil pontifical de la famille. Le CLER insistait sur sa quadruple mission : œuvrer à la dignité de la personne, défendre le droit à la vie, valoriser la famille, éduquer les jeunes. Dans les années 1980, le CLER a rappelé que sa fondation impliquait des liens forts avec la recherche scientifique. C'est ainsi qu'il a collaboré avec l'OMS (Organisation mondiale de la santé) par exemple, travaillant ainsi sur le cycle féminin et les méthodes de régulation des naissances. Le CLER a ainsi contribué à l'élaboration de thèses de médecine comme celle de P. Verschelde, soutenue à Lyon en 1984 : *Le cycle féminin : phase de latence, période fertile et période non fertile post-ovulatoire*. Le mouvement a aussi participé à de nombreux rassemblements scientifiques comme le colloque de la Société française pour l'étude de la fertilité (Paris 1984) ou le Congrès européen de stérilité (Monte-Carlo, 1984).

En 1990, le CLER a réalisé 5 042 interventions[1] auprès des adultes, 4 477 concernant des jeunes, ainsi que 10 077 pour le Conseil conjugal et 360 dans le cadre des entretiens avant une IVG envisagée. La même année, le CLER s'inquiétait de l'effondrement du bénévolat en général et en son sein en particulier. Cela l'atteignait dans son dynamisme et lui posait des problèmes financiers car il n'avait pas les moyens d'embaucher de nouveaux permanents. En 1991, le CLER regroupait 2 302 personnes dont 1 871 permanents regroupés en 104 équipes présentes dans 161 départements.

1. *Rapport d'activité du CLER*, 32 CO 327, archives du CNAEF, 1990.

Cette même année, il a déployé ses activités auprès de 9 670 personnes. Les entretiens en vue d'un éventuel avortement avaient concerné 617 femmes. Les thèmes les plus demandés[1] lors des interventions du CLER avaient trait à la famille, au mariage, à la cohabitation juvénile, à l'éducation des enfants, à l'inceste, aux adolescents nés de parents divorcés, à la réalité du couple, aux abus sexuels, à la fidélité, à la drogue, aux maladies sexuellement transmissibles, à la contraception, à l'avortement, à l'alcoolisme et au chômage. En 1996, le père Tony Anatrella et Bernard Duméril[2], parmi les responsables du CLER, étaient invités comme experts au Conseil pontifical sur la famille et la même année, ils sont allés au Parlement européen parler de l'éducation des jeunes. En 2002, le CLER devenait CLER Amour et Famille. Selon une enquête externe sur l'image du mouvement, celui-ci apparaissait comme « vieillot, fermé, frileux, rigide, clérical, inféodé à la diffusion de la doctrine catholique et romaine en matière de comportements sexuels[3] ».

Jean-Paul II et l'avortement

Dans l'encyclique *Sollicitudo rei socialis*, Jean-Paul II dénonçait les politiques de limitation de naissance car selon lui, elles cherchaient à discriminer les pauvres en exerçant sur eux un contrôle démographique, en portant ainsi atteinte à leur dignité. Concernant l'avortement, le *Catéchisme de l'Église catholique* voulu explicitement par ce pape, rappelait l'opposition ancestrale de l'Église catholique à l'avortement : « Depuis le Ier siècle, l'Église a affirmé la malinité morale de tout avortement

1. *Assemblée générale du CLER*, 32 CO 327, archives du CNAEF, 4 avril 1992.
2. *Histoire du CLER*, archives du CLER.
3. *Enquête sur l'image du CLER*, 32 CO 328, archives du CNAEF.

provoqué. Cet enseignement n'a pas changé. Il demeure invariable. L'avortement direct, c'est-à-dire comme fin ou comme moyen est gravement contraire à la loi morale... La coopération formelle à un avortement reste un acte grave. L'Église sanctionne d'une peine canonique d'excommunication ce délit contre la vie humaine. (Le diagnostic prénatal), moralement licite s'il respecte la vie et l'intégrité du fœtus humain est gravement en opposition avec la loi morale quand il prévoit, en fonction des résultats, l'éventualité de provoquer un avortement. Un diagnostic ne doit pas être l'équivalent d'une sentence de mort[1] ». En 1991, dans une lettre à tous les évêques du monde, Jean-Paul II a comparé la pratique de l'avortement au massacre des innocents tel qu'il est relaté dans l'Ancien Testament. Il écrit ainsi : « Dans le contexte de l'agressivité multiforme des attaques actuelles contre la vie humaine, surtout quand elle est faible et sans défense, les données statistiques révèlent un *véritable massacre des innocents* à l'échelle mondiale. Mais ce qui est surtout préoccupant, c'est que la conscience morale semble s'obscurcir terriblement et avoir de plus en plus de difficultés à établir la distinction claire et nette entre le bien et le mal pour ce qui touche à la valeur fondamentale de la vie humaine[2] ». Pour Jean-Paul II, la politique démographique ne doit pas seulement tenir compte des aspects économiques mais doit aussi respecter et promouvoir la dignité et les droits fondamentaux de la personne humaine et de la famille. Le souverain pontife dénonçait aussi la contraception, l'avortement et la stérilisation imposée à des populations par des gouvernements et des organisations internationales.

---

1. *Catéchisme de l'Église catholique*, n° 2270-2271.

2. Cité par Emmanuel MOUNIER, *L'amour, le sexe et les catholiques*, Paris, Centurion, p. 173.

L'ÉPISCOPAT FRANÇAIS ET L'AVORTEMENT

En 1971, dans une *Note doctrinale*[1], la Commission épiscopale de la famille remarquait que le débat sur l'avortement était faussé par les partisans de l'IVG qui appuyaient leurs arguments sur des situations extrêmes telles que les femmes violées, des grossesses mettant en péril les futures mères et des fœtus issus de parents handicapés. Au début des années 1970, l'épiscopat français était interpellé par le nombre très important d'avortements clandestins. Il était persuadé que cet état de fait avait créé un mouvement d'opinion en faveur d'une législation et d'un encadrement de l'avortement. Dans la *Note doctrinale* précitée, les évêques de France précisaient que la règle morale ne dépendait pas du législateur. Selon eux, le fœtus était déjà un être humain et ils insistaient sur le fait que les scientifiques n'étaient pas en mesure d'identifier le seuil qualitatif qui ferait passer l'embryon non humain à un être humain. Pour les évêques de France, la vie était d'abord une bénédiction de Dieu. Ils précisaient ici leur conception des débuts de la vie : « Une vie humaine n'appartient pas aux autres, pas mêmes aux parents qui l'ont conçue, ni d'ailleurs à l'État. Elle n'appartient d'ailleurs pas à elle-même absolument : elle appartient à Dieu[2] ». Pour les évêques de France, il ne fallait pas « transiger sur le respect de la vie d'autrui[3] ». En 1973, les évêques français ont fait une déclaration sur l'avortement. Ils constataient un décalage de plus en plus grand entre le législateur et l'évolution des mœurs. Pour l'Église, le législateur devait opter pour la vie et donc agir contre l'avortement et elle affirmait que tout avortement provoqué était « un échec, un

1. *Note doctrinale de la Commission épiscopale de la famille sur l'avortement*, 32 CO 7, archives du CNAEF, 1971.
2. *Ibid.*
3. *Ibid.*

mal et un malheur[1] ». En 1974, les évêques français ont diffusé une déclaration de la Congrégation pour la doctrine de la foi sur l'avortement. Face à ce dernier, elle trouvait que la société occidentale était contradictoire. En effet, selon elle, l'Occident voulait lutter contre la peine de mort alors que dans le même temps, il se montrait favorable à l'avortement et donc à la mort d'enfants dans le ventre de leur mère. La Congrégation pour la doctrine de la foi insistait sur la nécessité de toujours protéger la vie humaine, une défense de l'enfant à naître qui devait avoir un caractère universel. Pour elle, toute loi adoptée devait avoir une relation étroite avec la morale.

Le groupe de travail de l'Assemblée nationale chargé d'étudier la proposition de loi de Monique Pelletier en 1979 pour pérenniser celle que Simone Veil avait défendue en 1975, a auditionné Mgr Gilbert Duchêne, Mgr Jacques Jullien et l'abbé Philippe Audollent en tant que représentants de l'épiscopat français. Pour eux, il ne faisait aucun doute que l'avortement était la suppression d'un être humain et un mal pour la société. Ils affirmaient aussi que l'avortement de fœtus atteints de graves malformations constituaient également la mort d'un être humain à part entière. Le 20 septembre 1979, Mgr Duchêne rencontrait Monique Pelletier, ministre de la Condition féminine. Elle se présentait comme catholique et estimait qu'il valait mieux que le ministère de la famille soit tenu par une personnalité enracinée dans le catholicisme. Dans son projet de loi de 1979, elle a cherché à limiter le nombre d'avortements en responsabilisant les couples, spécialement les hommes, sur la gravité que représentait une IVG. Monique Pelletier affirmait à Mgr Duchêne : « Je suis totalement allergique au courant de pensée et au langage d'une certaine libération de la femme : droit à l'avortement, droit à disposer de son corps, élimination des

1. Déclaration de l'épiscopat français sur l'avortement, 32 CO 17, archives du CNADF, 22 juin 1973.

tabous, etc. Je me refuse à entrer dans cette problématique qui me semble foncièrement fausse[1] ». Monique Pelletier considérait que l'entretien qui suivait la demande d'un avortement, dit « entretien social », était absolument nécessaire. Toutefois, elle se montrait critique face aux représentants et aux mouvements catholiques qui s'opposaient radicalement à l'avortement comme Louis Reverdy, à la tête des AFC, ou le professeur Henri Joyeux, l'un des ténors des médecins affichant un strict refus de l'IVG. Toutefois, à la suite de sa rencontre avec Monique Pelletier, Mgr Duchêne s'est montré déçu. S'il consentait à reconnaître que la ministre de la Condition féminine avait parlé avec une grande spontanéité, il remarquait néanmoins qu'elle n'avait pas vraiment cherché à connaître précisément le point de vue de l'Église sur son projet de loi visant à dépénaliser l'avortement sur le temps long. Mgr Jullien a demandé à Robert Prigent, président du Secours catholique, de coordonner les associations qui venaient en aide aux femmes enceintes dans la détresse et qui étaient tentées par l'avortement.

La loi sur le remboursement de l'avortement, votée en 1982, avait incité l'épiscopat français à agir en faveur de ces femmes qui voyaient dans l'IVG une issue à leurs difficultés. Le 28 octobre 1982, les évêques français ont fait une première déclaration où ils s'inquiétaient du futur remboursement de l'avortement et de sa banalisation. Ils ont pointé la responsabilité de l'État dans ce domaine. Voici ce qu'ils écrivaient : « L'avortement sera-t-il remboursé ? Le processus est en marche. C'est un pas de plus vers sa banalisation. Alors qu'il est vécu comme un drame par tant de femmes ! Une œuvre de mort est présentée et traitée comme une œuvre de santé, son remboursement comme un acte de justice. C'est une contradiction majeure dans la vie et le droit de la

1. *Rencontre entre Mgr Duchêne et Monique Pelletier*, 32 CO 423, archives du CNAEF, 20 septembre 1979.

nation. La loi (de 1975) se voulait dissuasive. Mais les fragiles barrières posées par le législateur tombent une à une. Votée pour des situations de détresse, elle a souvent fonctionné pour simple convenance. On lui demande maintenant de garantir un droit inconditionnel comme si une mère, un père, avaient le droit de vie ou de mort sur leur enfant ! La clause de conscience, ultime sauvegarde, est de plus en plus menacée par l'obligation faite aux hôpitaux de pratiquer l'avortement. Comme si la responsabilité personnelle pouvait être abolie par décret ! Le financement pose à tous un problème de conscience. Il rend désormais complices malgré eux, ceux qui, à juste titre, réprouvent l'avortement ; Il s'agit d'une violation grave des consciences… Un État, qui au nom de la solidarité, entraîne les citoyens dans la violation des droits de l'homme, prend le risque de provoquer des cassures profondes dans le pays (…). L'avortement ne relève pas de l'arbitraire. Jamais l'Église ne l'a admis (…). Respecter la vie humaine, c'est aussi respecter les femmes affrontées au drame de l'avortement. L'irresponsabilité des hommes plonge souvent les femmes dans la solitude et l'abandon, et les pousse aux solutions extrêmes (…). Mais il revient aux pouvoirs publics d'assurer une solidarité authentique. Il y va de l'avenir de notre peuple[1] ». À travers cette déclaration, les évêques de France se sont montrés plus combatifs que lors du vote de la loi Veil en 1975, où Rome avait dû intervenir auprès du cardinal Marty pour que ces derniers condamnent plus fermement l'IVG.

Toujours en 1982, les évêques français ont rédigé une seconde déclaration[2] pour inviter les catholiques à se sentir solidaires des femmes affrontées au drame de l'avortement. Ce texte avait pour

1. *Déclaration officielle de l'épiscopat français,* archives du CNAEF, Lourdes, 28 octobre 1982.

2. *Déclaration de la Commission épiscopale de la famille invitant les catholiques à une attitude positive et constructive pour aider les femmes affrontées au drame de l'avortement*, 32 CO 24, archives du CNAEF, 22 décembre 1982.

but de s'opposer à son remboursement. Les évêques français affirmaient ceci : « Nous invitons les chrétiens, tous et chacun selon ses possibilités, à :

- aider les femmes affrontées au drame de l'avortement, celles qui l'ont refusé et celles qui s'y sont résignées ;
- rejoindre les organismes de soutien et d'aide aux femmes en détresse (organismes qui gagneraient sans doute à se regrouper) ;
- soutenir les associations qui portent le souci d'une politique familiale digne de ce nom ;
- travailler pour une authentique formation des jeunes au-delà de la simple information, on visera l'essentiel : le sens de la vie, de l'amour et de la vraie liberté[1] ».

La Commission épiscopale de la famille rappelait qu'il était possible de déduire des impôts la part correspondant aux versements faits aux associations qui militaient pour le respect de la vie (3 % pour les associations déclarées d'utilité publiques et 1 % pour les autres). Le père Bernard Housset, secrétaire de la Commission épiscopale de la famille, affirmait que, si les évêques de France étaient opposés à l'avortement et à son remboursement, ils ne condamnaient pas pour autant les femmes qui avaient eu recours à une IVG. Il remarquait que nombre de celles-ci avaient fait ce choix alors qu'elles étaient seules ou qu'elles agissaient sous la pression de leur mari ou de leur compagnon. Afin de venir en aide aux femmes enceintes qui envisageaient une IVG, le père Housset mentionnait des associations comme SOS futures mères, Grossesse Secours, le CLER, Vivre, le Secours catholique et les Équipes Saint-Vincent. Il se référait aussi à des associations qui militaient pour l'adoption afin de permettre à des femmes de confier leur enfant, alors qu'elles ne se sentaient pas la force de l'élever. En octobre 1982, les évêques français avaient fortement

1. *Ibid.*

critiqué le gouvernement socialiste pour sa loi sur le remboursement de l'avortement, alors qu'un mois auparavant, ils avaient approuvé sa politique socio-économique. Les évêques de France reprochaient au président François Mitterrand d'avoir arbitré en faveur d'Yvette Roudy, ministre des Droits de la femme, qui avait lourdement insisté sur la nécessité de rembourser l'IVG. Les évêques français pouvaient compter sur P. Courteaud et le groupe des juristes catholiques qui défendaient l'idée que le remboursement était contraire à l'esprit mutualiste qui prenait appui sur la notion de solidarité.

Le groupe de communication Ampère, évoluant dans la sphère du catholicisme classique, a investi des moyens financiers conséquents à la lutte contre l'avortement. Il était dirigé par Rémy Montagne[1], ancien secrétaire d'État à l'action sociale dans le gouvernement de Raymond Barre. Le dirigeant du groupe Ampère était proche de catholiques influents tels que François Michelin, à la tête de la célèbre marque éponyme de pneumatiques et Jean-Loup Dherse, ancien président de la Banque mondiale et PDG d'Eurotunnel. En 1986, Mgr Jullien a remercié Michèle Barzac d'avoir accepté de reprendre le débat sur le remboursement de l'avortement. Il lui écrivait : « Des mouvements, des groupes, des personnes à titre privé, en grand nombre, vous écrivent pour vous remercier d'ouvrir (le débat sur le remboursement de l'IVG) et vous soutenir dans cette démarche courageuse que vous avez entreprise, en dépit des tâches et des difficultés qui sont les vôtres[2]... ». L'épiscopat français s'est montré un peu sceptique sur les prises de position de Christine Boutin, qui avait fait de la défense de la famille le centre de son action politique. En effet, elle avait demandé que l'abandon de l'enfant au profit de l'adoption soit

1. *L'Humanité*, 11 octobre 1990.

2. *Lettre de Mgr Jullien à Michèle Barzach*, ministre de la Famille, archives du CNAEF, 26 novembre 1986.

valorisé auprès des femmes qui étaient tentées par l'avortement. Pour elle, favoriser ce dispositif avait pour but de les aider à garder leur enfant même si l'abandon était préconisé. La Commission épiscopale de la famille n'acceptait pas la position de Christine Boutin[1] car l'abandon de l'enfant lui paraissait avoir des effets très négatifs sur le comportement et la psychologie de la mère. Plus largement, lors des manifestations contre l'avortement, Mgr Jullien trouvait choquant que le Front national, formation politique la plus à droite sur l'échiquier politique, soit le seul parti à manifester ostensiblement contre l'avortement.

Au début des années 2020, la pratique de l'avortement a connu des évolutions notoires auxquelles l'Église catholique n'a pas été en mesure de s'opposer efficacement. La première a concerné le délai légal qui est passé de douze à quatorze semaines, faisant l'objet d'une loi en 2022. Il s'est accompagné de la suppression du délai de réflexion de 48 heures pour les mineures. Cette loi portée par la députée Albane Gaillot, ex-LREM, a été votée après un débat houleux au Parlement. Ce texte n'a pas fait l'unanimité chez les médecins. Dès les premiers débats, le Collège national des gynécologues obstétriciens français avait averti sur les graves problèmes que posait une IVG à quatorze semaines : « Pour faire sortir la tête ossifiée de l'utérus, il faut l'écraser avec une pince spéciale, geste de dilacération fœtale qui est non seulement dangereux mais dont on peut comprendre qu'il puisse être choquant pour la majorité des praticiens[2] ».

1. Commission familiale de l'épiscopat, *Compte-rendu de la réunion du 23 septembre 1987*, 32 CO 3, Archives du CNAEF.

2. *Le Figaro*, 24 février 2022.

Le film *Le cri silencieux* et ses réactions à l'intérieur du catholicisme français

La question de l'avortement et ses controverses sont inséparables de l'affaire du *Cri silencieux*, film documentaire sorti en 1984 et réalisé par Bernard Nathanson, gynécologue américain et catholique. Il avait été directeur de l'une des plus grandes cliniques américaines qui pratiquaient des avortements. Persuadé que les fœtus qu'il avait avortés étaient des êtres humains, il décida de cesser ses activités. Pour dissuader les femmes d'avorter, le docteur Nathanson a réalisé *Le cri silencieux*. Ce film montrait le déroulement par ultrason d'un avortement d'un fœtus humain âgé de douze semaines. *Le cri silencieux* a eu de nombreux défenseurs parmi les adversaires de l'IVG. En 1986, Michel Denis, dans un éditorial de *Famille Chrétienne*, critiquait Françoise Sand, professeur en biologie et conseillère familiale au sein du CLER, qui portait un regard très négatif sur le documentaire, le jugeant comme une œuvre qui « agressait la sensibilité[1] » des jeunes. Elle pensait également que les images du film allaient à l'inverse de la pédagogie et n'étaient pas adaptées à un public juvénile. Elle affirmait ainsi : « N'écrasons pas les jeunes avec le malheur du monde si nous voulons qu'ils honorent la vie[2] ». Le journaliste Michel Denis, au contraire, prenait la défense du *Cri silencieux* qui dénonçait la gravité morale d'un avortement.

L'année d'avant, en 1985, le professeur Jérôme Lejeune avait, lui aussi, défendu cette œuvre cinématographique. Il rejetait l'idée que le film montrait des images traumatisantes. Il écrivait ceci : « Il reste que toutes les images sont atroces et que certains trouvent qu'il ne faudrait pas les montrer. Mais à une époque où

---

1. *Famille Chrétienne*, 23 janvier 1986.
2. *La Croix*, 1er janvier 1986.

la télévision transmet en direct la tuerie des supporters de football à Bruxelles ou l'agonie de la pauvre petite ensevelie par la boue de la dernière éruption volcanique, il serait peut-être faux de se rendre à cet argument. Quant à traumatiser les femmes qui ont eu le grand malheur de commettre cet acte, trompées par une loi qui le banalise, ce film risque sans doute de le faire. Mais c'est l'acte lui-même qui est le traumatisme, non l'image[1] ». Dans un texte, *Le cri silencieux*, le professeur Lejeune précisait : « Ce *Cri silencieux* a déjà fait beaucoup de bruit. En Amérique du Nord surtout, car il n'est pas encore connu en France. Il a seulement été projeté au Sénat et à l'Assemblée nationale. Mais c'est au grand public, c'est à chacun de nous qu'il s'adresse[2] ». Le professeur Lejeune pointait du doigt le rôle négatif des médias dans la promotion de l'avortement : « Ces temps-ci dans notre pays, on ne parle guère de la victime, de celle qui meurt à chaque avortement. Au contraire, on assiste à la télévision à des appels étranges qui réclament des êtres humains très jeunes pour en extraire des pièces détachées[3] ».

Jean-Claude et Jeanine Malroux[4], tout en reconnaissant la valeur du *Cri silencieux* qui dénonçait l'avortement, regrettaient que le contexte américain du film et plus largement anglo-saxon marqué par le spectaculaire, ait été peu adapté au public français. Le député François Collet s'est fait l'avocat du *Cri silencieux*. Ainsi appelait-il l'attention de la ministre déléguée au Premier ministre, chargée des Droits de la femme, sur un article paru en 1985 dans la revue *Citoyennes à part entière*. Il portait comme titre[5] : « Le Cri silencieux : un faux ». François Collet s'exprimait

1. *Lettre de Jérôme Lejeune*, 32 CO 3, archives du CNAEF, 20 novembre 1985.

2. Professeur Jérôme LEJEUNE, *Le cri silencieux*, 32 CO 3, archives du CNAEF.

3. *Ibid.*

4. *Lettre de Jean-Claude et Jeanine Malroux au professeur Lejeune*, 32 CO 3, 8 novembre 1985.

5. *Citoyennes à part entière*, n° 84, décembre 1985.

ainsi : « Il n'est pas admissible, en effet, qu'une telle revue, qui se veut être un mensuel d'information sur les droits de la femme, soit le porte-parole de thèses erronées et toutes réfutées, à propos d'un film hélas trop réaliste, reconnu par tous les spécialistes (tant du monde médical que de l'ultra-sonographie) comme un document indiscutable[1] ». Le docteur Nathanson a porté plainte contre le professeur Baulieu, inventeur de la pilule RU 486, dite pilule de lendemain, qui jugeait que *Le Cri silencieux* était une escroquerie scientifique. À la suite du procès, ce dernier fut relaxé en 1992. Après cet événement, un groupe de catholiques s'est manifesté pour approuver la loi Veil même si l'avortement était jugé comme étant un acte grave. Il était constitué du docteur Maurice Abiven, pionnier des soins palliatifs en France, du scientifique Jean Arsac et des historiens Jean Delumeau et René Rémond, entre autres.

Ils prenaient la position suivante : « L'avortement est un acte grave, pour les personnes et la société. Il s'agit de la suppression de ce qui est déjà la vie humaine et l'embryon doit être respecté comme une personne (…). La banalisation de l'avortement, son utilisation comme moyen de contraception constitueraient, constituent peut-être déjà pour notre société une véritable régression morale[2] ». Ce groupe en appelait au maintien de la loi Veil mais insistait sur le fait qu'elle soit strictement appliquée, impliquant l'obligation de l'entretien préalable. Il demandait que le père y soit présent et que soit manifestée l'aide aux femmes dans la détresse. Le professeur Jérôme Lejeune, farouche adversaire de l'avortement, pensait que « *Le Cri silencieux* devait être montré aux jeunes au moment de la conscription, pour les éduquer[3] ». Il poursuivait : « Quand on a vu ses images, on sait ce que sont les images des camps

1. *Question écrite de François Collet*, CNAEF, 32 CO 3, archives du CNAEF, 22 janvier 1986.

2. Frédéric MOUNIER, *L'amour, le sexe et les catholiques*, Paris, Centurion, p. 162.

3. *La Croix*, 4 mars 1992.

d'extermination. Et on montre bien les images de ces camps ! Dans tous les cas, je suis en face d'une victime innocente. Ce n'est pas en supprimant les malades qu'on guérit la maladie ». Le professeur Claude Sureau, gynécologue-obstétricien renommé, qui comme le professeur Lejeune, était un catholique, pensait au contraire que la loi Veil était positive dans la mesure où elle avait pour objectif de mettre fin aux avortements clandestins. Ce positionnement apparaissait à beaucoup comme assez contradictoire. Intervenant au nom du CLER, Michèle Guy[1] a été critique au sujet du *Cri silencieux* car, selon elle, ce film entraînait une trop forte culpabilisation sur les femmes qui le regardaient. Elle considérait que cette œuvre cinématographique altérait leur travail visant à redonner espoir à des personnes qui avaient avorté. Elle craignait aussi que la culpabilité générée par la vision du film du docteur Nathanson favorisât chez ces femmes un militantisme pro-avortement, *le Cri silencieux* parvenant à l'effet contraire du but recherché.

Le rôle des associations catholiques dans la lutte contre l'avortement

Ces associations, ont beaucoup contribué à fédérer la militance catholique contre l'avortement, alors que bien souvent l'épiscopat français s'en est tenu à distance par peur de récupération politique et d'apparaître comme classé à droite.

Laisse-les vivre – SOS futures mères

Jean-Baptiste Grenouilleau, magistrat, et le docteur Paul Chauchard ont créé l'association Laissez-les vivre – SOS futures

1. Michèle Guy, « Le cri silencieux », 32 CO 326, archives du CNAEF, 27 novembre 1985.

mères, en 1971, en réaction à la fondation du MLF et au projet de loi du docteur Peyret, déposé en 1970, et qui demandait que l'avortement soit autorisé dans les cas de viol, d'anomalies graves du fœtus et de menace pour la vie de mère. Ils ont eu comme conseiller scientifique le professeur Jérôme Lejeune, généticien de renom. Catholique convaincu, ce dernier défendait l'idée que l'être humain existait dès la conception. D'après lui, toute atteinte au fœtus, via l'avortement provoqué, était alors considérée comme un meurtre. En 1972, le professeur Lejeune avait lancé l'Association des médecins pour le respect de la vie. Celle-ci a tout de suite remporté un certain succès avec sa pétition : « L'avortement n'est pas l'acte d'un médecin ». Elle a recueilli plus de 10 000 signatures et le professeur Lejeune l'avait fondée en réaction au dépôt du projet de loi du docteur Peyret également.

Lors de son premier congrès international, l'association Laissez-les vivre – SOS futures mères a échafaudé un programme à caractère social en défendant l'existence d'un salaire maternel, l'indexation des allocations familiales sur l'inflation, la création d'un fonds de secours aux mères en détresse, la mise en place de prêts aux jeunes ménages, une aide aux personnes handicapées, la valorisation de l'adoption, enfin l'octroi d'une retraite aux mères de famille. Dans le comité d'honneur de l'association, on trouvait Jean Brouchot, président honoraire de la Cour de cassation, Suzanne Fouché, fondatrice de la Ligue pour l'Adoption du diminué physique au travail, Jean Guitton, membre de l'Académie française, André Trannoy, fondateur de l'Association française des handicapés.

En 1985, Laissez-les vivre – SOS futures mères a connu une grave crise[1] avec le départ du professeur Jérôme Lejeune. Le président de l'association, le docteur Paul Chauchard, faisait valoir que le découvreur de la trisomie 21 et Geneviève Poullot avaient

1. *Courrier de Laissez-les vivre – SOS futures mères*, n° 68, mars 1985.

fait sécession avec le mouvement qu'ils avaient contribué à fonder en refusant les décisions de son assemblée générale et de son comité national. Le docteur Chauchard les accusait aussi de s'être emparés des fichiers des adhérents de Laissez-les vivre et de les utiliser pour leur nouvelle association La Maison Tom Pouce fondée en 1987 en compagnie de Marie-Noëlle Couderc. En 1986, il regrettait que le professeur Lejeune, Geneviève Poullot et l'amiral Royer aient propagé « des mensonges et des calomnies sur son compte [1] ». Le docteur Chauchard accusait aussi le professeur Lejeune et Geneviève Poullot d'avoir voulu mettre la main sur la branche de Laissez-les vivre, soit SOS futures mères. En 1986, dans une lettre au docteur Chauchard, le père Bernard Housset, au nom de la Commission épiscopale de la famille, appelait les deux parties adverses à mettre fin à leur conflit, estimant que « ce différend ne pouvait être que défavorable à la lutte pour le respect de la vie humaine et à l'aide aux femmes enceintes en difficultés [2] ».

Grossesse Secours

La première équipe de Grossesse Secours est née en 1973 à l'initiative des docteurs Guy à Grenoble. La seconde équipe est née en 1974 à Saint-Etienne et une troisième a vu le jour à Bordeaux la même année. Bien que d'inspiration catholique, Grossesse Secours s'est présentée comme une association non confessionnelle et ne souhaitait pas poser de jugement tant sur les médecins qui pratiquaient des avortements que sur les femmes qui avaient recours à l'IVG. Grossesse Secours avait comme objet de « permettre aux femmes enceintes en situation de crise de mener leur grossesse

1. *Lettre du docteur Paul Chauchard, président de Laissez-les vivre – SOS futures mères au docteur Poltaska*, 32 CO 3, archives du CNAEF, 11 avril 1986.
2. *Lettre du père Bernard Housset au docteur Chauchard*, 32 CO 3, archives du CNAEF, 23 mai 1986.

à leur terme en les aidant à résoudre les difficultés qu'elles pouvaient rencontrer[1] ». Il s'agissait d'aide matérielle, juridique et administrative. À Grenoble, Grossesse Secours estimait que 25 % des femmes enceintes, qui venaient consulter l'association dans le cadre de l'entretien préalable, et qui envisageaient d'avorter, gardaient finalement leur enfant. En revanche, à Bordeaux, le chiffre tombait à 4 %. Grossesse Secours faisait le constat que la loi Veil avait contribué à la banalisation de l'avortement en France et que finalement très peu de femmes changeaient d'avis après avoir décidé de recourir à une IVG. L'association constatait que les femmes, qui choisissaient l'avortement, avaient soit entre 15 et 20 ans, soit avaient passé 36 ans. Dans le premier cas, elles vivaient mal la « plongée dans la maternité[2] », surtout lorsqu'elles n'avaient pas de soutien familial. Dans le second cas, ces femmes se sentaient trop âgées et craignaient que leur futur enfant ne souffre de malformations congénitales. Souvent, elles avaient déjà plusieurs enfants. Grossesse Secours était persuadée que pour réduire le nombre d'avortements chez les adolescentes, il fallait parfaire leur éducation sexuelle et leur perception de la maternité.

Mère de Miséricorde

Mère de Miséricorde est née en 1982 au sein de la communauté charismatique du Lion de Juda. L'association s'est dite sensible à la vie dès sa conception et à la solitude des femmes confrontées à l'avortement. Le but de Mère de Miséricorde a été d'agir en dehors de tout engagement politique et de toute mouvance idéologique. Mère de Miséricorde a agi de deux manières : d'abord une écoute téléphonique pour les femmes qui avaient avorté ou qui étaient tentées de le faire, puis l'accueil par des familles, de futures mères qui

1. *Grossesse Secours*, 32 CO 433, archives du CNAEF.
2. *Ibid.*

avaient pensé mettre un terme à leur grossesse. L'association a mis en place des « chaînes de prière » qui s'appuyait sur le jeûne. Mère de Miséricorde avait différentes antennes comme Cordes (Tarn), Rueil-Malmaison, Reims, Lyon, Tressaint (Côtes-d'Armor).

L'Association pour l'objection de conscience à toute participation à l'avortement (AOCPA)

Cette association est née en 1982 à l'initiative de Michel Raoult et de militants anti-avortement. Cette association s'est appuyée sur l'objection de conscience pour demander aux contribuables de conserver une partie de leur impôt qui aurait dû être affecté au remboursement de l'avortement à la suite de la loi Roudy. Elle a organisé le 17 janvier 1988, à Paris, la Marche pour la vie pour protester contre l'avortement légal et sa prise en charge par l'État. Elle demandait l'abolition de la loi sur l'IVG. L'AOCPA voulait la mise en œuvre d'une législation qui reconnaisse et protège le droit à la vie de tout enfant à naître. Les manifestants souhaitaient montrer à l'opinion publique « leur refus d'accepter que l'État contribue en quoi que ce soit à ce crime qu'est l'avortement[1] ». Dix mille personnes étaient rassemblées. L'association ne souhaitait pas de récupération politique. Le comité de parrainage était constitué des personnalités suivantes : Jean Guitton, Michel Mohrt et Eugène Ionesco, de l'Académie française, Bernard Jamain, Alfred Sauvy, Jean Raspail, Jeanne Bourrin, Élisabeth de Miribel, Jean Daujat, Jean Cau, André Castelot, Mgr Léon-Arthur Elchinger, pères Guy Gilbert et André Stoven, Mgr Michel Hrynchyshyn, exarque apostolique des Ukrainiens, le général Delaunay, ancien chef d'état-major de l'armée de Terre, Jean-Michel Lemoyne de Forges, président des juristes catholiques. Initiée par l'AOCPA, la Marche de la vie est devenue annuelle à partir de 2005.

---

1. *Le Figaro*, 16-17 janvier 1988

Vivre

L'association Vivre a été fondée en 1981 par le père Jean Toulat, grand défenseur de la non-violence, dans le but de lutter contre l'avortement. Elle se voulait d'inspiration chrétienne mais non confessionnelle. Déjà, en 1973, ce prêtre originaire de la Vienne, avait écrit l'ouvrage[1] *L'avortement. Crime ou libération ?*, dans lequel il dénonçait l'IVG. Le but de l'association Vivre était de faire prendre conscience à l'opinion publique que la défense de la vie était globale, allant de la conception de l'être humain à sa mort physique. Au sein de son organisation, outre le père Toulat, son fondateur, on trouvait Jocelyne Paturaud, de l'Arche de Lanza del Vasto, François Robert et Jean-Pierre Rosa, tous les deux membres des Focolari. François-Régis Hutin, directeur général du quotidien *Ouest-France*, se situait dans le sillage du père Toulat. Il écrivait ainsi dans *Ouest-France* en 1982 : « Non, l'avortement n'est pas un acte banal[2] ». Pour lui, l'IVG n'était pas seulement « une affaire individuelle et privée[3] ». Sinon poursuivait-il, « Pourquoi aurait-on éprouvé le besoin de légiférer[4] ? »

La Coordination des rosaires pour la vie

En lien avec SOS Tout-Petits, le docteur Michel Villette a créé, en 1991, la Coordination des rosaires pour la vie, à la suite des Journées mondiales de la jeunesse à Czestochowa. Ils ont été organisés progressivement dans les cathédrales afin de prier le chapelet pour les « victimes[5] » des IVG et pour que les avortements cessent. Les rosaires pour la vie ont subi, au début, l'hostilité de

1. Jean Toulat, *L'avortement. Crime ou libération ?*, Paris, 1973.
2. *Ouest-France*, 10 mars 1982.
3. *Ibid.*
4. *Ibid.*
5. *Aleteia*, 6 février 2019.

nombreux curés de cathédrale, par cléricalisme bien souvent. En effet, une initiative de laïcs leur paraissait suspecte. À leur début, les rosaires pour la vie ont été soutenus par une poignée d'évêques dont Mgr Lagrange, évêque de Gap, Mgr Séguy, évêque d'Autun, et surtout Mgr Bouchex, archevêque d'Avignon. Il a même souhaité que ce mouvement pro-vie s'installe dans d'autres villes de son diocèse comme Bollène, Carpentras et Orange.

Les mouvements pro-vie et les commandos anti-avortement

Les mouvements « pro-vie », dont le terme est apparu en France en 1972, ont joué un rôle déterminant concernant ce qu'ils appelaient les dérives dans le domaine de la bioéthique et les manipulations opérées sur l'embryon. Les courants évangéliques de la droite américaine ont parfois servi de modèle à des structures qui, en France, ont d'abord été façonnées par le catholicisme. Les mouvements pro-vie ont défendu une vision chrétienne de la vie où Dieu en était le créateur, étant aussi le seul à pouvoir la reprendre. Pour eux, dans ce cadre, les relations sexuelles admises ne pouvaient avoir lieu que dans les couples hétérosexuels et mariés. Farouchement opposés à l'avortement, les mouvements pro-vie, très attachés à l'idée que l'humanité des hommes et des femmes était une réalité dès la conception, ont rejeté les notions « de fœtus » et « d'embryon » au profit d'autres termes comme « enfants » ou « tout-petits ». La mouvance pro-vie a vu dans le professeur Lejeune une caution scientifique de grande valeur, tout auréolé de son travail qui l'avait conduit à découvrir les causes de la trisomie. Dès le début des années 1980, les mouvements pro-vie ont eu tendance à comparer les avortements provoqués, entraînant la mort des fœtus, à l'Holocauste perpétré contre le peuple juif. Le livre de l'Américain William Brennan leur a, ici, servi de référence[1]. Les mouvements pro-vie ont aussi condamné la fécondation in vitro car pour eux, la conception d'un être humain ne pouvait qu'être le produit d'une relation physique entre un homme et une femme, sans l'intervention d'un tiers, en l'occurrence, ici, d'un médecin.

Les militants anti-avortement en France, à l'instar des États-Unis, se sont divisés entre ceux qui voulaient avoir recours à la violence et ceux qui avaient le désir de respecter le cadre légal. Les premiers se sont rassemblés dans deux associations : SOS Tout-Petits (1986) et La Trêve de Dieu (1988). Ces deux structures ont tissé des liens solides avec les traditionalistes catholiques dans la mouvance de Mgr Marcel Lefebvre. À l'origine de SOS Tout-Petits, on trouvait le docteur Xavier Dor, chercheur en embryologie à l'hôpital de la Pitié-Salpêtrière, d'abord membre du Parti des Forces nouvelles, puis du Front national. Cette association a été fondée par ce médecin pour « faire cesser le crime de l'avortement[2] ». Mal voyant, il a commencé par hésiter à se lancer dans une opération de grande envergure. Il a d'abord été encouragé par ses amis catholiques, traditionalistes le plus souvent, qui militaient au Front national et qui étaient journalistes à *Présent*. La création de SOS-Tout-Petits a aussi été une réaction à l'explosion du local de Laissez-les vivre qui avait endommagé la porte d'entrée. Estimant que les modes d'action de cette association n'étaient pas assez efficaces, Xavier Dor a fondé la sienne afin d'intervenir directement dans les cliniques et les hôpitaux qui pratiquaient des avortements. La première opération « coup de force » a eu lieu à l'hôpital Tenon le 10 janvier 1987. Elle a servi de modèle aux autres actions de SOS Tout-Petits. Le schéma était simple : un groupe d'adhérents et de sympathisants se retrouvait

---

1. William BRENNAN, *The abortion holocauste. Today's final solution*, Landmark Pr, 1983.
2. Cité par Fiammetta VENNER, *op. cit.*, p. 49.

devant une église, assistait à une messe pour les enfants non-nés et victimes d'un avortement. Ensuite, ils se dirigeaient vers un hôpital repéré par le docteur Xavier Dor. Après avoir pénétré dans l'établissement, ils s'agenouillaient dans les couloirs, priaient et chantaient des cantiques afin de sensibiliser le corps médical et les femmes en passe d'avorter au drame que constituait une IVG. Le docteur Xavier, qualifiait les actions de SOS Tout-Petits de « pacifiques et priantes (pour) dissuader les avorteurs et les femmes venues avorter de se livrer à leur folie sanguinaire[1] ». Christine de Chefdebien, l'une des militantes pro-vie, qui avait participé aux commandos anti-avortement précisait : « En restant assis au sol, en nous enchaînant à la table d'opération, en nous laissant emmener par la police sans opposer la moindre résistance, nous prenons symboliquement la place des enfants qui ce jour-là ne seront pas arrachés du sein de leur mère (...). On ne peut plus laisser se commettre tant de crimes sans réagir[2] ». Le sociologue Dominique Ansery, proche de la mouvance des commandos anti-avortement expliquait le sens de leur stratégie : « Notre démarche est un peu gauchiste. Elle se rapproche des méthodes trotskistes. Avec trois objectifs : conscientisation, dynamisation, mobilisation[3] ».

La Trêve de Dieu est allée plus loin dans les actions violentes en détruisant du matériel médical, en molestant parfois des médecins et en intimidant des patientes, enfin en fouillant dans leur dossier médical pour connaître les raisons qui les avaient poussées à opter pour une IVG. Il s'agissait pour l'association d'établir également des statistiques pour mieux cerner l'ampleur de la réalité de l'avortement provoqué en France. La Trêve de Dieu a appelé ses interventions musclées des « opérations sauvetage[4] ». Cette

1. *La Vie*, 30 janvier 1992.
2. Cité par Frédéric MOUNIER, *L'amour, le sexe et les catholiques*, Paris, Centurion, p. 160.
3. *L'Express*, 8 juillet 1993.
4. Constance CHEYNEL, *op. cit.*, p. 445.

association était née à l'initiative de Claire Fontana[1], fille d'Yvan Gobry, écrivain, spécialiste de l'époque médiévale et ancré dans le traditionalisme catholique. Mère de famille nombreuse, elle a fait des études à l'Institut de sciences politiques et a obtenu une licence de philosophie. Ayant adhéré à l'association Laissez-les vivre, dont son père avait été l'un des premiers membres, elle s'est ensuite engagée dans l'AOCPA (Association pour l'objection de conscience à toute participation à l'avortement), avant de participer à des sit-in organisés par le docteur Dor et SOS Tout-Petits. Considérant que ce mouvement n'était pas assez radical dans ses actions, elle a fondé La Trêve de Dieu avec son mari Henri Fontana. Ils l'ont mise en place à la suite de la venue de Jean-Paul II à Strasbourg en 1988. Claire Fontana a alors demandé un moratoire sur les avortements dans tous les hôpitaux et les cliniques d'Alsace. Les « opérations sauvetage » ont suscité des réactions dans la mouvance féministe très hostile à l'avortement. Cela s'est traduit par la naissance, en 1990, de la Coordination des associations pour le droit à l'avortement et à la contraception (CADAC). Les actions menées par La Trêve de Dieu ont généré plusieurs procès contre Claire Fontana dans la première partie des années 1990. Elle a alors reçu le soutien de plusieurs membres de l'épiscopat dont le cardinal Albert Decourtray, archevêque de Lyon, témoignant ainsi en sa faveur devant le tribunal correctionnel de Bordeaux le 27 avril 1993. Mgr Jean Honoré, archevêque de Tours, a aussi apporté son soutien à Claire Fontana. En revanche, Mgr Joseph Duval, président de la Conférence des évêques de France, s'est montré critique sur les opérations menées par La Trêve de Dieu.

Les AFC (Associations familiales catholiques) se sont désolidarisées de ces actions en dehors de la légalité. Toutefois, à la fin des années 1980, ces dernières ont repris la main sur le réseau anti-avortement lors de la mise sur le marché de la pilule RU 486

1. *Ibid.*, p. 461.

utilisée comme abortif chez les femmes enceintes en début de grossesse. Au début des années 1990, La Trêve de Dieu a vu son audience diminuer progressivement en raison de sa radicalité. Les AFC, que la presse de gauche associait parfois aux commandos anti-avortement, sans jamais d'ailleurs y avoir participé, ont cherché à gommer leur image en développant un message positif sur la vie. À la fin des années 1990, la Trêve de Dieu a compris que ses actions spectaculaires et parfois violentes pour dénoncer l'avortement devenaient contre-productives. Entre 1988 et 1995, les commandos étaient au nombre d'une dizaine chaque année en moyenne, dont beaucoup à Paris et en région parisienne, même si la province n'a pas été oubliée avec Bordeaux, Laval, La Roche-sur-Yon, Mâcon, Nancy, Nantes et Valence, entre autres. En 1998, la Trêve de Dieu a ainsi été à l'origine du groupe des Survivants constitué exclusivement de jeunes nés après la date symbolique de 1975, année du vote de la loi Veil. Renonçant à la violence, ils ont fait des happenings festifs devant les centres d'IVG en mettant en avant l'amour et la procréation.

6

Le divorce et les divorcés remariés

Le regard des évêques français sur les divorcés remariés

En 1967, le Secrétariat général de l'épiscopat français, sous la houlette de Mgr Etchégaray, tenait à souligner les problèmes financiers rencontrés par les femmes séparées ou divorcées[1], ainsi que la difficulté qu'elles éprouvaient à éduquer leurs enfants. En 1974, les évêques français ont fait un nouveau texte sur les femmes divorcées ou séparées non remariées. Ils pointaient du doigt l'indifférence de nombreux catholiques devant le désarroi des femmes séparées ou divorcées. En 1969, une *Note* du Conseil permanent de l'épiscopat rappelait que le mariage religieux avait un caractère indissoluble. En 1972, l'épiscopat français a entrepris une enquête auprès de 600 foyers divorcés remariés et de 200 femmes séparées. Elle montrait que le clergé, comme les fidèles, étaient parfois dubitatifs sur la valeur du sacrement de mariage. Ce travail d'enquête a également mis en lumière que les divorcés remariés les plus croyants exprimaient la volonté de recevoir l'Eucharistie. Ils étaient beaucoup moins nombreux à demander une nullité de mariage et donc une ratification de leur nouvelle union. Toujours en 1972, dans son rapport[2]

1. Secrétariat général de l'épiscopat français, « Les divorcés non remariés et les femmes séparées », 32 CE 1, novembre 1967.

2. Conseil permanent, *La pastorale des divorcés remariés*, 32 CO 1, archives du CNAEF, 13-15 juin 1972.

sur les divorcés remariés, le Conseil permanent de l'épiscopat précisait que pour le clergé, les procédures en vue de la nullité de mariage étaient souvent trop longues. Dans ce document, il faisait le constat que les couples concernés avaient une connaissance très limitée des raisons pour lesquelles l'Église pouvait déclarer nul un mariage. Conscient de l'échec de nombreuses unions matrimoniales, il préconisait une préparation plus sérieuse des mariages religieux. Toujours en 1972, dans sa vaste réflexion sur les divorcés remariés, l'épiscopat français a souhaité assouplir les décisions de l'Église concernant les funérailles de personnes divorcées remariées. Ainsi a-t-il considéré qu'il n'était plus judicieux de leur refuser systématiquement des funérailles, la décision revenant à l'évêque du lieu.

Les réflexions des évêques français au sujet des divorcés remariés

Le CNPL et le Secrétariat national de pastorale familiale se sont prononcés pour que les défunts divorcés remariés puissent bénéficier de funérailles religieuses dans la mesure où elles exprimaient « une manifestation de la charité et de l'intercession de l'Église trouvant leur sens dans la foi en la miséricorde de Dieu (manifestée en Jésus-Christ) et en la communication des saints[1] ». Concernant l'attitude très diversifiée du clergé face aux funérailles des personnes divorcées remariées, Mgr Collini tenait à préciser : « Les laïcs chrétiens ou non s'étonnent et se scandalisent de décisions différentes adoptées par les prêtres[2] ».

Mgr Collini reconnaissait que cette situation traduisait un malaise pastoral alors qu'à la suite du concile Vatican II, l'Église

1. *Ibid.*

2. Rapport de Mgr Collini à l'Assemblée plénière de Lourdes en 1970, *Problèmes posés par les funérailles chrétiennes de personnes en situation irrégulière vis-à-vis de l'Église.*

avait mis fin aux condamnations et avait opté pour une ouverture au monde. Cet évêque se montrait assez favorable aux funérailles des divorcés remariés à la condition qu'elles ne créent pas de scandales selon le canon 1240. À ce sujet, Mgr Collini insistait sur la nécessité de retrouver le sens chrétien des funérailles, en particulier l'intercession de l'Église pour les personnes décédées d'un côté ; et de l'autre, l'écoute et le partage de la parole de Dieu afin d'éclairer sur le sens de la mort. Pour l'épiscopat français, les funérailles des personnes divorcées ne devaient pas remettre en cause l'indissolubilité du mariage et le non-accès de celles-ci aux sacrements et en particulier l'Eucharistie. En 1972, dans une lettre[1] à propos des divorcés remariés, texte assez insipide et peu novateur, les théologiens de l'ATEM considéraient que cette question relevait avant tout des évêques et qu'elle ne devait pas remettre en cause l'indissolubilité du mariage.

Pour les évêques de France, le divorce était un grand malheur qui renvoyait à une grande déception, à un éloignement, à un échec majeur de la vie. Pour l'Église, l'accroissement rapide des divorces pouvait ébranler les structures familiales de tout un pays. Au début des années 1970, elle s'est dite interpellée par la situation des divorcés remariés même si elle estimait que leur situation était contrastée en fonction des diocèses de France. Certains d'entre eux avaient rompu avec l'institution ecclésiale et se sentaient exclus. Ils ne se reconnaissaient plus dans cette Église[2] mais seulement dans la figure du Christ, opposant ainsi les deux. Dans d'autres diocèses, ils pouvaient être des militants actifs au sein des mouvements d'Action catholique ou participer assidûment à l'enseignement du catéchisme. Pour l'épiscopat français, on ne pouvait pas limiter les

1. Lettre des théologiens de l'ATEM (Association des théologiens pour l'étude de la morale) à propos des divorcés remariés, 12 IR 6, archives du CNAEF, 7 mars 1972.

2. *Communauté chrétienne et divorcés remariés*, 32 CO 1, archives du CNAEF.

divorcés remariés au contexte de leur séparation. Les causes de leur rupture, selon lui, pouvaient être diverses : égoïsme, immaturité, pression subie par l'une ou l'autre famille. Les évêques, au début des années 1970, remarquaient que les couples mariés ne bénéficiaient plus de la protection de la société. Ils étaient pris dans le tourbillon d'une société moderne où les exigences en termes de dialogue et de sexualité étaient bien plus importantes que par le passé. S'ajoutait à cela le travail des femmes qui leur donnait plus d'autonomie et qui occasionnait de nouvelles revendications pouvant prendre la forme d'oppositions systématiques à l'homme. Pour les évêques de France, les divorcés remariés devaient d'abord essayer de vivre leur vocation de chrétien. Ils rappelaient le caractère indissoluble du mariage et affirmaient que les personnes ayant vécu une rupture matrimoniale étaient en contradiction avec leur engagement initial. Ils affirmaient ainsi : « Des chrétiens (…), par leur divorce, se trouvent en contradiction avec la signification profonde du sacrement de mariage qu'ils ont reçu. Ils accentuent et institutionnalisent cette contradiction lorsqu'ils se remarient. De ce fait, le second mariage ne peut pas revêtir la signification du premier. Il ne peut être célébré sacramentellement. Les divorcés remariés doivent être conscients de cette contradiction (…). Il ne s'agit pas pour nous de les condamner, encore moins de les acculer au désespoir, mais de les aider à assumer en adultes leur état avec tout ce qui en découle[1] ».

Les évêques français se sont refusés à organiser des cérémonies religieuses pour les divorcés remariés, ce qui, pour eux, n'aurait fait que créer une confusion avec les mariages, qui eux, étaient valides. Mais ils insistaient sur la nécessité d'établir un climat de fraternité et d'accueil pour les divorcés remariés. L'épiscopat français proposait qu'ils participent à des réunions de partage de l'Évangile et d'approfondissement de la foi chrétienne. Les

1. *Ibid.*

évêques de France étaient bien conscients que certaines conditions de vie fragilisaient les couples : problèmes de logement, inquiétude face à l'avenir, baisse des allocations familiales, accroissement de la pornographie et d'incitation à la violence, l'influence du service militaire qui donnait une image dégradante des rapports entre hommes et femmes, enfin l'absence d'un salaire maternel.

L'assemblée plénière de l'épiscopat français a confié, en 1971, à la Commission épiscopale de la famille l'étude des problèmes posés par la pastorale des divorcés remariés. Cette étude précisait qu'en 1971, la France avait deux millions de divorcés remariés et que sur ce nombre, des dizaines de milliers de personnes souffraient de leur situation matrimoniale vis-à-vis de l'Église. Parmi les divorcés remariés restés croyants, beaucoup ont souhaité transmettre la foi chrétienne à leurs enfants et ainsi continuer à être missionnaires. Il leur était difficile de s'abstenir de communier lors des célébrations eucharistiques. Certains d'entre eux ont pu être choqués par les positions classiques de l'Église à leur égard, estimant que c'était à Dieu de les juger et non à l'Église. Des prêtres ont exprimé un malaise sur la situation des divorcés remariés et affirmaient ne plus se sentir proches d'une Église jugée inhumaine. Ici, l'incompréhension de ces clercs fut telle qu'elle s'est parfois traduite par une rupture définitive avec l'institution ecclésiale. À travers le texte de l'épiscopat *Communauté chrétienne et divorcés remariés,* les évêques de France reconnaissaient que les divorcés remariés n'avaient pas toujours été bien accueillis au sein de l'Église. Ces derniers estimaient que l'indissolubilité du mariage était un principe trop rigide et demandaient que des célébrations non sacramentelles soient organisées pour eux. La Commission épiscopale de la famille considérait que briser les nouvelles unions des divorcés était parfaitement irréaliste et tout simplement non souhaitable.

En 1973, la Congrégation pour la doctrine de la foi a rappelé aux évêques qu'il n'était pas question de donner aux catholiques divorcés l'accès au sacrement de l'Eucharistie, autrement dit à la communion. En 1974, devant la multiplication des divorces, le Secrétariat général de l'épiscopat français publiait un nouveau texte sur le sujet, *Les femmes séparées ou divorcées non remariées*. Ce travail comprenait une enquête sur elles. L'étude mettait en avant les deux principales raisons qui expliquaient le choix de ces femmes de ne pas divorcer. La première tenait à leur attachement à l'indissolubilité du mariage (70 %) et la seconde était liée à la présence d'enfants. Dans ce document de 1974, les évêques français notaient que les femmes séparées souffraient de trois grandes difficultés : la solitude affective, l'éducation des enfants, enfin les difficultés financières. Toujours en 1974, lors de l'assemblée des évêques de France, ceux-ci faisaient le constat que beaucoup de secondes unions avaient un caractère définitif. Il n'était pas question pour eux de les remettre en cause, sachant que cela ne pouvait qu'accroître les difficultés pour des couples qui avaient déjà subi une première rupture. En raison de l'indissolubilité du mariage, les évêques s'opposaient à la célébration d'un second mariage religieux validé par le sacrement. Ils considéraient que les divorcés remariés pouvaient recevoir de nouveau l'Eucharistie mais après avoir laissé passer un temps suffisamment long. En ce sens-là, les évêques de France émettaient un avis différent de celui de Rome sur le sujet.

Encore en 1974, le père Pierre-André Liégé, l'un des représentants du courant progressiste en France, s'est montré favorable à l'assouplissement des règles concernant les divorcés remariés. Ses prises de position[1] l'ont amené à s'opposer aux canonistes qui ont bien davantage répercuté le message de Rome sur la non-admission des divorcés remariés à l'eucharistie. En 1975, avec la loi Lecanuet, qui reconnaissait la séparation définitive du couple par

1. Texte du père Liégé, « La perplexité d'un théologien devant le mariage chrétien comme contrat », 1 PP 21, archives du CNAEF, 1974.

consentement mutuel, on a pu observer une hausse nette du nombre de divorces en France. L'auteur de cette loi, qui n'était autre que le ministre de la Justice, fut sévèrement critiqué par plusieurs mouvements catholiques qui lui reprochaient d'avoir renoncé au divorce pour faute. Selon eux, à travers cet acte législatif qui autorisait le divorce par consentement mutuel, Jean Lecanuet, qui se définissait comme catholique, n'avait fait qu'encourager le divorce tout court.

En 1975, Mgr Pierre-Marie Puech, président de la Commission épiscopale de la famille, dans une lettre au cardinal Jean-Jérôme Hamer, préfet de la Congrégation pour la Doctrine de la foi, traduisait le malaise du clergé français quant aux divorcés remariés. Il lui écrivait ceci : « L'embarras de nombreux pasteurs devant une situation religieuse en pleine évolution, ainsi que l'incertitude croissante de l'enseignement théologique, mettent les évêques dans l'urgente nécessité de préciser les orientations pastorales sur ces divers points. C'est pourquoi nous avons voulu auparavant avoir recours à la haute autorité de la congrégation[1] ».

En 1978-1979, le secrétariat de pastorale familiale, à travers le document *Comportement pastoral et interrogations devant les demandes des divorcés remariés*[2] s'est interrogé sur le comportement des divorcés remariés et sur la manière dont le clergé devait agir à leur sujet. On pouvait y lire ceci : « À l'heure actuelle, beaucoup de prêtres partagent le sentiment de beaucoup de divorcés remariés : celui d'une injustice entretenue par l'Église et allant contre la miséricorde de Dieu : le mariage est la seule faute qu'on ne pardonne pas[3] ». Dans ce document, les divorcés remariés expriment l'échec ou parfois le soulagement après avoir

1. *Lettre de Mgr Puech à Mgr Hamer*, 32 CO 52, archives du CNAEF, 27 février 1975.

2. Secrétariat de pastorale familiale, *Comportement pastoral et interrogations devant les demandes des divorcés remariés*, 32 CO 21, archives du CNAEF, 1978-1979.

3. *Ibid.*

retrouvé un conjoint ou une conjointe plus à leur goût. Parmi eux, les femmes semblaient payer un tribut plus lourd en raison souvent d'une précarité matérielle et des difficultés affectives accrues. Beaucoup de divorcés remariés disaient aussi subir une forme de marginalisation au sein de leur famille et parfois au sein de leur milieu professionnel et de l'Église. Nombre d'entre eux estimaient que le traumatisme de l'échec de leur première union n'était pas cicatrisé. La plupart du temps, les relations qu'ils avaient avec leurs enfants s'avéraient difficiles et délicates. Ce document du Secrétariat pastorale familiale avait été précédé par une vaste enquête sur les délégués à la pastorale familiale auprès des prêtres diocésains. Seuls 68 diocèses et quelques centaines de prêtres ont répondu. Parmi eux, on trouvait des partisans d'une ouverture en direction des divorcés remariés, alors que d'autres restaient sur une ligne classique, précisant que la doctrine catholique était suffisamment claire à ce sujet. Il semble que les prêtres religieux se soient davantage investis dans la pastorale des divorcés remariés que leurs confrères diocésains.

Selon les évêques français, les divorcés remariés exprimaient l'idée que leur mariage avait été trop précoce, expliquant ainsi une forme d'immaturité. Beaucoup d'entre eux ne comprenaient pas pourquoi ils ne pouvaient pas se remarier à l'Église et pourquoi il ne leur était plus possible d'avoir accès au sacrement de l'Eucharistie. Pour les évêques de France, il existait trois catégories de divorcés remariés : ceux qui s'étaient éloignés de la foi et qui avaient quitté l'Église. Une seconde catégorie concernait ceux qui étaient devenus indifférents, voire aigris vis-à-vis de l'institution ecclésiale, enfin ceux avaient vécu l'attitude de l'Église à leur égard comme une injustice, se sentant des « passagers clandestins dans l'Église[1] ». L'épiscopat français remarquait que les divorcés remariés étaient moins bien perçus dans le monde rural que dans

1. *Ibid.*

les zones urbaines. Le clergé a fait preuve d'un vrai clivage face à ces derniers. Certains prêtres opposaient une fin de non-recevoir à la demande des divorcés remariés en trouvant logique qu'ils n'aient plus accès à l'eucharistie, étant donné leur rupture matrimoniale. D'autres, au contraire, ont considéré qu'il ne fallait pas leur refuser ce sacrement et voyaient l'attitude de l'Église comme trop légaliste. La question des divorcés remariés a opéré un clivage net au sein du clergé français.

Dans les années 1980, au sein du texte, *La situation actuelle des divorcés remariés*, la Commission épiscopale de la famille remarquait une forte augmentation des divorces. Elle s'inquiétait de voir l'idéal chrétien du mariage perdre de son importance. Cette constatation créait un malaise chez les prêtres. Face à de futurs époux de moins en moins catéchisés, de nombreux clercs s'interrogeaient sur la validité des mariages qu'ils célébraient. En effet, les futurs mariés n'avaient qu'une connaissance très limitée de la doctrine catholique. Ainsi, la Commission épiscopale de la famille constatait-elle une perte du sens du péché chez les futurs époux, ce qui avait une incidence sur la solidité des couples pouvant parfois mener au divorce. Dans le document précité, des prêtres reconnaissaient qu'il était difficile pour les personnes divorcées ayant des enfants de ne pas se remarier afin d'assurer leur éducation. Ils regrettaient aussi que le droit canonique fasse de l'union sexuelle l'unique critère pour exclure les divorcés remariés de l'eucharistie. Dans le texte *La situation actuelle des divorcés remariés*, l'accent était aussi mis sur l'évolution du Code de droit canonique à leur sujet de 1917 à 1983. Dans le code de 1917, le divorce n'était pas seulement perçu comme un échec mais comme un mal du point de vue moral et social. Selon cette législation, il troublait l'ordre, ainsi que la communion ecclésiale. Selon le code de 1917, les divorcés remariés étaient coupables d'un péché grave, à savoir la bigamie. Ils étaient rangés dans la catégorie des personnes « infâmes ». Selon le code de 1917, les divorcés remariés ne pouvaient recevoir ni l'absolution ni l'eucharistie. Le code de 1983 a nettement fait évoluer leur situation au sein de l'Église car, désormais ils étaient considérés comme faisant partie intégrante de la communion ecclésiale. Toujours en 1980, le Secrétariat national de la Pastorale familiale a publié un dossier pour les prêtres dans lequel ils soulignaient l'importance de la conscience pour savoir s'il fallait autoriser ou pas des divorcés remariés à recevoir le sacrement de l'eucharistie.

En 1990, Mgr Le Bourgeois, qui était à la retraite depuis 1987, a relancé la question des divorcés remariés à travers son livre[1], *Chrétiens divorcés remariés*. L'ouvrage a rencontré un certain écho médiatique et Rome a exprimé la crainte qu'il sème le trouble dans l'esprit de nombreux catholiques, ce qui n'a manifestement pas été le cas. Dans les années 1985-1995, de nombreux synodes diocésains se sont déroulés en France et souvent ils ont désiré un accès des divorcés remariés aux sacrements de la réconciliation et de l'eucharistie. Ce fut le cas de celui de Bordeaux qui, en 1993, demandait dans sa conclusion à son archevêque de porter sa requête à Rome.

En 1992, Mgr Jacques David a rédigé le fascicule[2] *À mes frères et sœurs catholiques divorcés remariés*. Ce texte visait à favoriser une meilleure intégration de ceux-ci au sein de l'Église. La même année, la commission familiale de l'épiscopat, au terme d'une enquête, a publié l'ouvrage[3], *Les divorcés remariés dans la communauté chrétienne* dont la préface était dirigée par Mgr Jean Cuminal. Dans ce travail, elle s'interrogeait : « Lorsque les divorcés remariés souhaitent sincèrement avancer sur le chemin de la sainteté (…), l'Église ne pourrait-elle pas, sans leur imposer

1. Armand Le Bourgeois, *Chrétiens divorcés remariés*, Paris, DDB, 1990.
2. Mgr Jacques David, *À mes frères et sœurs catholiques divorcés remariés*, archives du CNAEF, 1992.
3. Commission épiscopale de la famille, *Les divorcés remariés dans la communauté chrétienne*, Paris, Le Centurion, 1992.

de vivre dans la continence, leur donner l'absolution et les admettre à la communion eucharistique ? ». Cet évêque précisait aussi que les divorcés remariés n'étaient pas exclus[1] de l'Église à laquelle ils étaient incorporés définitivement par leur baptême. Il rappelait qu'ils ne faisaient plus l'objet de la sanction pénale d'excommunication et qu'ils avaient droit à l'accueil fraternel de la communauté chrétienne. Mgr Cuminal incitait les divorcés remariés à participer aux célébrations eucharistiques. Dans la foulée de la publication de ce document, Mgr David, évêque de La Rochelle, tout en expliquant la position de Rome, avançait que dans le cas des divorcés remariés, seul Dieu jugeait. Devenu évêque d'Évreux, il invitait ces derniers à une célébration de la parole à l'occasion du Jubilé de l'an 2000. En 1998, les évêques de France ont de nouveau sensibilisé l'Église en France à l'accueil des divorcés remariés en demandant qu'ils prennent toute leur place au sein des paroisses en particulier. Comme les autres baptisés, ils étaient appelés à la mission[2] et donc à la propagation de la bonne nouvelle.

L'action de Mgr Le Bourgeois au sujet des divorcés remariés

Mgr Armand Le Bourgeois, évêque d'Autun a été le premier évêque en France à renouveler les pratiques pastorales en direction des divorcés remariés. En 1971, alerté par un curé de campagne de Saône-et-Loire, qui était déchiré après avoir dû refuser une sépulture chrétienne à une femme divorcée remariée selon le droit canon, le prélat lui a demandé de l'enterrer à l'église, affirmant qu'il en « prenait la responsabilité[3] ». Mgr Le Bourgeois ne s'est

1. *France Soir*, 10 juin 1992.
2. *Réunion de la Commission épiscopale de la famille*, archives du CNAEF, 29-30 septembre 1998.
3. *Croire aujourd'hui*, n° 132, 15 avril 2002.

pas contenté d'affirmer que la miséricorde primait le droit. En effet, il a pris des mesures concrètes pour permettre aux divorcés remariés de trouver toute leur place dans l'Église. Mgr Fauchet, évêque de Troyes, s'est situé dans le sillage de Mgr Le Bourgeois en faisant en sorte que les divorcés remariés soient mieux accueillis dans l'institution ecclésiale. Selon l'évêque d'Autun, pour apporter un soutien aux divorcés remariés au sein de l'Église, il fallait donner la primauté à la conscience telle qu'en parle le concile Vatican II. Mgr Le Bourgeois estimait qu'il fallait des conditions particulières pour que les divorcés remariés aient accès aux sacrements de l'eucharistie et de la pénitence : stabilité du second mariage, engagement du nouveau couple dans la durée, souci des enfants de la première union, avis de l'Église sur la seconde union. Proche de la communauté œcuménique de Taizé, située dans le diocèse d'Autun, Mgr Le Bourgeois était « très attentif[1] » à la manière dont les confessions orthodoxe et protestante traitaient de la question du divorce. Ses positions étaient proches de celles de l'ATEM (Association des théologiens pour l'étude de la morale). Réunie à Chevilly-Larue en 1970, elle insistait pour que l'Église soit accueillante vis-à-vis des divorcés remariés, cette attitude d'ouverture pouvant aller jusqu'à la distribution de l'eucharistie. Mgr Le Bourgeois était aussi sur la même longueur d'onde que les pères Jean-Pierre Jossua, dominicain, et Pierre de Locht, moraliste à l'Université catholique de Louvain, lesquels préconisaient qu'un second mariage non sacramentel soit proposé aux divorcés remariés, comme cela se faisait dans les Églises orientales.

Mgr Thomas est allé dans le sens de Mgr Le Bourgeois en précisant que la seconde union ne devait pas exprimer de violence à l'encontre des membres du premier couple. Mgr Armand

1. Bruno DUMONS, « Faire face au divorce. Mgr Le Bourgeois et la recherche d'une pastorale dans l'Église de France (1960-1990) », *20 et 21. Revue d'histoire*, n° 148, avril, 2020.

Le Bourgeois, grand défenseur des divorcés remariés et de leur accès au sacrement de l'Eucharistie, précisait : « La liste des personnes visées par le canon 120 s'est singulièrement raccourcie dans la pratique des dernières décennies. Qui sont les personnes mortes en duel, les apostats notoires, les excommuniés par sentence déclamatoire, à qui un prêtre ait refusé la sépulture ecclésiastique ? Ceux qui désirent être incinérés peuvent légitimement le faire. Il ne reste probablement que les divorcés remariés pour justifier l'existence d'une sanction que, par ailleurs, des signes quelconques de pénitence pourraient lever[1] ? ».

En 1976, le cardinal Franjo Seper, préfet de la Congrégation pour la doctrine de la foi, a écrit une lettre à Mgr Le Bourgeois dans laquelle il affirmait s'opposer à deux de ses propositions sur les divorcés remariés. La première visait à organiser des messes privées pour accompagner le remariage des divorcés au plan civil. La seconde concernait l'accès à l'eucharistie de ces derniers. Dans le premier cas, la Congrégation pour la doctrine de la foi craignait que cette pratique ne crée une confusion chez les fidèles et ne laisse penser que l'Église approuvât ces remariages. Le cardinal Seper visait ici les « cérémonies religieuses » de Lugny organisées dans le diocèse d'Autun pour les divorcés remariés au plan civil. La Congrégation pour la doctrine de la foi rejetait les initiatives de Mgr Le Bourgeois car elles lui semblaient remettre en cause l'indissolubilité du mariage.

En 1976, dans une lettre[2] aux prêtres du diocèse d'Autun, intitulée *Les divorcés remariés, une place dans l'Église*[3] ?, Mgr Le Bourgeois trouvait pertinent de s'interroger sur la possibilité de

1. Note du Centre national de pastorale liturgique et du secrétariat national de pastorale liturgique, *Funérailles des divorcés remariés*, archives du CNAEF, 24 février 1972.

2. *Lettre de Mgr Armand Le Bourgeois aux prêtres du diocèse d'Autun à propos des divorcés remariés*, 1PP21, 15 septembre 1976.

3. *Église d'Autun*, 24 septembre 1976.

célébrer le mariage de divorcés remariés dans la perspective d'une évolution libérale qu'avaient connu les funérailles. En effet, à partir de 1971, et surtout à partir de 1973, elles ont concerné les personnes incroyantes dont certaines avaient combattu l'Église. Encore en 1976, Mgr Le Bourgeois, précisait, dans une note qui accompagnait sa lettre aux prêtres du diocèse d'Autun, que, dans certains cas, il serait possible de célébrer le mariage[1] religieux de divorcés remariés après une longue démarche pénitentielle. Pour lui, dans les critères à retenir, il y avait la stabilité du couple, la présence d'enfants, enfin l'absence d'un intérêt matériel ou financier dans une éventuelle nouvelle union. Selon l'évêque d'Autun, la loi de l'Église fondée sur la stricte indissolubilité du mariage lui paraissait trop rigide et décourageante pour des personnes qui avaient contracté une seconde union civile après un divorce. En conclusion de sa note, Mgr Le Bourgeois écrivait à propos des divorcés remariés : « Privés du soutien moral que sont l'eucharistie et la pénitence dans une vie chrétienne, il n'est pas surprenant qu'ils abandonnent peu à peu tout lien avec l'Église, voire toute relation à Dieu[2] ». La lettre de Mgr Le Bourgeois a eu un impact immédiat. La presse audiovisuelle s'en est emparée. Ainsi expliquait-il sur Antenne 2, le 24 septembre 1976, devant des millions de téléspectateurs, ses prises de position quant à la perspective d'un second mariage pour les divorcés remariés. L'évêque d'Autun a dès lors reçu des centaines de lettres de couples et de prêtres qui étaient soucieux de sortir des pratiques « clandestines[3] » quant à l'accès à l'eucharistie pour les divorcés remariés.

En 1976, toujours, le cardinal Franjo Seper, préfet de la Congrégation pour la doctrine de la foi, s'est opposé aux prises

1. *Note jointe de Mgr Le Bourgeois aux prêtres du diocèse d'Autun*, 1PP21, archives du CNAEF, septembre 1976.

2. *Ibid.*

3. Bruno DUMONS, « Face au divorce. Mgr Le Bourgeois et la recherche d'une pastorale dans l'Église de France, *20 et 21. Revue d'histoire*, n° 148, avril 2020.

de position de Mgr Le Bourgeois qui était favorable à ce que les divorcés remariés aient accès à l'eucharistie dans certaines conditions. Il lui reprochait ses interventions publiques au détriment des échanges avec les structures ecclésiales, que ce soit le Saint-Siège, la Conférence des évêques de France ou la Commission épiscopale de la famille. Le cardinal Seper rappelait que l'interdiction de l'accès des divorcés remariés à l'Eucharistie s'expliquait par la faiblesse des arguments théologiques utilisés par les partisans d'un assouplissement de la discipline ecclésiale dans ce domaine. Le cardinal Seper écrivait ainsi à Mgr Le Bourgeois : « Le retentissement de vos prises de position est déjà considérable, et cela ne saurait étonner. Vous-même, en consentant aux interventions de la presse parlée et écrite, en avez assumé la responsabilité. C'est là, je dois le dire nettement, ce qui paraît le plus grave en cette affaire. N'eut-il pas été préférable de reproposer le problème de l'admission aux sacrements des divorcés remariés devant les instances compétentes (...) plutôt que de porter le débat directement devant vos prêtres, et surtout devant l'opinion publique qui constitue un redoutable moyen de pression[1] ».

Rome avait demandé à Mgr Le Bourgeois de modifier ses deux textes sur les divorcés remariés, soit sa *Lettre aux prêtres de son diocèse*, ainsi que *la note jointe*. L'évêque d'Autun a présenté sa nouvelle mouture à la Conférence des évêques de France le 24 décembre 1976 mais il n'était pas prêt à des changements substantiels. Il écrivait ainsi à Mgr Roger Etchégaray, archevêque de Marseille et président de la Conférence des évêques de France : « Je crois m'être exprimé nettement – je le fais volontiers et suis prêt à des corrections de détail que vous pourriez me suggérer –, mais ce texte exprime en même temps la limite des mises au point que je puis faire de moi-même. Au-delà, que les organismes

1. *Lettre du cardinal Franjo Seper à Mgr Armand Le Bourgeois*, 1PP21, archives du CNAEF, 20 octobre 1976.

compétents, s'ils demeurent insatisfaits, prennent leur responsabilité[1] ». Toujours en 1976, dans une lettre[2] à Mgr Le Bourgeois, Mgr Gilbert Duchêne, disait soutenir globalement les positions de ce dernier mais en lui demandant d'approfondir ses arguments théologiques en faveur de l'accès des divorcés remariés à l'Eucharistie. En 1977, le très ultramontain Mgr Coffy[3] écrivait à Mgr Le Bourgeois pour lui demander de se conformer aux recommandations romaines concernant le non-accès des divorcés remariés à l'Eucharistie et de ne pas apparaître comme un électron libre au sein de l'Église. En 1978, un sondage de *La Vie* indiquait que 67 % des catholiques souhaitaient une « ouverture[4] » de l'Église en direction des divorcés remariés.

Deux associations fondées pour le soutien aux personnes divorcées

Le Groupement spirituel des femmes séparées et divorcées, est né en 1954 dans la région de Grenoble. Il a voulu leur apporter un soutien dans leur épreuve, les aider à se remettre debout et à témoigner de la fidélité chrétienne au-delà de l'échec de leur couple. Le mouvement fut fondé par Marie-Aimée Benistant, aidée par le père Buisson, jésuite, et sœur Denise Thouvard. Elle lui a donné naissance après que son mari l'eut abandonnée, à la suite des funérailles de leur fille. L'œuvre s'est implantée à Paris en 1964. En 1969, Mgr Jean-Baptiste Brunon, nommé responsable de la pastorale des femmes séparées ou divorcées, a noué des liens importants

1. *Lettre de Mgr Le Bourgeois à Mgr Etchégaray*, 1PP21, archives du CNAEF, 24 décembre 1976.
2. *Lettre de Mgr Gilbert à Mgr Le Bougeois*, 1PP21, archives du CNAEF, 28 décembre 1976.
3. *Lettre de Mgr Robert Coffy à Mgr Armand Le Bourgeois*, 1PP21, archives du CNAEF, 5 janvier 1977.
4. *La Vie*, 23-29 novembre 1978.

avec le Groupement spirituel des femmes séparées et divorcées. Le mouvement a intégré la pastorale familiale à ce moment-là. Mgr Brunon était remplacé par Mgr Caillot en 1973. En 1974, le mouvement a été reconnu par l'Église. En 1975, le Groupement spirituel des femmes séparées et divorcées n'a pas approuvé le projet de loi de Jean Lecanuet, ministre de la Justice, qui visait à « humaniser le divorce[1] » en supprimant la notion de « faute » et en sollicitant l'avis des enfants. La même année, Mgr Puech, évêque de Carcassonne, précisait que la grâce du sacrement de mariage était permanente. Face à l'épreuve de ces femmes séparées ou divorcées, il leur affirmait : « Gardez donc confiance. La vie est dure pour vous. Mais votre foi lui donne un sens. Et la prière vous obtiendra les énergies nécessaires[2] ». En 1981, le mouvement était présent dans 36 diocèses. Il y avait 52 équipes et le mouvement concernait 2 000 femmes à cette époque. En 1974, Marcelle Gauthier-Dusart, responsable nationale du mouvement Renaissance, dans une lettre à Mgr Puech, président de la Commission épiscopale de la famille, avait dénoncé le divorce par consentement mutuel. Elle voyait à travers lui des dérives évidentes. Elle écrivait à Mgr Puech : « Par la séduction, la ruse, la menace, la violence et la crainte, un époux malhonnête peut obtenir le consensus mutuel. La pression de l'époux coupable pour obtenir le divorce par consentement mutuel risque de constituer une véritable escroquerie morale et financière qu'il faut dénoncer, et je me fais l'écho des avocats catholiques qui critiquent dans une note récente cette nouvelle législation[3] ».

Pour Marcelle Gautier-Dusart, l'un des graves problèmes posés par le divorce concernait les enfants qui étaient les victimes

1. *Partage*, juin 1975.

2. *Groupement spirituel des femmes séparées ou divorcées*, 32 CO 350, archives du CNAEF, juin-juillet 1975.

3. *Lettre de Marcelle Gautier-Dusart à Mgr Puech*, 32 CE 1, archives du CNAEF, 13 septembre 1974.

directes de la séparation au sein des couples. En 1975, elle faisait part de son mécontentement à Jean Lecanuet, garde des Sceaux, sur les évolutions législatives concernant le divorce en demandant que celui-ci ne soit pas prononcé pour des raisons futiles, que les femmes divorcées puissent conserver leurs droits à la retraite, enfin qu'elles perçoivent réellement leurs pensions de retraite, ce qui était loin d'être toujours le cas. En 1976, Marcelle Gautier-Dusart reprochait à l'Église de s'être peu intéressée au mouvement Renaissance en privilégiant les divorcés remariés au détriment des personnes séparées qui n'avaient pas fait le choix d'une nouvelle union. Elle écrivait au père Barbaste, aumônier de Renaissance : « Nous avons souffert de voir que l'Église ne se préoccupait pas des divorcés remariés et nous nous sommes souvent demandé si le nombre des divorcés remariés était si important qu'on voulait bien le dire, alors que les séparés et non remariés étaient au moins aussi nombreux et devaient assumer un état de vie combien difficile à tous points de vue en restant fidèles à leur engagement, n'ayant pas choisi, comme les divorcés remariés, la solution de la facilité[1] ».

Le Groupement spirituel des femmes séparées et divorcées, devenu Renaissance en 1979, a organisé divers congrès thématiques : Paris en 1978, « La femme divorcée », Dijon en 1951, « Renaître : Utopie ? Réalité ? », Bordeaux en 1984, Rennes en 1987, « Halte-là, j'existe », Lyon en 1991, « Vivre, c'est espérer », Dôle en 1999, « Osez la confiance », Lourdes en 2004, « Devenir une femme ». En 2003, le mouvement devenait officiellement « Renaissance, mouvement chrétien pour les femmes en rupture de couple ». Ce dernier a été critiqué par la commission familiale de l'épiscopat pour ne pas avoir assez affiché son identité chrétienne et pour ne pas avoir été assez ferme sur les exigences catholiques qu'impliquait la séparation des couples.

1. *Lettre de Marcelle Gautier-Dusart au père Barbaste*, 32 CE 1, archives du CNAEF, 30 septembre 1976.

La Communion Notre-Dame de l'Alliance en 1983 est une autre initiative qui s'est inscrite dans le développement de la pastorale en direction des personnes divorcées. Son origine est due à l'action du père Guillaume, moine de l'abbaye de Timadeuc, qui a mis en relation deux retraités, divorcés, Paul Salaün et Anne-Marie Le Marquer. En 1983, ils ont fondé la Communion Notre-Dame de l'Alliance, associant des membres divorcés mais qui voulaient rester fidèles à leur première union. Ils ont reçu le soutien de Mgr Jacques Jullien. Ce dernier était très sensible aux questions de théologie morale et de pastorale familiale. Au-delà de cet appui, cet évêque a beaucoup milité pour que les divorcés remariés puissent avoir accès à l'eucharistie. En dépit d'effectifs relativement faibles et du pourcentage d'hommes qui n'excédait pas un tiers, la Communion Notre-Dame d'Alliance a été reconnue canoniquement en 1989 et intégrée aux mouvements officiels de la pastorale familiale. Cette association s'est nettement distinguée des grands mouvements de tendance classique qui œuvraient au sein de la pastorale familiale tels que les AFC et le CLER. Dans un cas comme dans l'autre, ces structures ultramontaines, donc soucieuses de prendre en compte les positions de Rome, se sont peu intéressées à la question des divorcés, qu'ils soient remariés ou pas.

Le malaise suscité par la question des divorcés remariés

En 1997, Mgr Le Bourgeois critiquait l'article de Mgr Marcus, archevêque de Toulouse et ancien vice-président de la Conférence des évêques de France, paru[1] dans *La Documentation catholique*. Il lui reprochait[2] principalement de ne pas ouvrir de perspectives

1. *La Documentation catholique*, 16 octobre 1997.
2. *Lettre de Mgr Le Bourgeois à Mgr Marcus*, 12 IR 6, archives du CNAEF, novembre 1997.

nouvelles aux divorcés remariés et d'en rester à des considérations purement disciplinaires. Il le critiquait pour être apparu essentiellement comme « un écho romain » et pour ne pas avoir repris les grands axes de son livre[1], *Questions des divorcés à l'Église*, vendu à 20 000 exemplaires. Dans cet ouvrage, Mgr Le Bourgeois défendait le point de vue plus libéral des Églises orthodoxes et protestantes qui autorisaient les divorcés remariés à avoir de nouveau un mariage religieux. Pour éviter nombre de divorces, Mgr Le Bourgeois invitait l'Église catholique à mieux prendre en compte le fait que beaucoup de couples de fiancés n'étaient plus enracinés dans la foi catholique. Il l'encourageait aussi à différer certains mariages lorsque les couples n'étaient pas en phase avec les idéaux évangéliques ou lorsqu'ils n'avaient pas la maturité suffisante. Réagissant à l'article de Mgr Marcus sur les divorcés remariés, *Golias*, dans son numéro[2] de janvier-février 1998, le qualifiait de « faux-cul » et d'être adepte d'un moralisme désuet. Toujours en 1998, les évêques de Lille, Cambrai et Arras disaient comprendre les divorcés remariés qui communiaient en conscience.

Pour Mgr Marcus, il ne fallait pas délaisser le « front[3] » des divorcés remariés qui était une question délicate. Il appelait à ne pas tomber dans le piège qui consistait à opposer « la dureté et le juridisme de l'Église à la miséricorde de Dieu[4] ». S'appuyant sur les réflexions de Jean-Paul II, le prélat rappelait qu'ils vivaient en situation irrégulière, raison pour laquelle ils ne pouvaient pas diriger un établissement d'enseignement catholique ni en assurer la direction spirituelle. Tout en reconnaissant que le divorce entraînait des ruptures graves sur le plan moral, spirituel, humain, tout

1. Armand Le Bourgeois, *Questions des divorcés à l'Église*, Paris, DDB, 1994.
2. *Golias*, n° 58, janvier-février 1998.
3. *La pastorale des divorcés remariés commentée par Mgr Marcus à partir de Familiaris consortio*, 1PP21, archives du CNAEF.
4. *Ibid.*

simplement, Mgr Marcus n'acceptait pas les critiques faites à l'Église dans ce domaine en expliquant que cet acte de séparation était le fruit d'une décision personnelle et non celui d'une instance ecclésiale. Il faisait le constat que l'on pouvait ranger le clergé en trois catégories concernant la question des divorcés remariés. Il existait un premier groupe qui appliquait la discipline romaine à la lettre, un autre qui agissait au cas par cas, enfin un dernier qui refusait d'aborder le problème à cause du malaise suscité par les divorcés remariés qui n'étaient pas autorisés à communier. Quant à Mgr Robert Coffy, celui-ci constatait un fort clivage entre les prêtres qui exigeaient la foi catholique des fiancés pour célébrer leur mariage et ceux qui acceptaient de célébrer un mariage religieux pour des couples qui n'adhéraient pas au catholicisme.

Selon le père Michel Legrain, religieux spiritain et aumônier national, puis international des CPM, il fallait opérer des distinctions entre les divorcés remariés. En 1978, dans son texte, « Les divorcés remariés et l'eucharistie[1] », il considérait que dans certaines circonstances, sans dire précisément lesquelles, leur accès à la communion lui semblait possible. En 1990, le père Bernard Lambez[2], prêtre du diocèse d'Autun, s'est opposé à Mgr Séguy qui avait succédé à Mgr Le Bourgeois à la tête de son diocèse. Il estimait que ce dernier ne comprenait pas la situation des divorcés remariés. Le père Lambez pensait que l'Église catholique ne pouvait pas obliger des couples divorcés remariés à vivre 20 ou 30 ans en « frère et sœur », donc sans relations sexuelles. Selon lui, un mariage religieux s'imposait à ces derniers, surtout lorsqu'ils avaient fait le choix de la fidélité à l'Église, à l'Évangile dans le cadre d'une démarche pénitentielle.

---

1. Texte de Michel LEGRAIN, « Les divorcés remariés et l'eucharistie », 1PP21, archives du CNAEF, 28 mars 1978.

2. Lettre du père Bernard Lambez au conseil presbytéral du diocèse d'Autun à l'occasion d'un débat sur la pastorale des divorcés remariés et du sacrement de mariage, 1PP21, archives du CNAEF, 31 mai 1990.

En 1997, encore une fois, Mgr Le Bourgeois appelait l'Église à revoir sa position et à favoriser leur accès à l'eucharistie. Il écrivait ainsi : « Il faut absolument que notre Église revoie sa position. En ce qui concerne la France, il est à noter que la quasi-totalité des synodes depuis dix ans a fait référence à la situation des divorcés remariés. Quelques-uns l'on fait dans un très large esprit d'ouverture, allant jusqu'à demander purement et simplement l'admission des divorcés remariés à l'Eucharistie, d'autres ont été plus timides, se référant à l'autorité diocésaine ou romaine, mais dans l'ensemble, on peut voir là me semble-t-il un *sensum fidelium* qui ne peut rester sans réponse[1] ». Dans les années 1990, l'épiscopat français craignait que le refus de Jean-Paul II d'envisager un second mariage religieux pour les divorcés remariés entraîne une hémorragie des fidèles et donc leur départ de l'Église catholique. Le père Michel Paysan, secrétaire national de la commission familiale, précisait à ce sujet : « Le risque est que le remariage (civil) éloigne les divorcés de l'Église. Les enfants ne sont plus catéchisés et à la génération suivante, il n'y a plus rien[2] ». Si la question des divorcés remariés a surtout mobilisé des théologiens progressistes à l'image des pères Michel Legrain ou du père Henri Bourgeois, de l'Université catholique de Lyon, le courant ultramontain est aussi intervenu sur cette question avec principalement Xavier Lacroix, laïc, père de famille et doyen de la Faculté de théologie de l'Université catholique de Lyon. Expert auprès de Rome et membre du Conseil national de la pastorale familiale (1987-2004), il a été chargé de défendre les positions du Vatican dans le domaine de la morale familiale et conjugale. Ainsi a-t-il rappelé les valeurs du mariage catholique et son indissolubilité, tout en demandant que soit développée une pastorale qui vienne en soutien aux couples

1. *Document sur les divorcés remariés communiqué par le diocèse d'Annecy*, 1PP21, archives du CNAEF, mars 1997.
2. *Les divorcés remariés troublent l'Église*, texte de l'épiscopat français, archives du CNAEF, années 1990.

divorcés. En 1992, est paru sous la direction de Xavier Lacroix[1], *Le divorce est-il une fatalité ?*. En 2004, sous sa direction était aussi publié[2] *Oser dire le mariage indissoluble.*

En 1998, le chanoine Louis Menuz, juge de l'officialité d'Annecy, faisait part de son malaise face aux divorcés remariés qui souhaitaient un mariage religieux. Il a soutenu leur démarche en diffusant des articles où la question était abordée. Il citait ainsi un article de la journaliste Monique Hébrard dans *La Croix* : « L'Église catholique demande aux divorcés remariés de s'abstenir de l'Eucharistie... Certains se croient condamnés et ne fréquentent plus les paroisses... D'autres qui continuent à aller à la messe doivent normalement rester sur leur chaise, alors que l'assemblée – y compris les menteurs et les tricheurs, les infidèles et les égoïstes – se déplace pour recevoir le corps du Christ... Un certain nombre a décidé en conscience de communier malgré tout, avec parfois le regard bienveillant de leur curé ou de leur évêque[3] ». Dans *L'Essor Savoyard*, le père Legrain affirmait que « la conscience devait avoir le dernier mot[4] », montrant ainsi que cette dernière prévalait sur les règles du droit canonique.

La presse catholique et les divorcés remariés

Jusque dans les années 1980, la presse catholique s'est globalement peu intéressée aux divorcés remariés. À partir de cette période, les choses ont légèrement changé à l'initiative de publications ancrées dans le progressisme et l'aile gauche de l'Église

1. Sous la direction de Xavier Lacroix, *Le divorce est-il une fatalité ?*, Paris, DDB, 1992.
2. Sous la direction de Xavier Lacroix, *Osez dire le mariage indissoluble*, Paris, Éditions du Cerf, 2001.
3. *La Croix*, 12 septembre 1998.
4. *L'Essor Savoyard*, 29 octobre 1998.

telles que *La Croix* ou *La Vie*. Le journaliste de *La Croix* Yves de Gentil-Baichis s'est saisi de cette question et a consacré de nombreux articles au divorce et à l'éclatement des familles. Il a traité davantage ce thème en donnant naissance au supplément *Parents & Enfants*, en 1994, promis à un vif succès au sein du journal *La Croix.* Il est devenu, en quelque sorte, l'une des marques de cet organe de presse. Yves de Gentil-Baichis, né à Béziers en 1933, était titulaire d'une Licence en philosophie et en psychologie. Dans les années 1950, encore étudiant à la Sorbonne, il fréquentait le Centre Richelieu qui abritait l'aumônerie de cette université. Déçu par cette structure qu'il trouvait trop classique, trop traditionnelle, il voulait un christianisme plus ouvert, qui soit en dialogue avec le monde de la non-croyance. Il précisait : « On ne nous envoyait pas vers les autres étudiants pour dialoguer mais pour les convertir. L'Église semblait cadenassée. Méfiante à l'égard du monde contemporain et de tout ce qui n'est pas conforme à la morale, elle ne pensait qu'à condamner [1] ».

Il a été quelque temps enseignant avant d'entrer au groupe de la Bonne Presse en 1966 où il a intégré les DSA (Documents Services Adolescence). En 1968, Yves de Gentil-Baichis [2] est entré à la rédaction de *La Croix* où il est resté trente ans. Lorsqu'il a créé le supplément *Parents & Enfants, celui-ci* s'est inscrit dans un contexte précis, à savoir celui du développement du service Société à *La Croix* dans les années 1980 au sein duquel se trouvaient des thématiques qui prenaient désormais toute leur place dans le journal comme celle de la famille, à côté du féminisme, du travail des femmes, des questions de bioéthique et de l'évolution des mœurs. Le *Parents & Enfants* a eu pour objet de rajeunir le lectorat du journal. Ce supplément jouait un rôle intergénérationnel

1. *La Croix*, 26 avril 2014.
2. *La Croix*, 12 juin 2017.

important car les grands-parents, qui le lisaient, le transmettaient à leurs enfants qui, eux-mêmes, étaient directement confrontés aux questions d'éducation. Déjà dans les années 1980, Yves de Gentil-Baichis avait multiplié les conférences sur le travail des femmes et ses répercussions sur l'évolution des couples. Il y avait amassé des réflexions qui lui serviront lorsqu'il lancera le supplément *Parents & Enfants*.

Le tour de force du supplément a été de traiter de la question de la famille sous un format « magazine » au sein d'un quotidien. La couleur et la photo ont renforcé le côté « magazine » du supplément *Parents & Enfants*. Il a très vite été repéré et attendu par les lecteurs de *La Croix*. Bruno Frappat, directeur de *La Croix*, a accepté et encouragé le *Parents & Enfants* même s'il n'a pas jamais été vraiment à l'aise avec cette formule car il était beaucoup plus attaché au traitement de l'actualité qu'à la forme « magazine ». De 1994 à 1998, Yves de Gentil-Baichis a signé la moitié des articles, ainsi que tous les éditoriaux. L'un des buts du *Parents & Enfants* était d'aider les lecteurs de *La Croix* à mieux comprendre leurs enfants qui, bien souvent, les désarçonnaient par les chemins qu'ils prenaient : refus du mariage, divorce, famille recomposée. Le supplément de *La Croix* ne cherchait pas à apporter des réponses toutes faites sur la question familiale mais plutôt à favoriser la réflexion sur des sujets délicats tels que l'homosexualité ou la pornographie diffusée sur les réseaux sociaux par exemple. Le *Parents & Enfants* était directement en concurrence avec l'hebdomadaire *Famille Chrétienne*, plus classique, plus ultramontain et plus attaché à un catholicisme traditionnel. L'existence du supplément de *La Croix* était une façon pour le journal de dire qu'elle ne laisserait pas à *Famille Chrétienne* et au groupe EDIFA, dont ce titre dépendait, le monopole de la question familiale.

Le synode de la famille 2014-2015 et l'exhortation apostolique *Amoris Laetitia* : la réflexion du pape François sur les divorcés remariés

Dans les années 2010, la question des divorcés remariés a fait l'objet de nouvelles réflexions dans le catholicisme français à partir des nouvelles approches du pape François qui ont été développées lors du synode sur la famille en 2014 et en 2015. Ce dernier avait avant tout une dimension pastorale. En effet, le pape François estimait que les aspects doctrinaux ayant trait à la famille et à la sexualité avaient été déjà largement abordés par Jean-Paul II.

Il s'est apparenté pour l'Église à des états généraux de la famille. Il a voulu répondre à la crise de la famille qui s'est en particulier traduite par une forte hausse du divorce. Le pape François, à travers cet événement, a cherché à trouver une solution aux problèmes posés par les divorcés remariés qui étaient privés des sacrements de l'eucharistie et de la pénitence. Ce synode de la famille a exercé un intérêt bien au-delà de la sphère catholique en raison du caractère universel du thème abordé. Il a aussi suscité de graves dissensions entre l'aile droite de l'Église représentée par les cardinaux conservateurs qui avaient peur d'une remise en cause de la doctrine catholique sur l'indissolubilité du mariage et l'aile gauche symbolisée par leurs homologues progressistes qui insistaient sur la nécessité de prendre en compte les évolutions de la société et qui demandaient que les divorcés remariés puissent accéder aux sacrements de l'eucharistie et de la pénitence moyennant un certain nombre de conditions.

Ce synode avait lieu à huis clos et a rassemblé deux cents évêques et cardinaux du 5 au 19 octobre 2014. Ils ne devaient pas communiquer avec la presse en raison du sujet brûlant que constituait la réintégration possible des personnes divorcées remariées dans l'Église. Ce synode, dans sa première partie, était consacré aux « défis pastoraux de la famille dans le contexte de l'évangélisation ». Le rapport final du synode, appelé *Relatio Synodi*, a été adopté par l'assemblée des évêques, à l'exception de trois articles portant respectivement sur les divorcés remariés et les personnes homosexuelles, ces textes n'ayant pas obtenu la majorité requise des deux tiers. Prenant acte de ce revers, le pape François a décidé de convoquer une nouvelle session en 2015 et de lancer une enquête auprès des fidèles « relayée par les conférences épiscopales[1] ».

En septembre 2014, soit quelques semaines avant le synode de la famille, le pape François a marié des couples qui avaient déjà des enfants ou qui vivaient en union libre. Par ces mariages, il a voulu montrer que l'institution ecclésiale devait tenir compte des évolutions majeures sur le plan familial et conjugal qui allaient à l'encontre des prescriptions de l'Église. Le synode de 2014-2015 sur la famille s'est en partie centré sur ces divorcés remariés alors que nombre d'entre eux avaient déjà quitté l'Église où avaient fait le choix de communier en conscience avec l'autorisation du curé.

La seconde partie du synode de la famille s'est déroulée du 5 au 26 octobre 2015. Elle était consacrée à « la vocation et à la mission de la famille dans l'Église et dans le monde contemporain ». Étaient présents 270 prélats, 24 experts et 51 laïcs. Les débats ont été assez houleux et portaient sur trois domaines : la validité des couples dits illégitimes, à savoir non mariés à l'église, l'octroi des sacrements aux couples divorcés remariés, enfin la reconnaissance des unions homosexuelles. Les évêques conservateurs présents au synode de la famille comme le cardinal hongrois Peter Erdö craignaient qu'en se montrant trop conciliant avec les

---

1. Denis PELLETIER, « La famille catholique entre politiques du genre et catholicisme global », *La famille dans tous ses états*, sous la direction de Michel WIEVIORKA, Auxerre, Les entretiens d'Auxerre, 2015, p. 52.

divorcés remariés, le message de l'Église soit « dilué[1] » et perde donc toute sa force. Même chose avec le cardinal Velasio De Paolis, canoniste, qui exprimait son opposition à la main tendue du pape François avec une rare vigueur : « Les nouveautés qui seraient introduites (suite à l'admission des divorcés remariés à la communion) seraient d'une gravité inouïe[2] ». Il précisait que cela ouvrirait « la possibilité d'admettre à la communion eucharistique, avec l'approbation explicite de l'Église, une personne qui est en état de péché mortel avec risque de sacrilège et de profanation de l'eucharistie[3] ». Le cardinal Caffara est allé dans le même sens en affirmant « qu'admettre les divorcés remariés, c'était légitimer un second mariage, accepter la cohabitation et attaquer la colonne portante de la doctrine de l'Église sur la sexualité[4] ». Selon Jean Gaudette, les participants du synode sur la famille avaient vécu « une tension entre une vérité doctrinale qu'il fallait proclamer avec netteté et une compassion pastorale qu'imposait l'approche évangélique[5] ». En général, les évêques africains se sont rangés derrière les positions conservatrices du cardinal Erdö et plus généralement des épiscopats d'Europe de l'Est. À l'inverse, au grand dam de ces derniers, les évêques allemands sont apparus clairement comme réformateurs, à commencer par le cardinal Reinhard Marx, président de la conférence épiscopale allemande et Mgr Heiner Koch, archevêque de Berlin, à la tête de la commission sur le mariage et la famille en Allemagne. Ceux-ci étaient encouragés dans leur élan réformateur par le cardinal Walter Kasper, leur compatriote, théologien et membre influent à la Curie, qui, en février 2015, avait prononcé un discours où

1. *Le Monde*, 6 octobre 2015.
2. Jean GAUDETTE, « Les divorcés remariés et l'accès aux sacrements de pénitence et d'eucharistie, *Revue d'éthique et de théologie morale* », n° 287, 2015.
3. *Ibid.*
4. *Ibid.*
5. *Ibid.*

il considérait que l'Église catholique pouvait se montrer plus ouverte face aux couples de divorcés remariés. Déjà en 1993, avec Mgr Karl Lehmann, évêque de Mayence et Mgr Oskar Saïer, archevêque de Fribourg-en-Brisgau, il avait demandé qu'en certaines circonstances, l'accès des divorcés remariés à la communion soit rendu possible, ce qui avait été refusé par Rome. À l'issue du synode sur la famille, nombre d'évêques ont exprimé la crainte[1] de voir les enseignements de Jean-Paul II et de Benoît XVI sur la famille être remis en cause par le pape François.

Du synode de 2014-2015 est née l'exhortation apostolique *Amoris Laetitia* (L'amour dans la famille) vue comme son prolongement. Le pape François, dans ce document, a beaucoup traité de la crise de la famille. Il a souhaité que l'Église fasse son autocritique devant une situation de désintégration des structures familiales. Il écrivait ainsi : « Nous devons être humbles et réalistes pour reconnaître que, parfois, notre manière de présenter les convictions chrétiennes et la manière de traiter les personnes ont contribué à provoquer ce dont nous nous plaignons aujourd'hui. C'est pourquoi, il nous faut une salutaire réaction d'autocritique[2] ». *Amoris Laetitia* n'a pas abordé l'homosexualité en raison des fortes tensions que cette question avait générées au synode sur la famille. Le pape François avait souhaité que cette thématique soit abordée au sein de celui-ci. Pour le souverain pontife, il s'agissait « d'inclure ecclésialement et socialement les personnes homosexuelles sans les identifier ni les réduire au militantisme associatif ou idéologique[3] ».

Le pape François regrettait que, lors des pontificats précédents, l'accent était spécialement mis sur la progéniture des couples et

1. Denis Pelletier, « La famille catholique entre politiques du genre et catholicisme globale », *La famille dans tous ses états*, sous la direction de Michel Wieviorka, Auxerre, Les entretiens d'Auxerre, 2015, p. 55.

2. Pape François, *Amoris laetitia*, Paris, Téqui, 2016, p. 27.

3. Laurent Lemoine, « Le synode sur la famille », *Esprit*, décembre 2015.

peu sur l'amour du couple. Il trouvait aussi dommage que l'accompagnement des couples fasse défaut, jugeant que la formation qui leur était donnée était trop abstraite et trop éloignée des réalités du quotidien. Le pape François s'exprimait ainsi : « Nous avons présenté un idéal théologique du mariage trop abstrait, presque artificiellement construit, loin de la situation concrète et des possibilités effectives des familles réelles. Cette idéalisation excessive, surtout quand nous n'avons pas éveillé la confiance en la grâce, n'a pas rendu le mariage plus désirable et attractif, bien au contraire ![1] ». Le souverain pontife préconisait de présenter le mariage de manière plus positive et de s'appuyer davantage sur la conscience et surtout que l'Église n'en ait pas peur. Ainsi affirmait-il encore : « Nous avons du mal à présenter le mariage davantage comme un parcours dynamique de développement et d'épanouissement, que comme un poids à supporter toute la vie. Il nous coûte aussi de laisser de la place à la conscience des fidèles qui souvent répondent de leur mieux à l'Évangile avec leurs limites (...). Nous sommes appelés à former les consciences et non à prétendre nous substituer à elles[2] ». Le pape François appelait l'Église à avoir un discours théologique plus simple afin d'être mieux entendue des familles.

Le souverain pontife critiquait une pastorale familiale qui était trop centrée sur un monde décadent sans présenter une image positive de la famille chrétienne et du mariage en particulier. Il écrivait ainsi : « Nous avons été souvent sur la défensive et nous dépensons les énergies pastorales en multipliant les attaques contre le monde décadent avec peu de capacité dynamique pour montrer les chemins de bonheur. Beaucoup ne sentent pas que le message de l'Église sur le mariage et la famille est un reflet clair de la prédication et des attitudes de Jésus qui, en même temps qu'il proposait un

1. *Ibid.*
2. Pape FRANÇOIS, *Amoris laetitia*, Paris, Téqui, p. 27-28.

idéal exigeant, ne renonçait jamais à une proximité compatissante avec les personnes fragiles, comme la Samaritaine ou la femme adultère[1] ».

Dans un cadre classique, le pape François pointait du doigt le déclin démographique dû à une mentalité antinataliste, ce qui, pour lui, ne pouvait que nuire à l'espérance et par ricochets au dynamisme économique d'un territoire. Il insistait sur la participation directe de couples expérimentés dans le cadre de la pastorale du mariage, expliquant que l'action du clergé ne pouvait en aucun ici être exclusive. Le pape François incitait aussi les familles à être des lieux de protection et d'accompagnement. Toutefois, l'originalité d'*Amoris Laetitia* tenait à son souci de mieux prendre en compte les divorcés et en particulier les divorcés remariés. Pour lui, cet axe de la pastorale familiale était d'autant plus important que l'une des missions importantes de l'Église était d'accompagner les personnes les plus fragiles afin de redonner de la confiance et plus profondément de l'espoir. Selon lui, l'institution ecclésiale devait apparaître comme « la lumière d'un phare dans un port ou d'un flambeau placé au milieu des gens pour éclairer ceux qui ont perdu leur chemin ou ceux qui se trouvent au beau milieu de la tempête. N'oublions pas que souvent la mission de l'Église ressemble à celle d'un hôpital de campagne[2] ». L'originalité principale d'*Amoris Laetitia* a tenu au fait que cette exhortation apostolique a voulu adapter complètement la pastorale familiale aux situations des familles éclatées ou éloignées[3] de l'Église, ce qui fut incontestablement mal reçu par les évêques et les cardinaux attachés à la tradition, d'où de fortes tensions. Ainsi, le pape François considérait-il que les cohabitations, qui étaient inscrites dans le temps et qui avaient donné naissance à des enfants, avaient quelque

1. *Ibid.*, p. 28-29.

2. Pape FRANÇOIS, *Amoris laetitia*, Paris, Téqui, p. 222.

3. Alain THOMASSET, Oranne de MAUTORT, *Familles, belles et fragiles*, Paris, Éditions jésuites, 2020.

chose de positif et pouvaient constituer une première étape menant au mariage religieux. D'après lui, les unions en dehors du mariage étaient choisies soit par refus des institutions telles que l'Église, soit pour des raisons économiques. Le pape François préconisait d'accompagner ces couples en situation de cohabitation afin de les soutenir en vue d'un mariage religieux, ce qui supposait de voir positivement ces situations matrimoniales. Ainsi écrivait-il : « Toutes ces situations doivent être affrontées de manière constructive, en cherchant à les transformer en occasion de cheminement vers la plénitude du mariage et de la famille à la lumière de l'Évangile. Il s'agit de les accompagner avec patience et délicatesse[1] ». Le souverain pontife demandait que l'Église prenne en compte les nombreuses raisons qui avaient pu mener à un divorce. Concernant les divorcés remariés ou pas, le plus important pour le pape François était de les intégrer à l'Église afin qu'ils ne se sentent pas excommuniés. Pour autant, tenant compte des réactions des évêques partisans de la tradition, il ne voulait pas modifier le droit canonique concernant en particulier les divorcés remariés. Le pape argentin considérait qu'une famille unie et rendue rayonnante par la prière entre parents et enfants constituait un chemin privilégié d'accès à la sainteté.

1. Pape FRANÇOIS, *Amoris laetitia*, Paris, 2016, p. 224.

7

L'engagement des catholiques en faveur de la famille et les politiques familiales

L'ORIGINE DES MOUVEMENTS FAMILIAUX

L'Église n'a pas eu l'exclusivité des mouvements familiaux qui furent très largement soutenus par les partis situés à la droite de l'échiquier politique, derrière lesquels se rangeait la très grande majorité des catholiques. Toutefois, l'institution ecclésiale, nataliste par nature, a joué un rôle central dans la défense de la famille en général et des familles nombreuses en particulier. Les origines du mouvement familial remontent à la fin du XIXe siècle. En effet, celui-ci a pu être interprété comme une réaction au néo-malthusianisme qui traduisait un fort individualisme au sein de la société française qui était un héritage du XVIIIe siècle et de l'esprit des Lumières. Pendant une grande partie du XIXe siècle, le terme « famille » n'apparaît plus dans la majorité des partis politiques. Il faisait les frais de la quasi-disparition[1] des corps intermédiaires qui laissait les individus seuls face à l'État. De 1876 à 1896, si le salaire nominal des ouvriers a frôlé les 20 % d'augmentation,

1. Paul HAURY, « Les origines de l'action familiale en France », *Les mouvements familiaux et leur institution en France. Anthologie historique et sociale*, coordonné par Michel CHAUVIÈRE, Comité d'histoire de la sécurité sociale, 2006, p. 18.

le revenu des familles nombreuses est resté bien en deçà malgré des initiatives qui avaient été prises en leur faveur comme celle de l'industriel catholique Léon Harmel, installé au Val-des-Bois, qui avait créé un « supplément familial[1] » au salaire des employés de son entreprise. D'autres initiatives ont été prises au profit des familles nombreuses comme la création de la Famille montpelliéraine fondée en 1894, sous la présidence d'honneur du préfet de l'Hérault. La publication du livre de Georges Rossignol en 1896, *Un pays de célibataires et de fils uniques*, alertait sur la dénatalité en France et ses conséquences sur le pays. Toujours, en 1896, naissait l'Alliance nationale pour l'accroissement de la population française qui dénonçait la législation de l'Hexagone centrée sur l'individu au détriment de la famille. Elle fut fondée par le docteur Jacques Bertillon qui alertait sur les effets de la dénatalité française et le handicap qu'elle impliquait pour la France face à l'explosion démographique de l'Allemagne. Elle liait donc nationalisme et défense de la famille.

Les natalistes et les familiaux proposaient, en 1906, un suffrage familial. À la fin du XIXe et au début du XXe siècles, les Unions de familles, à l'image de celle de Montpellier, se sont multipliées comme l'Union des familles nombreuses à Levroux (Indre) née en 1898 ou celle d'Évreux créée en 1907. Plusieurs de ces mouvements sont nés dans le midi de la France car cette partie de l'Hexagone était sensible à la dénatalité qui la touchait singulièrement et qui se traduisait par un manque de main-d'œuvre. En 1917, naissait le Comité central des ligues de familles nombreuses. Plusieurs de ces mouvements étaient ancrés dans le catholicisme social à l'image de la Confédération générale des familles fondée par l'abbé Violet. Ils étaient parfois nés de manière spontanée et ils avaient la caractéristique d'être venus de la base. Ils ont également associé préoccupations démographiques et intérêts familiaux.

1. *Ibid.*

À la suite de l'hécatombe de la Première Guerre mondiale, se sont multipliés les congrès de la natalité comme celui de Rouen ou de Lille. C'est au congrès de la natalité à Bordeaux en 1921 que fut créée sous l'égide d'Auguste Isaac, ancien ministre, père de 11 enfants et grand-père de 46 petits-enfants, la Fédération nationale des associations de familles nombreuses.

La chute de la natalité en France et l'élaboration d'une politique familiale

La chute de la natalité au début du XXe siècle a engendré des politiques familiales pour éviter un dépeuplement en France. Peu de temps avant la Première Guerre mondiale, des voix se sont élevées pour affirmer la nécessité de lutter contre la dépopulation, l'alcoolisme, les maladies vénériennes, ainsi que l'immoralité plus largement. Durant l'entre-deux-guerres, les veuves nombreuses, dont le nombre a explosé en raison de l'hécatombe provoquée par le premier conflit mondial, ont grandement contribué au renouvellement spirituel du catholicisme au cours de cette période. Les députés issus de la Chambre bleu-horizon, très souvent à droite et enracinés dans le catholicisme, ont souhaité deux lois. La première réclamait l'interdiction de l'avortement et la condamnation à mort des « avorteurs et des avorteuses[1] », ainsi que toute promotion de la contraception. Elle fut votée en 1920 et entra rapidement en application. Quant à la deuxième, elle demandait le vote des femmes. Ce projet de loi fut rejeté par le Sénat de la IIIe République. Les députés de la Chambre bleu-horizon se sont alors sentis trahis par ce refus et ont considéré qu'il allait clairement contre les femmes. Dans l'entre-deux-guerres, on trouve aussi un certain libertinage du côté des femmes avec des ouvrages comme *Ton corps est à toi* ou *La garçonne*.

1. *Ibid.*, p. 131.

L'homosexualité ne se cachait plus désormais avec le livre de Marcel Proust, *Sodome et Gomorrhe.* Au cours de l'entre-deux-guerres, le monde catholique a réagi avec, entre autres, l'encyclique de Pie XII *Casti Connubii.* Elle a connu un grand succès en raison de son opposition à la restriction des naissances et au divorce. De 1933 à 1943, la France a connu un effondrement démographique. Ainsi, durant cette période, a-t-on eu chaque année 800 000 décès pour seulement 600 000 naissances. Leur nette diminution est due à l'union sexuelle interrompue et au recours de la « capote anglaise ». Cette chute est apparue d'autant plus inouïe que la contraception chimique n'existait pas encore à cette époque. Cette pratique de la limitation des naissances s'est généralisée à toute la France, sauf dans les régions très catholiques telles que le Nord, l'Est, la Bretagne, la Vendée et le sud du Massif central. Dans les années 1930, les progrès de la médecine ont fait reculer la mortalité infantile.

La fin de la IIIe République et l'instauration de mesures en faveur de la famille

En raison des pertes lourdes subies par les familles nombreuses sur les champs de bataille lors de la Première Guerre mondiale, celles-ci ont pris conscience de leurs droits et ont réclamé une protection de la part des pouvoirs publics. Par un décret du 27 janvier 1920, Jules-Louis Breton, ministre de l'Hygiène, a créé un Comité consultatif auquel il a donné le nom de Conseil supérieur de la natalité. Il a aussi institué dans le chef-lieu de chaque département une Commission de la natalité. Le but du Conseil supérieur de la natalité était de « rechercher toutes les mesures susceptibles de combattre la dépopulation, d'accroître la natalité, de protéger et honorer les familles nombreuses[1] ». Sur les 50 personnes qui

1. Georges Pernot, *Pour la vie*, n° 1, juillet 1945.

composaient le Conseil supérieur de la natalité, on trouvait des catholiques tels que le général de Castelnau, fondateur de la Fédération nationale catholique en 1924. Si cette instance a été active, elle n'a pas su synthétiser ses travaux et ainsi donner un statut à la famille française. La loi Landry, en 1932, a généralisé les allocations familiales pour tous les salariés de l'industrie et du commerce. Plus tard, par un décret-loi du 12 novembre 1938, étaient généralisées les allocations familiales indépendantes du salaire et des entreprises. Le Conseil supérieur s'étant montré inefficace, il revint au Haut Comité de la population, institué par le décret du 23 février 1939, de synthétiser les travaux faits sur la famille depuis plusieurs années. Cette nouvelle instance s'est rapidement mise au travail et le 30 juin 1939, elle remettait au gouvernement un important rapport sur la famille, ainsi qu'un projet de décret. Finalement, le 29 juillet 1939, à l'initiative d'Édouard Daladier, président du Conseil, était signé un décret-loi relatif à la famille et à la natalité française, connu plus généralement sous le nom de « Code de la famille ». Pour la première fois, un dispositif rassemblait des mesures jusque-là fragmentaires pour conjurer la crise de la natalité. Alain Prost a pu parler d'un « consensus familial[1] », dont il a situé le point d'orgue entre 1938 et 1958, période où la famille a été fortement valorisée en France et où elle a retenu l'attention des dirigeants du pays, jusqu'au haut sommet de l'État. Le développement de la démographie, en tant que science sous l'égide d'Alfred Sauvy, entre autres, a joué un rôle important dans ce phénomène. La politique familiale a été mise en place dans les années 1930, à une époque où, comme l'écrivait Jean Giraudoux, le Français se faisait « rare[2] ». Le Code la famille, qui comportait 176 articles et qui fut très bien reçu par l'opinion publique, avait

1. Michel Chauvière et Virginie Bussat, « Famille et codification : le périmètre du familial dans la production des normes », *Mission de recherche droit et justice*, La Documentation française, 2000.
2. Cité par Jean-Michel Gaillard, *op. cit.*, p. 116.

pour but d'aider matériellement les familles, en particulier celles du monde rural, et de donner une protection aux femmes enceintes et à leurs enfants en bas âge. L'une des innovations du Code de la famille a été la prime à la première naissance. C'était la mesure phare du décret-loi. La prime était d'un niveau relativement élevé et elle était soumise à des critères restrictifs, l'enfant devant être de nationalité française et de naissance légitime. Le Code de 1939 a souvent été présenté comme essentiellement nataliste en raison de la prime au premier enfant, du développement des allocations familiales et du renforcement de la répression de l'avortement.

Le régime de Vichy et la politique familiale

Le régime de Vichy n'a pas eu le monopole de la politique familiale malgré le slogan « Travail, famille, patrie ». En effet, toutes les grandes mesures dans ce domaine avaient été prises précédemment, en particulier à la fin de la IIIe République, à l'image des allocations familiales. Par ailleurs, en sacralisant la mère au foyer, Vichy a continué sur une lancée antérieure qui avait une perspective populationniste et moralisante. Le régime de Vichy a accentué la répression concernant l'avortement. Délit depuis 1923, celui-ci est devenu un crime puni par la loi du 2 janvier 1942. Elle a suscité de fortes oppositions de la part des malthusiens qui voulaient un contrôle strict des naissances. Les socialistes et les communistes refusaient la politique familiale de Vichy. Lors des pleins pouvoirs votés au maréchal Pétain le 10 juin 1940 et l'installation d'un régime autoritaire en France, les leaders des mouvements familialistes ont pensé pouvoir compter sur cette nouvelle forme de gouvernement pour faire avancer leur thèse sur la promotion de la famille. Dès septembre 1940, ils furent rapidement déçus car le ministère de la Famille leur apparaissait peu organisé, avec en particulier un personnel insuffisant[1]. Les familiaux ont clairement condamné le collaborationnisme de l'État français. C'était le cas des délégués régionaux à la famille. Ainsi, Edmond Gosset, délégué régional à la famille à Grenoble, puis à Dijon, par refus de la politique de collaboration de l'État français avec l'Allemagne hitlérienne, a décliné la francisque qui lui avait été proposée. Lors du passage de l'exposition de la famille à Dijon, il a fait supprimer le portrait du Maréchal Pétain et couper les films[2] relatifs au chef de l'État. Nombre de familiaux, très ancrés dans la démocratie chrétienne, ont aussi participé aux activités de la Résistance comme l'Organisation civile et militaire (OCM) et l'Organisation de la résistance de l'armée (ORA). Vichy a construit et imposé « l'image de la famille comme pilier du régime[3] », mais dans la réalité, cette dernière est loin d'avoir eu la place qu'on lui a longtemps prêtée habituellement au sein de l'État français.

Sur le plan familial, le régime de Vichy s'est singularisé par la loi Gounot, du 29 décembre 1942, sur les associations familiales. Avec cette mesure législative, pour la première fois, celles-ci bénéficiaient d'une représentation officielle auprès des pouvoirs publics. Emmanuel Gounod était un juriste, professeur aux Facultés catholiques de Lyon, qui a été très marqué par le catholicisme social. Ami et collaborateur de Marius Gonin, il a beaucoup œuvré à *La Chronique sociale de France*. Il a aussi participé activement aux congrès de la natalité. Il considérait que les questions familiales et démographiques étaient caractéristiques du catholicisme social. En 1923, à la Semaine sociale de Grenoble, il avait souhaité la création d'un ministère de la Population. En 1940, il est devenu président de la puissante Ligue des familles nombreuses du Rhône. En 1941, il fut conseiller municipal à Lyon chargé de la

1. Christophe Capuano, *Vichy et la famille*, Rennes, PUR, 2009, p. 264.
2. *Ibid.*, p. 269.
3. *Ibid.*, p. 331.

question familiale et membre du Conseil supérieur de la famille. Selon lui, la famille, antérieure et supérieure à l'État, puisait sa source dans les familles elles-mêmes et non dans l'organisation politique de la société. Il entendait organiser cette représentation autour de groupements privés de pères et de mères de famille. Ses idées ont été reprises par le régime de Vichy dans un cadre corporatiste et ont aussi inspiré les décisions prises à la Libération dans le cadre de l'ordonnance du 3 mars 1945 qui s'est concrétisée par la création de l'UNAF au niveau national et des UDAF à l'échelon du département. Par cet acte législatif, selon Jérôme Minonzio et Jean-Philippe Vallat, « l'État organise et réglemente l'expression des différentes associations nées autour de la cause familiale, à partir de la fin du XIXe siècle en France, sous l'influence du christianisme social et de la préoccupation nataliste [1] ».

Dès le mois de septembre 1940, le régime de Vichy a mis en place une politisation et une institutionnalisation des associations familiales. La famille est alors devenue l'un des piliers de l'État français. Elle a constitué un enjeu idéologique dans le programme anti-républicain de la Révolution nationale. Christophe Capuano pouvait écrire : « [Sous le régime de Vichy], on défend la famille contre l'individualisme, le vote familial contre le suffrage universel, l'ordre naturel et hiérarchique de la famille contre une égalité abstraite [2] ». Pour le régime de Vichy, le retour aux valeurs familiales ancestrales devait permettre la mise en place d'un nouvel ordre moral. En 1941, les actions en faveur des familles ont été

1. Jérôme MINONZIO, Jean-Philippe VALLAT, « L'union nationale des associations familiales (UNAF) et les politiques familiales. Crises et transformations de la représentation des intérêts familiaux en France », *Revue française de science politique*, volume 56, 2006.

2. Christophe CAPUANO, « Un corps familial en constitution : loi Gounot sur les associations de famille (29 décembre 1942) : enjeux, objectifs et modalités de mise en œuvre », *Les mouvements familiaux et leur insertion en France. Anthologie historique et sociale*, Comité d'histoire de la sécurité sociale, 2006.

encadrées et coordonnées par le Commissariat général à la famille. La même année, Vichy a créé un Comité consultatif de la famille française ayant pour mission l'étude de toutes les questions morales et matérielles intéressant les familles. Cette institution s'inscrivait dans le prolongement du Haut Comité de la population (1939) et du Conseil supérieur de la natalité (1920). Elle a eu comme but d'examiner le projet de statut des associations familiales dont Emmanuel Gounod était le rédacteur. Après l'examen du Conseil d'État, le texte est devenu la loi Gounod du 29 décembre 1942. Son but était de regrouper les associations familiales dans un modèle unique et de les sortir du cadre privé pour les faire entrer dans l'espace public. Les associations familiales, qui désormais, étaient de droit semi-public, avaient pour mission de donner des avis au régime de Vichy sur les questions familiales et de faire des propositions. Elles avaient aussi pour but de développer l'esprit familial par « la propagande, l'enseignement et l'éducation[1] ».

L'épiscopat français s'est montré favorable à la politique familiale du régime de Vichy. C'est ainsi que Mgr Jean Chollet, archevêque de Cambrai, a soutenu le maréchal Pétain dans ce domaine. Le prélat affirmait ainsi : « Le Maréchal (Pétain) vient de porter une loi qui institue des associations de familles de droit semi-public. C'est une nouvelle étape dans l'exécution de son dessein de faire de la famille une des bases capitales de la constitution de l'État. Donner une telle place à la famille correspond à une des exigences essentielles de la loi naturelle, ainsi qu'à des principes vitaux de notre doctrine sociale catholique. Nous ne saurions donc ne pas applaudir à cette loi et ne pas lui apporter notre sympathie et notre concours[2] ». Après avoir apporté un soutien clair au gouvernement de Vichy du point de vue de sa politique

1. *Ibid.*
2. Mgr Jean Chollet, *Note sur l'opportunité de faire connaître la doctrine catholique de la famille,* 1 CO 39, archives du CNAEF.

familiale, Mgr Collet défendait l'unité et l'indissolubilité du mariage. Selon lui, de par de par le droit naturel, l'État se devait de rejeter le divorce et la polygamie.

La mise en place d'une politique familiale efficace de la Libération jusqu'aux années 1980

À la Libération, le général de Gaulle, à la tête du Gouvernement provisoire de la République française et fort de ses convictions chrétiennes, a largement poursuivi la politique familiale du régime de Vichy mais en la développant et en la rendant plus efficace, autrement dit, en augmentant les prestations familiales. Ainsi, la loi Gounod sur les associations familiales votées en 1942 est-elle maintenue après 1944. Le 28 août 1944, le Commissariat général à la famille rouvrait ses bureaux à Paris, sous l'autorité du père Pierre Chaillet, jésuite, et animateur de la revue *Cahiers du Témoignage chrétien* et des œuvres sociales de la Résistance. Par arrêté du 2 septembre 1944, Robert Prigent, démocrate-chrétien, qui avait pris la tête du Mouvement populaire des familles [1], devenait le responsable du Commissariat général à la famille. Robert Prigent avait adhéré à la JOC (Jeunesse ouvrière catholique) dès 1927, année du lancement du mouvement en France. En 1938, il rejoignait la LOC (Ligue ouvrière catholique), un mouvement fondé en 1935 par d'anciens permanents jocistes qui souhaitaient donner une forte dimension familiale à l'idéal de la JOC.

En 1941, en zone libre, désireux d'accroître son audience, la LOC a changé de nom pour devenir le Mouvement populaire des familles (MPF). Devenu secrétaire général de cette dernière pour la zone occupée, Robert Prigent a entamé ce processus de

1. Philippe Lagger, *Mouvement populaire des familles*, Cabédita, Divonne-les-Bains, 2022.

déconfessionnalisation qui avait déjà été décidé dans la partie sud de la France. Toujours, dans la zone nord, de nombreux membres de la LOC se sont opposés à cette perte de l'identité catholique. Robert Prigent a donc accepté que le mouvement porte le nom de LOC-MPF et ce, jusqu'à la Libération. De novembre 1945 à septembre 1946, Robert Prigent a occupé le poste de ministre de la Population dans les gouvernements successifs (de Gaulle, Gouin, Bidault). Dans le cadre de cette fonction, il a joué un rôle décisif dans les mesures législatives prises en faveur des familles, en particulier en défendant la loi du 22 août 1946 concernant les allocations familiales destinées à donner un nouvel élan à la natalité en France. En 1945, le MPF regroupait 140 000 adhérents. À partir de 1946, certains d'entre eux ont occupé des logements laissés vacants afin de loger des familles ouvrières. Le Mouvement a aussi créé différents services pour les soutenir matériellement : aide familiale à domicile, maisons de vacances, coopératives de consommation. Toujours en 1946, il a donné naissance à des Associations familiales ouvrières (AFO) qui siégeaient dans l'UNAF et dans les UDAF. À la fin des années 1940, la politisation et surtout l'engagement de plus en plus marqué à gauche du MPF ont conduit l'épiscopat français à lui retirer son mandat en 1949 et à créer pour le remplacer l'Action catholique ouvrière (ACO) en 1950. À la même époque, le MPF a quitté l'UNAF en « critiquant son conservatisme idéologique et son refus de prendre en compte certaines réalités familiales : les inégalités sociales, l'activité professionnelle des femmes, les difficultés des mères seules [1] ».

En 1950, le MPF s'est transformé pour devenir le Mouvement de libération du peuple (MLP). Les tensions liées à la gauchisation du mouvement ont entraîné une scission avec la naissance en 1951 du

---

1. Jérôme Minonzio, Jean-Philippe Vallat, « L'union nationale des associations familiales (UNAF) et les politiques familiales. Crises et transformations de la représentation des intérêts familiaux en France », *Revue française de science politique*, vol. 56, 2006.

Mouvement de Libération ouvrière (MLO). Victime de ses divisions profondes, le MLF ne regroupait plus que 5 000 adhérents au milieu des années 1950. Il s'est fondu dans l'Union de la gauche socialiste (UGS), future branche du Parti socialiste unifié fondé en 1960.

Le général de Gaulle signait, le 4 mars 1945, une ordonnance du Gouvernement provisoire de la République française. Par cette mesure législative, les associations familiales entraient de plain-pied dans le cadre d'une politique familiale. L'ordonnance du 4 mars 1945 garantissait aux associations familiales un véritable pluralisme et une indépendance. Le texte permettait la création de l'UNAF (Union nationale des associations familiales) et des UDAF (Union départementale des associations familiales) localement. Voulues par le général de Gaulle, elles ont été créées dans le but d'opérer un redressement démographique et la reconstruction nationale. Elles avaient été fondées pour donner à la famille les moyens d'être représentée et défendue. Par la loi du 24 mai 1951, l'UNAF se voyait assurée d'un financement issu des différents prélèvements des prestations familiales. Celle-ci a insisté sur la nécessité d'avoir une vision universelle de la famille, permettant d'aider toutes les familles, quel que soit leur niveau de revenus. Au début des années 1960, l'affaiblissement du MRP (Mouvement des républicains populaires), qui avait fait de la politique familiale l'un de ses chevaux de bataille, a provoqué un certain essoufflement de l'UNAF.

Dans son discours du 5 mars 1945, le général de Gaulle a affirmé vouloir mettre en place une politique nataliste volontariste. Si la population a plus retenu l'attention du chef de l'État, la famille n'a néanmoins pas été oubliée. Il précisait : « Le changement des mœurs, seul, peut d'une manière durable, faire que la fécondité d'autrefois règne à nouveau dans la famille française[1] ». Selon le général de Gaulle, les familles françaises étaient appelées

1. Cité par Christophe CAPUANO, *Vichy et la famille*, Rennes, PUR, 2004, p. 294.

à faire « cinq millions de beaux bébés[1] ». Par l'ordonnance du 4 avril 1945, le Secrétariat général à la famille et à la population a été créé en remplacement du Commissariat général à la famille et confié au démographe Alfred Sauvy. La politique familiale, mise en place à la Libération, a perduré dans ses principes jusque dans les années 1980. Toutefois, elle a subi une érosion financière continue. À son apogée, soit en 1958, elle représentait 3 % du PIB. Mais, dès janvier 1959, les allocations familiales ont connu une décrue quantitative continue jusqu'à la fin des années 1970 malgré la décision de Valéry Giscard d'Estaing d'accorder une prime de 10 000 francs pour le troisième enfant. En 1976, l'allocation « parent isolé » a contribué à faire reconnaître un nouveau modèle familial avec les familles monoparentales.

En 1981, dans le cadre de la relance de la politique familiale, François Mitterrand et son Premier ministre Pierre Mauroy ont décidé de revaloriser massivement les allocations familiales à hauteur de 25 %. Cela a beaucoup surpris à l'époque car le Parti socialiste s'était montré jusque-là, peu enclin à promouvoir la famille. Le volontarisme de François Mitterrand dans ce domaine a débouché sur des conférences de la famille et sur la nomination de Georgina Dufoix comme secrétaire d'État à la famille. Les conférences de la famille se sont révélées un échec car les colloques qu'elles ont mis en place n'ont pas abouti à des mesures concrètes.

Dans le même temps, de manière contradictoire, ce dernier décidait de plafonner le quotient familial et de supprimer la prime au troisième enfant. Dans les années 1980, les allocations familiales ont changé de modèle. En effet, elles n'ont plus été considérées comme une aide déterminante au renouvellement des générations. Ainsi, les gouvernements successifs les ont-ils de plus en plus perçues comme de simples aides sociales, ce qui était bien différent de la philosophie qui leur avait donné naissance en 1945. Au début

1. *Ibid.*

des années 1990, l'UNAF a été atteint dans son dynamisme car elle était essentiellement dépendante de l'argent public et donc à la merci de coupes budgétaires décidées dans un contexte de réduction des coûts.

À droite spécifiquement, dans la ligne de Christine Boutin, des parlementaires tels que Colette Codaccioni se sont engagés pour dynamiser la politique familiale. Cette dernière a rédigé, en 2013, le rapport *La politique familiale*, à la demande du Premier ministre Edouard Balladur. Sage-femme de formation, son document avait un caractère nettement nataliste. Très ancrée dans le catholicisme, Colette Codaccioni, députée du Nord, alertait sur les conséquences négatives de la chute du taux de natalité en France à propos de la perte d'influence de la puissance française. Le préambule du rapport a fait couler un peu d'encre en comprenant une partie du *Je vous salue Marie* : « Le fruit de vos entrailles est béni ». En effet, elle était accusée d'être trop proche de la sphère catholique. L'objectif du rapport était d'inciter les couples à avoir leur premier enfant plus jeune en mettant à leur disposition une allocation parentale de libre choix, le but étant d'accroître leur nombre d'enfants ultimement. Colette Codaccioni était accusée par la gauche d'encourager les femmes à rester au foyer. Le rapport de la députée du Nord est resté sans suite car sa mise en œuvre était jugée trop onéreuse.

Les Associations familiales catholiques (AFC) et la défense de la famille auprès de l'État

Du début du XXe siècle aux années 1960

Le 5 octobre 1905, est créée la première association catholique de chefs de famille dans l'Ain par l'abbé Joseph Tournier, curé de

Saint-Rambert, s'appuyant pour cela sur la loi de 1901. Devant la multiplication des associations familiales, Jean Guiraud[1], professeur d'histoire à l'Université de Besançon, en a pris la direction et le 17 mai 1911 et sous son autorité naissait l'Union nationale des associations catholiques de chefs de famille (ACCF). Il avait pu compter sur le soutien actif de Mgr Louis-Joseph Luçon, archevêque de Reims. Les ACCF ont d'abord porté leurs efforts sur la défense de l'enseignement catholique, dit libre, celui-ci étant menacé par la politique anticléricale de la IIIe République. Mais, rapidement, leur raison d'être fut d'apporter une aide aux familles. Les ACCF avaient comme objectifs de rappeler à l'opinion publique et aux pouvoirs publics l'importance capitale de l'institution familiale, d'élaborer une mystique de la famille basée sur les principes chrétiens et de défendre les libertés du père de famille. Du 12 au 14 juillet 1914, leur congrès a reprécisé ses orientations, en particulier la défense de l'enseignement catholique et surtout la promotion de la famille à la lumière des principes doctrinaux du christianisme et de sa morale. Toujours en 1914, les ACCF comptaient 762 associations groupées en 32 fédérations.

En 1919, les ACCF ont encouragé la mise en place d'un vote familial afin d'élire des députés qui défendaient les intérêts des familles. Jean Guiraud[2] les a réorganisées alors qu'il était devenu rédacteur de *La Croix* en 1917. Il le restera jusqu'en 1939. En 1920, les ACCF ont participé au congrès de Lille où fut adoptée la Déclaration des droits de la famille. Dans les années 1920, elles n'ont pas abandonné leur combat pour l'école libre en protestant contre les manuels scolaires qui tournaient en ridicule le catholicisme et en demandant que l'enseignement catholique reçoive autant de subventions de l'État que son homologue du public.

1. *Les Associations familiales catholiques*, archives des AFC.
2. Il sera rédacteur en chef de *La Croix* en tandem avec les pères Bertoye et Merklen.

Cette question a généré un projet de loi qui n'a pas abouti malgré une pétition organisée par les ACCF qui avaient recueilli trois millions de signatures. En 1924, face au Cartel des gauches qui voulait relancer l'anticléricalisme d'État comme l'avait fait Émile Combes au début du XXe siècle, elles ont été les premières à rejoindre la Fédération nationale catholique du général de Castelnau. En 1939, elles se sont réjouies de la mise en place du Code de la famille. Pendant l'Occupation, elles ont aussi participé aux centres de coordination des activités familiales, apporté une aide matérielle aux familles dans le besoin et furent reconnues en 1945 comme des associations familiales de plein droit et de plein exercice répondant à la définition de l'ordonnance prise par le général de Gaulle.

Dès l'origine, l'action des ACCF a concerné trois registres. Le premier était moral. Il s'agissait de lutter contre la dépravation des mœurs, tant dans la presse qu'au cinéma. Le second était économique. Ici, l'objectif était d'assurer à chaque famille un logement et un salaire décents, ainsi que des allocations familiales suffisantes. Le troisième volet était juridique. Il s'agissait ici de faire en sorte que les droits de la famille soient respectés. Les ACCF[1] étaient aussi actives dans le domaine des loisirs pour les familles (colonies de vacances, centres aérés, en particulier celui de Longiron, maisons familiales de vacances et services sociaux tels que les centres sociaux et dispensaires, les services de placement et les foyers pour enfants). En 1946, les adhérents[2] des ACCF étaient au nombre d'un million pour descendre à 400 000 en 1965. Elles ont aussi fait de la lutte contre la pornographie l'un de leurs chevaux de bataille. Toujours en 1946, l'ACA a approuvé l'intégration des ACCF dans le Corps familial. Au milieu des années 1940, Roger

1. *Confédération nationale des associations familiales catholiques*, 32 CO 315, archives du CNAEF.

2. *Note à l'attention de la Commission épiscopale de la famille sur la nécessité d'un développement des associations familiales et notamment des associations familiales catholiques*, 32 CO 31, archives du CNAEF.

de Saint-Chamas a réorganisé les ACCF. En 1945, elles ont tenu un meeting à Paris salle Wagram sous la présidence du cardinal Suhard pour préciser leurs orientations. La même année, plusieurs milliers de membres se sont rassemblés à Montmartre pour se consacrer au Sacré-Cœur. Très clairement, les ACCF étaient plus soutenues par Rome que par l'épiscopat français à cette époque. Dans la seconde partie des années 1940, les ACCF ont organisé des journées d'étude sur divers thèmes comme l'autorité dans le foyer, la collaboration famille-école, l'éducation sexuelle, le divorce et l'union libre, l'action civique des mouvements familiaux. De 1945 à la fin des années 1960, les ACCF, devenues les AFC (Association familiales catholiques), ont connu des difficultés importantes en termes d'effectifs. Ainsi, à l'instar des autres mouvements familiaux, elles ont fondu, passant d'un million de familles en 1945 à 310 000 familles en 1959. Durant la même période, les AFC ont eu du mal à s'implanter dans plusieurs départements français par manque d'attractivité.

En 1949, à l'occasion du congrès de l'Union internationale des organismes familiaux, Pie XII a souhaité le développement des Associations catholiques de chefs de famille et déclarait : « Par elles, seront confirmés, pour le plus grand bien de la société, les principes intangibles de l'institution familiale voulue par Dieu[1] ». En 1955, suite à une modification de leurs statuts, les ACCF ont changé de nom pour devenir les Association familiales catholiques (AFC). Elles se sont alors regroupées dans la Confédération des associations familiales catholiques (CAFC). Les AFC ne se sont considérées ni comme une œuvre ni comme un mouvement d'Action catholique mais comme une institution « à référence doctrinale catholique[2] ». Durant la période 1945-1960, hormis la reconnaissance de leur rôle au sein de l'UNAF, les AFC n'ont pas reçu de

1. *80 ans d'action familiale catholique*, archives des AFC.
2. *Les Associations familiales catholiques*, archives des AFC.

soutien ferme de l'épiscopat français. En effet, les évêques français lui ont préféré largement les mouvements d'Action catholique générale, ainsi que ceux de l'Action catholique spécialisée. Durant la période 1945-1960, les AFC ont été très actives pour promouvoir la famille auprès des élus et des pouvoirs publics. Parfois, elles ont été le seul mouvement familial reçu par le gouvernement en place.

En 1960 était précisée la double mission des AFC lors de son assemblée à Saint-Etienne. Il s'agissait d'abord de défendre les intérêts spirituels, moraux et matériels des familles par une participation accrue à l'UNAF et aux UDAF et par des interventions auprès des pouvoirs publics. Le second volet visait à aider les parents dans leurs tâches éducatives. En 1963, une nouvelle fois, la CNAFC s'est montrée critique face à la hiérarchie catholique. Elle écrivait ainsi : « Il semble que les cardinaux et archevêques, à part quelques rares exceptions, ne sont pas très exactement informés de la structure du Corps social et de l'importance du rôle des AFC au sein de ce Corps familial[1] ». En 1964, Louis Reverdy, président des AFC, dans une lettre à Raymond Marcellin, ministre de la Santé et de la Population, pointait du doigt la société de production PROGEFI, installée à Paris, qui avait réalisé un film tiré du roman à scandale de Roger Peyrefitte, *Les amitiés particulières*, qui relatait une relation homosexuelle dans un collège jésuite. Louis Reverdy[2] demandait son retrait de la distribution, s'appuyant sur la loi du 6 août 1963 qui, pour lui, n'avait pas été appliquée. En 1968, les AFC ont très clairement soutenu Paul VI lors de la publication de l'encyclique *Humanae Vitae*, signe de l'ultramontanisme du mouvement familial catholique. En 1971, le rapport moral des AFC précisait que les pays voisins de la France lui enviaient son

1. *Compte-rendu du bureau de la Confédération nationale des AFC*, archives des AFC, 20 janvier 1963.

2. *Lettre de Louis Reverdy à Raymond Marcellin*, 3K1 26 AFC 1, archives du diocèse de Paris, 20 mai 1964.

« système de représentation familiale organisée[1] ». Elles voyaient dans les événements de Mai 68 une désintégration[2] de la famille et des corps intermédiaires, nécessaires au bon équilibre d'une société.

Des années 1970 aux années 1990

En 1973, Louis Reverdy, président national des AFC, précisait que le respect de la vie était à la base de toute civilisation humaine. Pour lui, modifier la loi de 1920 dans un sens libéral constituait une régression. Le droit à l'avortement, d'après lui, ne relevait ni des parents ni de la société. Il appelait les adhérents des AFC à peser sur les hommes politiques[3] pour qu'ils s'opposent à l'IVG. Toujours en 1973, elles réagissaient fermement à une circulaire du ministère de l'Éducation nationale qui rendait obligatoire une information sexuelle pour les élèves de 6e et 5e et qui vantait les mérites de la contraception, montrant que l'on pouvait jouir sexuellement « sans le risque d'avoir un enfant[4] ». Ici, elles s'en prenaient à la pilule donnée aux mineures et au libertinage sexuel favorisé par l'État français, selon eux. Les AFC reprenaient l'argumentation du corps médical inquiet de voir la pilule contraceptive donnée aux mineures. C'était le cas en particulier du professeur Jamain, président des gynécologues de France qui s'exprimait en ces termes : « Comment un médecin digne de ce nom pourrait-il commettre le geste dangereux de prescrire la pilule à une adolescente ? Comment pourrait-il prendre le risque de voir un blocage

1. *Rapport moral des AFC*, archives des AFC, 1971.
2. *Réflexions et suggestions des AFC sur les événements de Mai 68*, archives des AFC.
3. *Document de la Confédération des associations familiales catholiques sur l'avortement*, 32 CO 31, archives du CNAEF, 28 janvier 1973.
4. *AFC, Parents, l'éducation de vos enfants est en danger*, archives du CNAEF, 32 CO 31, 1976.

ovarien durer plusieurs années alors même que l'adolescente, devenue adulte, souhaite avoir des enfants[1] ? ». Encore en 1973, les AFC faisaient valoir qu'elles se sentaient bien seules au sein des UDAF dans la lutte contre l'avortement qu'elles considéraient comme un meurtre. Dans son rapport moral[2] de 1974, le mouvement familial catholique dénonçait la chute du pouvoir d'achat des familles, le développement de l'érotisme dans les médias, la présentation du mariage comme un simple contrat que l'on pouvait rompre à tout moment, l'introduction du divorce par consentement mutuel dans la législation française, le développement d'une éducation sexuelle contraire au véritable amour, enfin la contraception et les relations sexuelles avant le mariage.

En 1976, dans son rapport moral, la CNAFC se disait satisfaite d'avoir vu ses effectifs augmenter de 15 %. Les AFC, à cette époque-là, constituaient le troisième mouvement familial en termes d'importance au sein de l'UNAF. En 1976, la CNAFC considérait qu'elle rencontrait des problèmes sérieux au sein de cette dernière. Elle reprochait à l'UNAF d'ignorer trop souvent la morale familiale et de voir systématiquement la famille comme un « obstacle dans la lutte contre les inégalités[3] ». La CNAFC l'accusait aussi d'être trop bureaucratisée et de ne pas concevoir l'éducation comme devant, avant tout, relever des parents et non de l'État. Au milieu des années 1970, elle a pris conscience de critiques à son encontre, y compris au sein de l'Église. Dans l'institution ecclésiale, ses détracteurs demandaient à ses membres de rejoindre des associations familiales non confessionnelles. Ainsi pouvait-on lire dans le rapport de la CNAFC de 1976 : « Grouper les familles dans les AFC ne serait-ce pas une erreur, un anachronisme ? Sans doute, il faut constater que nous ne sommes plus dans une société

1. *Ibid.*
2. *Rapport moral de la CNAFC*, archives des AFC, 1976.
3. *Rapport moral de la CNAFC*, archives des AFC, 1976.

temporelle chrétienne et qu'il faut en général distinguer le temporel et le religieux. Mais si certaines institutions chrétiennes peuvent être discutées en raison du terrain où elles portent leurs efforts, il en va tout autrement des associations qui s'occupent de la famille car le familial n'est pas un secteur comme les autres. *La famille,* comme le disait Mgr Émile Guerry, *est une réalité qui n'est pas du même ordre que les autres réalités strictement temporelles. Elle est une institution à la fois humaine et divine. La famille a un caractère sacré, du fait que le mariage entre les chrétiens est un sacrement.* La famille chrétienne est donc une cellule humaine essentielle, au double caractère à la fois temporel et spirituel. Cela justifie l'existence d'associations ouvertement catholiques cherchant à promouvoir les intérêts moraux et spirituels, aussi bien matériels des familles[1] ». Dans son rapport moral de 1976, la CNAFC a rappelé sa lutte contre la contraception chimique, en particulier la pilule, distribuée gratuitement aux adolescentes à l'insu de leurs parents par la volonté de l'État français. Elle insistait une nouvelle fois sur son refus strict de l'avortement et de la pornographie.

Dans les années 1970, un rapprochement s'est opéré entre les AFC et les évêques français à travers leurs congrès comme à Nantes en 1971 sur le thème « L'homme et la famille dans le plan de Dieu » où étaient présents le cardinal Renard, président de la Commission épiscopale de la famille, et Joseph Fontanet, ministre du Travail et de la Population. En 1976, à l'Institut catholique de Paris, le mouvement familial a organisé, sous la présidence du cardinal Poupard, le colloque « Les responsabilités éducatives et le rôle des parents dans l'éducation de leurs enfants ». En 1979, les AFC ont été à l'origine d'un autre colloque à Lyon consacré à « L'évolution religieuse dans la famille ».

En 1975, Louis Reverdy, président des AFC, dans une lettre à Jacques Chirac, regrettait l'absence de politique familiale digne

1. *Ibid.*

de ce nom. Il lui écrivait ainsi : « Des familles ne peuvent se contenter de mesures parcellaires. C'est une véritable politique de la famille qui doit être définie et se traduire par des mesures concrètes et durables qui redonneront confiance aux jeunes générations qui forment les nouveaux foyers d'aujourd'hui [1] ». À la même époque, une fois de plus, Louis Reverdy invitait les membres des AFC à prendre contact avec leurs parlementaires, leurs maires, leurs conseillers généraux pour leur dire le mécontentement des familles et leur proposer des solutions constructives quant à la lutte contre la pornographie et le point de vue de l'Église catholique sur la sexualité. En 1976, les AFC ont sévèrement critiqué la politique du gouvernement français qui, pour elles, portait une grande responsabilité dans la désagrégation de la famille en ayant libéralisé l'avortement, étendu le divorce, permis l'octroi de la pilule aux jeunes filles à l'insu de leurs parents, enfin en ayant laissé se dégrader les conditions matérielles des familles. La même année, les AFC demandaient aux pouvoirs publics le relèvement substantiel des allocations familiales, la création d'un statut pour la mère, le développement d'une aide personnalisée au logement, la révision des lois ayant libéralisé l'avortement, le divorce et l'accès à la contraception pour les mineures. Toujours en 1976, empreints d'un fort ultramontanisme, les AFC répercutaient le message selon lequel le pape Paul VI et la Congrégation pour la doctrine de la foi visaient à promouvoir la beauté et la valeur de l'amour conjugal à travers « le mariage et ses exigences [2] ».

En 1977, les AFC, membres de l'UNAF, se plaignaient du mode de fonctionnement de cette dernière. Elles estimaient que l'UNAF ne respectait pas ses idéaux et « minait de l'intérieur le

1. *Lettre de Louis Reverdy au Premier ministre aujourd'hui,* 32 CO 31, archives du CNAEF, 10 février 1975.
2. *Communiqué des AFC à l'attention du pape Paul VI*, 32 CO 31, archives du CNAEF, 18 janvier 1976.

fait familial[1] ». La CNAFC l'accusait de délaisser les familles nombreuses et la mère au foyer. Toujours en 1977, les AFC ont organisé les 3 et 4 décembre un colloque dont le thème était « La liberté des esprits en péril ». À travers cette manifestation, elles demandaient un relèvement substantiel des allocations familiales, la suppression de tout plafond de ressources pour les mères au foyer, la création d'un statut pour la mère au foyer, enfin le développement de l'aide personnalisée au logement. Les AFC, à travers ce colloque, ont défendu l'enseignement catholique en militant pour que les parents aient la liberté de choisir l'école confessionnelle pour leurs enfants, qu'elle reçoive davantage de subventions, enfin qu'elle ne soit pas fondue[2] dans un grand système d'enseignement public et national. Dans son rapport d'orientation pour l'année 1977-1978, les AFC craignaient l'arrivée de la gauche au pouvoir qui aurait été le signe d'une extension du divorce, de la contraception, de l'avortement, enfin de la remise en cause de la liberté de l'enseignement catholique. Déjà en 1977, Louis Reverdy, président des AFC, dans une lettre[3] à Simone Veil, ministre de la Santé, s'inquiétait de l'extension et de la banalisation de l'avortement, ainsi que du développement de la culture contraceptive. La CNAFC a eu pour but de promouvoir l'enseignement de l'Église sur la famille, d'aider les familles à vivre selon l'idéal chrétien, enfin de représenter ces dernières auprès des pouvoirs publics pour défendre une politique familiale axée sur le mariage.

Au début des années 1980, les tensions entre les AFC et l'UNAF se sont renforcées. Ainsi ont-elles regretté sa laïcisation progressive, son manque de défense des intérêts des familles, enfin son hégémonie sur les mouvements familiaux qui la

1. *Rapport moral de la CNAFC pour l'année 1977*, 32 CO 31, archives du CNAEF.
2. *La Croix*, 6 décembre 1977.
3. *Lettre de Louis Reverdy à Simone Veil*, 32 CO 31, archives du CNAEF, 32 CO 31, 21 janvier 1977.

composaient. De simples associations adhérentes à l'UNAF dans les années 1950, les AFC ont de plus en plus joué le rôle de négociateurs. Dans le document *Note sur les relations UNAF – UDAF et les mouvements familiaux*, spécialement les AFC, on pouvait lire ceci : « La conception de l'UNAF avait pour origine le consensus qui régnait autour de la famille. L'UNAF reposait sur une famille basée sur le mariage, la durée, la vie et la solidarité. Elle reflétait et défendait une conception commune à l'essentiel des mouvements [familiaux]. Aujourd'hui, l'UNAF s'est alignée sur une famille basée sur la filiation qui admet le divorce, l'avortement, etc., elle a une conception de la famille qui tend à relever plus d'un assemblage d'individus dont il faut fortifier les droits qu'au creusement des conditions nécessaires à l'épanouissement d'une communauté de vie d'amour (...). Elle abandonne toute référence constitutive de la famille pour un constat approximatif de situations. En ce sens, elle a perdu son rôle fondamental de défense et de promotion de la famille[1] ». De 1975 à 1982, les AFC ont vu leurs effectifs augmenter nettement après une forte baisse dans les années 1960 à l'instar des autres mouvements familiaux.

En 1985, les AFC se sont définies à travers un double engagement, d'abord en défendant les intérêts des familles dans la société, puis en s'efforçant de transformer celle-ci pour la rendre plus accueillante à ces dernières et à l'enfant. Elles se présentaient comme un lieu de rencontre et d'échange entre les familles dans une « ambiance chrétienne[2] ». Toujours en 1985, elles insistaient sur une entraide matérielle nécessaire entre les familles, l'enseignement des méthodes de régulation des naissances, le déploiement de loisirs pour ces dernières, enfin la diffusion de

1. *Note sur les relations UNAF – UDAF et les mouvements (familiaux)*, archives des AFC, 1982.

2. *Associations familiales catholiques. 80 ans d'action au service des familles*, archives des AFC.

conseils pour les parents (psychologie du couple, consommation, éducation des enfants). Les AFC, encore en 1985, ont rappelé leurs objectifs :

- promouvoir la famille fondée sur le mariage vue comme une « communauté de vie et d'amour »,
- faire connaître la fonction sociale et économique de la mère au foyer (création d'un statut social de la mère au foyer),
- faire disparaître l'avortement vu comme un véritable fléau et protéger l'enfant dès sa conception,
- garantir les droits des parents sur l'éducation de leurs enfants,
- assurer aux familles de trois enfants et plus (qui assurent le renouvellement des générations) une vie décente qui leur permettrait d'exercer leurs responsabilités (revalorisation des prestations familiales, suppression des critères de ressources, aide au logement, lutte contre la pornographie, la violence dans les médias et la drogue).

Au milieu des années 1980, les AFC ont redit leur inquiétude face au développement de l'avortement après les lois de 1975, 1979 et 1982 et malgré les efforts fournis par l'État français pour la diffusion des méthodes contraceptives. Le mouvement constatait qu'en dépit de ces dernières, les IVG n'avaient pas diminué. Pour les AFC, l'avortement qui consistait à supprimer un être humain s'était banalisé au point de devenir en lui-même un moyen de contraception. La CNAFC écrivait : « Il est grand temps de revenir sur cette loi et de mettre en place, enfin, une politique d'accueil de la vie humaine et de protection sociale de la maternité, seule attitude de progrès ![1] ». Pour lutter contre l'avortement, les AFC ont pensé qu'il fallait reconquérir l'opinion publique, soutenir les œuvres d'entraide aux mères célibataires aux enfants abandonnés

1. CNAFC, *Le respect de la vie dès la conception. Un programme d'action pour les AFC*, archives des AFC, septembre 1987.

et aux couples en difficulté, agir au sein de l'Église, enfin renforcer ses actions auprès des élus et des pouvoirs publics pour promouvoir la défense de la vie.

En 1985, les AFC ont progressé en termes d'effectifs et n'hésitaient pas à critiquer l'évolution[1] de l'UNAF. En effet, elles regrettaient que cette dernière considérât les couples non mariés et les parents isolés comme des familles à part entière et qu'il n'y ait plus le consensus qui remontait à la Libération et qui considérait que la famille reposait d'abord sur le mariage et la filiation, qu'elle soit légitime ou adoptive. Toujours en 1985, dans le rapport moral de la CNAFC, les AFC ont regretté que la politique familiale du gouvernement français ait porté ses efforts sur les familles ayant deux enfants au détriment de celles qui avaient trois enfants et plus, lesquelles renouvelaient les générations. Dans ce texte, elles dénonçaient aussi le remboursement de l'avortement, ainsi que les avantages fiscaux octroyés aux couples non mariés. En 1986, pour les AFC, la crise du mariage était une crise de civilisation, impressionnante par sa rapidité. Selon elles, les causes tenaient aux mentalités contraceptives qui établissaient un fossé entre la sexualité et la reproduction humaine. Les autres raisons avaient trait à l'effondrement de la foi catholique, à la perte du sens de l'engagement et de la fidélité, enfin à la « privatisation excessive de la vie affective des couples[2] ».

En 1984, Jean-Paul II tenait à remercier les AFC d'avoir diffusé largement l'exhortation *Familiaris consortio*, signe selon lui de leur soutien indéfectible à Rome et prouvant leur ultramontanisme. La même année, elles ont organisé un pèlerinage à Rome. Son thème était : « Famille, mariage et réconciliation ». Les intervenants étaient tous issus du catholicisme classique, à l'image

1. *Rapport d'orientation de la CNAFC*, archives des AFC, avril 1985.
2. *La crise du mariage et de la déstabilisation de la famille. Analyse et orientation d'avenir*, archives des AFC, mars 1986.

de Mgr Édouard Gagnon, président du Conseil pontifical de la famille, du père Pierre-Marie issu de la communauté Saint-Jean, et de maître Rémy Montagne. Les veillées étaient assurées par le Centre international des jeunes à San Lorenzo et par Charles-Éric Hauguel, membre de la communauté de l'Emmanuel. Elles rappelaient à cette occasion leur souhait de rassembler des familles désireuses de vivre et d'élever leurs enfants chrétiennement, tout en maintenant l'idée d'un engagement dans la cité. En 1984, les AFC[1] étaient implantées dans la plupart des diocèses français. Elles affirmaient s'inspirer de la doctrine sociale de l'Église et des enseignements de Jean-Paul II sur la famille. Les AFC ont très régulièrement rappelé leurs objectifs au nombre de quatre. Le premier visait à assurer la promotion de la famille s'appuyant sur le mariage et l'engagement réciproque dans l'amour en s'inspirant des exigences de la loi naturelle. Le second consistait à apporter un soutien spirituel et une aide éducative aux familles. Le troisième était de défendre leurs intérêts moraux et matériels. Les AFC, par leur adhésion aux UDAF (Union départementales des associations familiales) et à l'UNAF (Union nationales des associations familiales), insistaient sur le fait qu'elles étaient qualifiées pour représenter les familles auprès des pouvoirs publics. Elles affirmaient aussi vouloir agir tant au niveau temporel que spirituel. En 1986, la commission sociale pointait du doigt le caractère « intransigeant » des AFC et considérait que leur reconnaissance canonique par Mgr Renard avait surtout eu comme objectif de lui éviter une dérive traditionaliste comme celle qu'avait connue Mgr Lefebvre. En 1987, la commission familiale de l'épiscopat avait reproché au mouvement sa stratégie d'indépendance et son manque d'implication dans la pastorale familiale. Elle reprochait aussi aux AFC son engagement parfois très à droite de l'échiquier politique.

1. *Les Associations familiales catholiques en pèlerinage à Rome*, 32 CO 3, archives du CNAEF, 1984.

Les AFC voulaient une société plus accueillante pour l'enfant, ce qui signifiait : une protection accrue de celui-ci dans le sein de sa mère et de la femme enceinte, un soutien matériel et moral des mères en difficulté, le développement du sens des responsabilités chez les jeunes et les adultes par l'éducation et la préparation à la vie, le changement des mentalités vis-à-vis de l'avortement, de l'union libre, de la liberté sexuelle et de la contraception, un sens accru de la paternité et de la maternité responsables fondés par une régulation des naissances au moyen des méthodes naturelles. Concernant les aides matérielles, les AFC demandaient que les familles nombreuses reçoivent un apport financier pour bénéficier d'un logement décent. De manière récurrente, les associations familiales catholiques ont souhaité rappeler l'indissolubilité du mariage, le respect de la vie et de la personne humaine dès la conception, enfin la responsabilité première des parents dans l'éducation de leurs enfants. Elles ont aussi lutté pour un statut de la mère de famille ouvrant à un droit à un salaire maternel, à la sécurité sociale et à la retraite, à des allocations familiales tenant compte des charges réelles des foyers.

Les AFC considéraient que l'évolution de la famille était le résultat de la dépravation des mœurs, du rejet de la morale naturelle, enfin de la démission des éducateurs et des parents dans le domaine de la transmission. Dans leur revue[1] *Tâches familiales*, les AFC défendaient trois points : la défense du mariage, la lutte contre l'avortement, enfin la promotion d'une éducation saine et morale au sein de la famille. En 1987, les AFC continuaient à progresser car elles étaient dans 90 départements contre 45 en 1977. En 1988, Régis de Crépy, président de la Confédération des AFC, rappelait l'importance pour elles d'être insérées dans la société mais que cela impliquait des dangers « d'asphyxie, de dispersion,

1. *Tâches familiales*, supplément au numéro 121.

d'activisme, de jugements simplistes, caricaturaux, enfin un découragement ». Pour pallier ce risque, le mouvement familial catholique a tenu à s'enraciner spirituellement, spécialement en suivant des retraites comme à l'institut Notre-Dame de Vie. Ce choix renvoyait à un catholicisme classique auquel elles étaient attachées. Toujours en 1988, les AFC ont mené des actions communes avec d'autres mouvements familiaux catholiques ou proches comme le CLER, l'AOCPA, Provie, Magnificat et Médecins pour la vie. La même année, elles avaient 250 administrateurs dans les UDAF et 4 administrateurs au sein de l'UNAF. En 1990, les AFC regroupaient 35 000 familles. Les AFC se sont attiré les critiques de certains évêques français en raison de leur positionnement politique à droite. En effet, Mgr Honoré, comme Mgr Jullien, remarquaient que les valeurs familiales au sein de l'Église étaient défendues par des mouvements conservateurs et politiquement situés à droite tels que les AFC qui avaient une audience limitée selon eux. Pour ces prélats, cela avait des conséquences importantes. En effet, la notion de progrès étant vécue comme une valeur de gauche, celle-ci ne pouvait être étendue à la famille vue comme un thème très clairement de droite.

Les AFC ont parfois été l'objet de critiques de la part de certains évêques français, trouvant ce mouvement catholique familial trop à droite politiquement. Mgr Jullien a été l'un de ceux-là. Il regrettait aussi que les AFC soient trop éloignées des couches populaires, ce qui les empêchait de pouvoir parler à tous les catholiques. La méfiance de l'archevêque de Rennes s'est concrétisée par le refus de participer aux marches contre l'avortement organisées par le mouvement. Il écrivait à Madame Ansart de Lessan : « Les AFC font du bon travail comme vous le dites et devraient être les interlocuteurs normaux des sphères sociales, etc. mais elles sont composées comme vous le sentez bien d'un milieu trop homogène et trop éloigné des couches populaires (en dépit de leur bonne volonté), ce qui rend leur caractère représentatif difficile[1] ».

Depuis les années 2000

La CNAFC regroupait en 1991, 380 associations présentes dans tous les diocèses de France. La même année, celles-ci regroupaient 40 000 familles, ce qui représentait environ 250 000 personnes. Les publications des AFC étaient *La Vie des AFC* (35 000 exemplaires), *Tâches familiales* (2 500 exemplaires), *Lettre aux Présidents* (1 000 exemplaires). En 1995, le président des AFC, Jean-François Chaumont, a rencontré le président de la République Jacques Chirac, Nicolas Sarkozy, ministre du Budget et de la Communication, et Colette Codaccioni, ministre de la Solidarité entre les générations, pour les sensibiliser au fait que les familles de trois enfants et plus soient tout spécialement aidées.

Le professeur Joyeux, proche idéologiquement des AFC et cancérologue à la Faculté de médecine de Montpellier, s'est beaucoup opposé à la pilule contraceptive, considérant qu'elle était à l'origine de nombreux cancers du sein, de l'utérus et du foie. Il a créé en 1988 l'École de la vie et de l'amour et il s'est beaucoup engagé dans le mouvement familial en étant président de Familles de France de 2001 à 2013 et vice-président de l'UNAF de 2006 à 2008. Familles de France, association née en 1947, s'est opposée au PACS en 1999 et à l'homoparentalité. Attachée à l'ordre moral et ancrée dans le catholicisme classique, elle s'est clairement opposée au mariage pour tous.

En 1997, les députés ont adopté un amendement obligeant les concubins ayant obtenu une attestation de « concubinage notoire » pendant deux années consécutives à faire une déclaration commune

1. Lettre de Mgr Jacques Jullien à Madame Ansart de Lessan, 32 CO 4, 14 janvier 1988.

d'impôts. Les AFC craignaient que cette mesure constituât une étape supplémentaire vers une assimilation du statut du concubinage et de celui du mariage. En 1997, les AFC se sont vivement émues de l'incarcération du docteur Dor [1] pour avoir participé à une manifestation interdite contre l'avortement. Les AFC regrettaient que le nombre d'avortements se maintienne à hauteur de 225 000. Elles trouvaient dommage que l'État n'ait jamais mis en œuvre les mesures de prévention de l'avortement prévues par la loi et notamment par les « commissions d'aide à la maternité ». Encore en 1997, les AFC ont reconnu avoir une communication insuffisante, laquelle l'empêchait de faire connaître davantage le mouvement. Ainsi pouvait-on lire dans le procès-verbal de son conseil d'administration : « Nous sommes dans un contexte où les AFC ne sont pas toujours connues des familles catholiques ni du grand public (...). Il existe aussi un besoin de communication entre nous tous, confédération et associations, pour renforcer nos liens et être plus vivants [2] ». En 1997 également, les AFC se sont opposées au plafonnement des allocations familiales et à leur mise sous condition de ressources [3], ce qui allait à l'encontre du caractère universel que l'État français leur avait donné au lendemain de la Seconde Guerre mondiale. Cela s'est concrétisé par différentes mobilisations dont la plus importante a été celle du 11 octobre 1997. Les organisateurs parlaient de 60 000 manifestants, tandis que la police annonçait 13 000 personnes.

Le journal *Le Monde*, à cette occasion, a critiqué les AFC pour leur trop grande proximité avec l'extrême droite et titrait : « Les Associations familiales catholiques et l'extrême droite ont

1. Communiqué de presse des AFC « *Pour une vraie politique d'accueil de la vie* », 13 novembre 1997.
2. *Procès-verbal du Conseil d'administration des AFC*, 3K1 26 AFC 4, archives du diocèse de Paris, 7 juin 1997.
3. *Procès-verbal du bureau des AFC*, 3K1 26 AFC 4, archives du diocèse de Paris, 12 novembre 1997.

manifesté à Paris[1] ». On pouvait y lire ceci : « Des familles parmi les plus traditionnelles se sont retrouvées, samedi 11 octobre à Paris, pour manifester contre les mesures gouvernementales sur la politique familiale. Venues pour beaucoup avec leurs enfants, certaines n'avaient pas battu le pavé parisien depuis les manifestations en faveur de l'école privée. Elles répondaient cette fois à l'appel de deux associations familiales conservatrices, Familles de France et les Associations familiales catholiques. Les manifestants avaient revêtu un petit foulard rouge, censés les transformer en petits chaperons rouges menacés par un grand méchant loup "mangeur d'allocations familiales et prêt à dévorer ensuite l'assurance maladie et les retraites", ainsi que l'a dénoncé Jacques Bichot, le président de Familles de France. C'est derrière une banderole "Aujourd'hui les allocs, demain la sécu" qu'ils ont défilé, reprenant à leur compte les propos de Jean-François Chaumont, président des Associations familiales catholiques (AFC), qui déplorait que les familles soient montrées du doigt par le gouvernement comme si elles étaient privilégiées. »

À la fin des années 1990 et au début des années 2000, les AFC ont sollicité les formations politiques en leur demandant de respecter le mariage et de le promouvoir au sein de la société, de valoriser la vie humaine et sa protection, défendre les parents comme premiers éducateurs, enfin d'aider économiquement les familles nombreuses. En 1998, les AFC critiquaient le gouvernement français pour avoir limité la revalorisation des prestations familiales à 1,1 %. En 1999, le mouvement a combattu la diffusion de la pilule abortive appelée Norlévo qui, cette année-là, a été délivrée sans ordonnance. La CNAFC précisait : « Si les AFC disent OUI à cette volonté de réduire l'avortement, elles disent NON aux moyens mis en place pour y parvenir… Le meilleur moyen de prévenir un éventuel avortement est la sensibilisation tant au respect

1. *Le Monde*, 14 octobre 1997.

dû à tout être humain dès son origine et jusqu'à sa fin naturelle qu'au respect du lien indissoluble qui devrait unir l'amour et la vie[1] ». En 2000, alors que le gouvernement français avait annoncé sa volonté d'allonger de dix à douze semaines de grossesse le délai légal pour avorter, de supprimer l'autorisation parentale pour l'accès des mineurs à tous les contraceptifs hormonaux, enfin de mettre un terme aux sanctions liées à la propagande et à la publicité en faveur de l'avortement, la CNAFC a réagi fermement. Ainsi a-t-elle publié un communiqué de presse avec le titre *Avortement, des projets inacceptables* : « Comment affirmer depuis plus de six mois, vouloir diminuer le nombre des avortements alors que l'augmentation du délai conduira inévitablement à l'effet inverse ? Comment prétendre soutenir les parents dans leurs responsabilités éducatives et dans le même temps évincer ces mêmes parents face à une décision aussi grave et lourde de conséquences que celle d'avorter[2] ? ». Toujours en 2000, lors des Journées nationales pour la vie, les AFC ont récolté 300 000 francs qui ont été reversés aux associations de défense de la vie comme Magnificat, Mère de Miséricorde, les Maisons Tom-Pouce, enfin Grossesse Secours. Encore en 2000, les AFC comptaient 378 associations locales pour 79 fédérations départementales. Encore en 2000, choisie par le pape Jean-Paul II comme année sainte, les AFC ont organisé un grand rassemblement le 15 août, rassemblant 18 000 personnes, dont 6 500 enfants et 500 bénévoles.

En 2002, le mouvement a continué à se battre pour la création d'un statut de l'embryon et regrettait que l'État français n'aille pas dans ce sens. Par un communiqué du 27 juin 2002, il écrivait : « L'arrêt de la Cour de cassation montre pour la troisième fois que l'on est en pleine contradiction : comment assurer, en effet, la

1. *Rapport d'activité de la CNAFC*, 3K 1 26 AFC 4, archives historiques du diocèse de Paris, 25 et 26 mars 2000.
2. *Rapport d'activité de la CNAFC*, 3K1 26 AFC. 4, archives du diocèse de Paris, 2000.

protection de l'enfant à naître tout en lui refusant le statut de personne humaine ? (...). Il devient indispensable de légiférer et de rappeler pour les familles l'importance de respecter la vie humaine à toutes les étapes. Le législateur ne saurait se contenter de créer un statut différent entre le fœtus et l'embryon, différence qui serait artificielle : les progrès de la science n'ont-ils pas révélé une extraordinaire continuité de la vie humaine, de la conception à la mort naturelle ?[1] ». En 2003, les chantiers-éducation lancés par les AFC en 1990, étaient au nombre de 400 et rassemblaient 5 000 personnes, dont une bonne partie n'était pas membre du mouvement. Outre des rencontres entre des pères de famille, ils favorisaient des moments festifs, l'organisation de conférences, enfin la mise en place de bibliothèques.

La même année, à l'occasion de l'assemblée générale de la CNAFC le 15 mars 2003, dont le thème était « Famille et éducation », Christian Jacob, ministre délégué à la Famille, fit une intervention remarquée. Il précisait que ce sujet lui tenait à cœur. Il affirmait : « J'ai voulu, dès ma prise de fonction, affirmer que les parents avaient une responsabilité éducative envers leurs enfants et qu'il convenait de les conforter dans leur rôle[2] ». Il affirmait aussi : « Les meilleurs éducateurs, sont les parents (...). Toutes les actions qui traitent de l'éducation, de l'accompagnement de l'enfant durant sa période de construction sont importantes[3] ». Christian Jacob pointait aussi du doigt la violence et la pornographie présentes dans les médias et dommageables pour les enfants et les adolescents. Ce thème était particulièrement cher aux AFC. Pour réagir à cette violence dans les moyens de communication, Christian

1. *Communiqué de presse des AFC*, « Statut de l'enfant à naître », 27 juin 2002.

2. Intervention de Christian Jacob, ministre délégué à la Famille, lors de l'assemblée générale de la CNAFC, Lyon, 15 mars 2003, 3K1 26, AFC 4, archives historiques du diocèse de Paris.

3. *Ibid.*

Jacob se refusait à avoir recours à la censure qui pouvait être contournée et préférait une classification des productions cinématographiques afin que celles qui comportaient de la violence et de la pornographie soient facilement identifiées. Le ministre délégué à la Famille renonçait aussi à diminuer le montant des allocations familiales des parents dont les enfants avaient été repérés en raison d'un absentéisme scolaire chronique. Enfin, Christian Jacob souhaitait favoriser le financement d'aides maternelles et de crèches par les entreprises afin de mieux concilier vie professionnelle et vie familiale. Le ministre délégué à la Famille est apparu comme conservateur sur les questions sociétales. Ainsi s'est-il opposé fermement en 2002 au PACS (Pacte civil de solidarité) qu'il assimilait à une union homosexuelle. En 2013, il a également été l'un des adversaires les plus virulents au mariage pour tous au sein de l'Assemblée nationale.

En 2004, Jean de Viguerie, président de la CNAFC, posait un bilan sur les activités des AFC. Il voyait des éléments positifs comme la reconnaissance d'utilité publique le 14 décembre 2004, une gestion interne modernisée, la professionnalisation du mouvement, le développement des chantiers-éducation, enfin la multiplication des partenariats en France et à l'étranger. Mais il relevait aussi des aspects négatifs [1] tels que la difficulté à agir dans le secteur de la politique familiale, à élaborer une stratégie unique d'action et d'intervention dans un contexte culturel, économique et social en pleine mutation, enfin à créer des AFC locales dans toutes les régions de France. Toujours en 2004, les AFC reconnaissaient que les pétitions, les commandos et les actions de toutes sortes n'avaient pas permis de s'opposer à « la lame de fond d'une libéralisation des lois et des mœurs [2] ». Encore en 2004, les AFC

1. *Rapport d'activité des AFC*, 3K1 26 AFC 4, archives historiques du diocèse de Paris, 2004.

2. *Ibid.*

mettaient en lumière l'approche chrétienne des biens matériels, le principe de subsidiarité dans le domaine social, économique et politique, enfin l'aide matérielle des familles au quotidien.

LA PRESSE CONFESSIONNELLE ET LA POLITIQUE FAMILIALE DE LA FRANCE : *LE PÈLERIN* ET *FAMILLE CHRÉTIENNE*

Le Pèlerin, considéré comme le produit du groupe Bayard ayant la dimension familiale la plus manifeste, a consacré plus ou moins régulièrement des numéros approfondis à la politique familiale de la France. Dans son numéro du 17 avril 2008, sous la plume de René Poujol, dans son éditorial « Familles, un faux pas révélateur ? », il prenait la défense de la politique familiale menée en France qui revêtait un caractère universel. Il réagissait fortement au projet du gouvernement français, sous la présidence de Nicolas Sarkozy, qui envisageait de supprimer la carte Famille nombreuse du réseau SNCF. Le journaliste se félicitait que les associations familiales et une partie de l'UMP aient obligé l'État à renoncer à cette perspective. René Poujol écrivait : « La carte Famille nombreuse reste le symbole fort d'une politique familiale à laquelle les Français sont attachés. Le principe d'une telle carte est-il aujourd'hui dépassé ? Certains l'affirment, et pas seulement à gauche. Est-il normal interrogent-ils, que la carte soit attribuée sans distinction de ressources ? La question, quoique légitime, semble ignorer l'une des originalités de la politique familiale à la française qui n'est pas d'abord de réduire les inégalités mais (…) d'établir une forme de niveau de vie, au sein d'une même catégorie sociale, entre les couples qui ont des enfants et ceux qui n'en ont pas. Tourner le dos à ce principe aurait notamment pour effet de laminer un peu plus les classes moyennes. Ce faux pas rejoint, hélas, d'autres signes d'alerte : disparition de la conférence annuelle de la famille, proposition Attali de placer les allocations familiales sous conditions de ressources, nomination tardive d'une secrétaire d'État surtout attentive aux évolutions de la société… au nom du respect dû à chacun de choisir son propre modèle familial. Il serait pour le moins paradoxal que la France qui a su, à ce jour, permettre aux couples d'accueillir les enfants qu'ils désirent et par là, équilibrer sa démographie, tourne le dos à un acquis que beaucoup lui envient. Un pays n'a pas d'autre avenir que sa jeunesse, ses enfants. Cela justifie amplement un soutien et un regard généreux aux familles qui leur donnent vie et les aident à grandir[1] ».

Encore, le 11 avril 2013, dans *Le Pèlerin* l'article « Quel avenir pour la politique familiale ? », signé de Benoît Fidelin. Dans ce papier, il s'inquiétait de voir une modulation des allocations familiales selon les revenus, le tout associé à une baisse du quotient familial, l'idée étant de répondre à plus de justice sociale et de diminuer le déficit de la sécurité sociale en mettant à contribution les ménages les plus aisés. Déjà les premiers ministres Alain Juppé en 1995 et Lionel Jospin en 1997 avaient voulu placer les allocations familiales sous conditions de ressources mais les partis de droite et les associations familiales s'y étaient opposés, ce qui avait amené les deux gouvernements à reculer. Dans ce numéro, *Le Pèlerin*, sur ce thème, avait fait appel à l'historien Christophe Capuano qui avait montré que la politique familiale en France avait favorisé la conciliation de la vie professionnelle et de la vie privée en créant des places de crèche, en abaissant l'âge d'entrée à l'école maternelle, enfin en instaurant des congés de maternité et de paternité. Ce chercheur restait partisan d'une politique nataliste car, selon lui, elle était le fondement de la solidarité intergénérationnelle. D'après Christophe Capuano, elle était la meilleure chance de garantir le maintien du système des retraites fondé sur la répartition.

1. *Le Pèlerin*, 17 avril 2008.

Famille Chrétienne a été le grand concurrent du *Pèlerin*, en tant qu'hebdomadaire spécialisé sur la question familiale. Voulant apparaître comme une adaptation française de l'hebdomadaire italien *Famiglia Cristiana*, le magazine *Famille chrétienne* est créé en 1978 par Jacques Mercier, professeur, et Rémy Montagne, avocat d'affaires catholique. L'hebdomadaire a été publié par le groupe EDIFA. Tiré à 61 000 exemplaires au début des années 2000, le titre a vu ses ventes s'effondrer comme une grande partie de la presse pour tomber à 45 000 exemplaires au début des années 2020. Se voulant clairement ancré à droite, le magazine a cherché à se présenter comme missionnaire et au service de la famille. Il a montré un grand attachement à la politique familiale à caractère universel, refusant catégoriquement que les allocations familiales soient versées sous condition de ressources.

8

Les réflexions de l'Église catholique sur les évolutions majeures de la famille et de la bioéthique

Le point de vue du père Olivier de Dinechin et de l'épiscopat français

La bioéthique est un domaine qui a connu un net développement en raison d'avancées médicales[1] : la maîtrise des greffes d'organes à partir des années 1960, l'assistance à la conception, la connaissance du développement du fœtus dans les années 1970 ouvrant le champ de médecine fœtale, enfin un élan important donné à la génétique dans les années 1990. Le père Olivier de Dinechin, jésuite, délégué de l'épiscopat français pour les questions éthiques, s'est montré critique sur les dérives eugénistes de la procréation humaine opérées par toute une partie du corps médical. Il écrivait ainsi : « Que vivra un enfant qui saura ou percevra qu'il aura été dès son origine et successivement, surnuméraire, congelé, oublié, puis donné anonymement[2] ? ». L'Église catholique s'est montrée très critique sur la manière dont le corps médical a mis en place la Procréation médicalement assistée (PMA), rappelant que Dieu était l'auteur de la vie et que l'homme ne pouvait se substituer

1. Olivier de Dinechin, *L'homme de la bioéthique*, Paris, DDB, 1999, p. 16.
2. *La Croix*, 20 mai 1992.

à lui. Sur cette question, Jean-Paul II, dans *Veritatis splendor*, précisait que l'exigence morale était d'abord d'aimer et de respecter la personne comme une fin et jamais comme un simple moyen. Au milieu des années 1980, des tensions sont apparues très clairement entre Rome et des médecins catholiques qui pratiquaient des FIVETE.

Ces derniers étaient en désaccord avec la publication de l'instruction *Donum vitae*, consacrée au respect de la vie humaine naissante et à la dignité de la procréation. Le texte romain proscrivait la fécondation « in vitro », estimant que l'acte d'amour devait en aucune sorte être entravé par une manipulation. La publication de *Donum vitae* a été l'une des causes de la démission du docteur Chartier, chef de service de gynécologie-obstétrique de l'hôpital catholique Notre-Dame de Bon Secours à Paris. En effet, ce médecin catholique pratiquait des FIVETE homologues, ce qui lui valut l'hostilité du cardinal Lustiger, archevêque de Paris. Le docteur Chartier justifiait ainsi sa pratique de la procréation artificielle : « On veut que Dieu soit créateur. Pour qu'il le reste, faut-il que le mystère persiste ? Si les médecins arrivent à percer le mystère, vont-ils enlever du pouvoir à Dieu ? En fait, ils ne l'enlèvent pas à Dieu, mais à ceux qui parlent au nom de Dieu. On ne va pas retirer du pouvoir à Dieu. On va connaître un peu plus les choses de la vie[1] ». Selon le docteur Chartier, dans le domaine de la procréation artificielle, il existait, certes, un risque mais il considérait qu'il fallait l'accepter. Enfin, ce médecin justifiait sa pratique de la FIVETE par son souci de venir en aide à la détresse humaine, au cœur du message évangélique d'après lui. Outre le docteur Chartier, les médecins de l'hôpital catholique Saint-Philibert à Lille pratiquaient aussi des FIVETE homologues. Dans le protocole qu'ils avaient mis en place, ils transplantaient

1. Cité par Frédéric MOUNIER, *L'amour, le sexe et les catholiques*, Paris, Centurion, p. 60-61.

tous les embryons fécondés et refusaient donc la congélation de certains d'entre eux.

En 1984, la Commission épiscopale de la famille s'alarmait des dérives de la médecine sur le plan éthique, sachant que dans le même temps, elle avait fait des progrès notables depuis plusieurs années. Elle s'est exprimée sur ces difficultés à travers le document *Vie et mort sur commande, éléments de réflexions de la commission familiale de l'épiscopat.* S'appuyant sur les ouvrages de Jean Rostand, *Inquiétude d'un biologiste* et du père de Dinechin[1], *Le défi génétique*, elle émettait de sérieuses réserves sur les manipulations génétiques. La Commission épiscopale de la famille s'inquiétait de la naissance d'enfants à partir de conceptions « in vitro ». Elle s'alarmait de les voir grandir sans père en raison de l'anonymat entourant le don de sperme. Elle s'exprimait ainsi : « Que dire du père qui transmet la vie dans l'incognito d'une conception artificielle ? Il renonce à exercer toute responsabilité vis-à-vis de cet enfant qui demeure le sien, qu'il le veuille ou non. Le don du sperme est un acte généreux, dit-on. Peut-être dans l'esprit du père. Mais qu'est-ce que cette générosité qui se démet à l'avance de toute responsabilité dans l'éducation future de l'enfant ? Le don de la semence humaine est-il réductible seulement au don du sang par exemple ? La semence porte une information, un patrimoine génétique jouant un rôle déterminant chez l'enfant dont le père se désintéresse complètement[2] ».

Pour la commission familiale de l'épiscopat présidée par Mgr Jullien, opérer une séparation entre la fécondité et l'amour conjugal ne pouvait avoir que des conséquences négatives sur la famille. On pouvait lire ceci dans le document précité :

1. Olivier de DINECHIN, *Le défi génétique*, Paris, le Centurion, 1982.

2. Commission familiale de l'épiscopat, *Vie et mort sur commande, éléments de réflexions de la commission familiale de l'épiscopat*, 32 CO 3, archives du CNAEF, 21 novembre 1984.

« En dissociant de plus en plus fécondité et amour conjugal, on tend à désintégrer le couple et la cellule familiale. Que deviendront les enfants et les couples eux-mêmes ? Des situations affectives inextricables vont proliférer, comme d'imprévisibles réactions en chaîne, qu'entrevoit déjà le rapport officiel de Madame Sullerot[1] ? ». Pour la commission familiale de l'épiscopat, « la famille est la matrice de la personne, le lieu où normalement l'enfant se sait aimé inconditionnellement, sans avoir à justifier sa présence[2] ». Selon elle, la famille devient l'écosystème où « la faiblesse du petit enfant devient une force grâce à l'affection des siens[3] ».

En 1986, le père Olivier de Dinechin revenait sur le thème des recherches sur l'embryon[4]. Si le religieux approuvait la plupart des recommandations du Comité consultatif national d'éthique (CCNE), il s'opposait à lui dès lors qu'il s'agissait d'utiliser des embryons pour la recherche médicale, cause selon lui de nombreuses dérives, se matérialisant parfois par leur destruction. Il visait en particulier la fécondation in vitro avec le transfert d'embryons (FIVETE). Le jésuite rejetait l'expression « personne humaine potentielle » promue par le CCNE qui, pour lui, laissait planer un doute sur le fait que l'être humain était un homme ou une femme dès sa conception. En 1987, Mgr Jacques Jullien et Mgr Guy Herbulot, se référant l'instruction à *Donum Vitae* rédigée par le cardinal Ratzinger, ont interpellé Michèle Barzach, ministre déléguée, chargée de la santé et de la famille. Le texte romain défendait le respect de la vie naissante et la dignité de la procréation. Toujours en 1987, à travers le texte[5] *Position de l'Église*

1. *Ibid.*
2. *Ibid.*
3. *Ibid.*
4. Olivier de Dinechin, *Etude sur l'avis relatif aux recherches sur l'embryon humain in vitro*, 32 CO 3, archives du CNAEF, 15 décembre 1986.
5. *Position de l'Église catholique sur la responsabilité du législatif civil en matière d'assistance à la procréation*, archives du CNAEF, 15 novembre 1987.

catholique sur la responsabilité du législatif civil en matière d'assistance à la procréation, les deux évêques français tenaient à rappeler deux principes : le droit inviolable à la vie de tout individu humain innocent, ainsi que les droits de la famille et de l'institution matrimoniale. Pour l'épiscopat français, si la société humaine ne protégeait pas le plus faible et ne garantissait pas la cellule de base que constituait la famille, elle ruinait « ses propres fondements[1] ». Selon les évêques français, l'État chargé de mettre en place le bien commun, se devait d'avoir des pratiques éthiques. D'après eux, la procréation médicale assistée (PMA) devait être proscrite en raison des graves problèmes de filiation qu'elles posaient. Enfin, les évêques français s'opposaient au diagnostic prénatal dès lors que celui-ci débouchait sur un avortement.

En 1989, l'épiscopat français a fait appel à des juristes catholiques pour réfléchir sur les lois bioéthiques devenues de plus en plus libérales et qui s'éloignaient de plus en plus de la morale chrétienne. Parmi ces derniers, on trouvait Michel Anquetil, magistrat auprès du ministre de la Justice, le père Bruno Cadoré, membre du Centre d'éthique médicale de l'Université catholique de Lille, Jean-François Chaumont, issu du département « Éthique et pastorale » des AFC, Paul Coustaud qui appartenait au groupe de réflexion des juristes catholiques, Jean Gélamur, ancien membre du Comité consultatif national d'éthique, Pierre Kayser, professeur honoraire de l'Université d'Aix-Marseille, enfin Gérard Memeteau et Guy Raymond, tous les deux enseignants à la Faculté de Droit de l'Université de Poitiers. En 1992, Mgr Jullien s'inquiétait des dérives dans le domaine de la bioéthique et de l'utilisation des embryons déconnectée de toute référence morale qui faisait l'objet de plusieurs projets de lois à l'époque. Il écrivait : « L'homme peut-il disposer de son corps... spermatozoïdes, ovules et embryons ? Par là, est discrètement évacué le statut de l'embryon (...). Il relève

1. *Ibid.*

semble-t-il de ce tissu humain qui s'entend d'un ensemble organisé de cellules[1] ». L'archevêque de Rennes reprenait l'avis de Catherine Labrusse-Riou, professeur de droit à l'Université Paris I : « Une fois les règles bureaucratiques définies par la loi pour gérer les centres agréés, tout est permis à ces centres : dons de sperme, dons d'ovocytes. Par le silence de la loi, tris génétiques des donneurs, tris génétiques des embryons sont possibles avec à la clé, la pratique possible d'un véritable eugénisme au nom du bien de l'enfant à venir[2] ». À l'orée des années 2000, le père de Dinechin a fait remarquer que le plus dangereux dans ce domaine concernait les expérimentations sur les embryons humains. Suivant l'exemple américain, le jésuite considérait que la bioéthique devait reposer sur trois principes : la bienfaisance, l'autonomie et la justice. En bioéthique, selon le jésuite, l'apport principal du catholicisme provenait de sa manière de « promouvoir une vision globale de la personne humaine[3] » dans des secteurs que la culture occidentale avait eu tendance à parcelliser.

La Conférence des évêques de France s'est dotée en 2007, d'un groupe de travail sur la bioéthique. Composée de six évêques, avec à leur tête Mgr Pierre d'Ornellas, il a régulièrement fait appel à des experts dans des domaines variés comme l'éthique, le droit et la médecine. En 2009, ce groupe d'évêques a publié l'ouvrage[4] *Bioéthique. Propos pour un dialogue*. Comme le titre l'indiquait, il s'agissait pour eux d'échanger avec le monde scientifique pour lui faire part des exigences morales de l'Église en ce domaine aux avancées rapides sur le plan technique. Dans le cadre de ce dialogue avec des représentants de la science médicale,

1. *Ouest-France*, 4 mai 1992.

2. *Ibid.*

3. Olivier de DINECHIN, *L'homme de la bioéthique*, Paris, Desclée de Brouwer, 1999, p. 25.

4. Mgr Pierre D'ORNELLAS et les évêques du groupe de travail sur la bioéthique, *Bioéthique. Propos pour un dialogue*, Paris, DDB, 2009.

il était important pour l'Église de rappeler son attachement à la défense de la vie et au soin des plus fragiles. Ces réflexions de l'épiscopat français s'appuyaient sur quelques convictions telles que la protection de la vie humaine dès sa conception, le refus de l'exploitation et de l'instrumentation de l'homme contraires à sa dignité, l'accompagnement des plus vulnérables dans le cadre du bien commun, enfin la maîtrise des dépenses liées au domaine biomédical afin de ne pas mettre en péril une politique globale de santé publique. Toujours en 2009, dans un autre ouvrage[1], *Bioéthique. Question pour un discernement*, le groupe d'évêques chargé des questions bioéthiques s'est intéressé à la question du « projet parental ». Il pointait du doigt ce concept jugé très subjectif selon lequel, ultimement, la vie et le développement d'un embryon humain étaient étroitement liés au projet que ses parents avaient sur lui. Si ce projet venait à changer, cela légitimait pour les scientifiques les plus rationalistes et les plus matérialistes, la suppression ou la mort de ce dernier. L'embryon humain, étant déjà un être humain pour l'Église, cette conception ne pouvait être que l'objet d'un rejet vigoureux de la part des instances catholiques. En 2009, également, Mgr Pierre d'Ornellas présentait l'Instruction[2] *Dignitatis personnae sur certaines questions éthiques*. Apparaissant comme une actualisation de l'Instruction *Sur le don de la vie*, parue en 1987, cette dernière s'interrogeait déjà sur le sens et la valeur des techniques utilisées dans le domaine de la science biomédicale. Le texte mettait en avant trois critères majeurs dans le domaine de la protection de la vie : le respect de l'homme, son droit primaire et fondamental à la vie, enfin la dignité de la personne. En publiant l'instruction *Dignitatis personnae sur certaines questions de bioéthique*, la Congrégation

1. *Ibid.*

2. Congrégation pour la doctrine de la foi, *Instruction Dignitatis personnae sur certaines questions de bioéthiques*, Présentation de Mgr Pierre D'ORNELLAS, Paris, Bayard, Cerf, Fleurus-Mame, 2009.

pour la doctrine de la foi avait comme souci de rappeler son attachement à la vie et sa volonté de dialoguer avec le monde scientifique. En premier lieu, elle a alerté sur le grave danger que constituaient des expérimentations ayant trait à la procréation (technique d'aide à la fertilité, fécondation in vitro, destruction délibérée d'embryons, congélation d'embryons et d'ovocytes, diagnostic pré-implantation). Le texte mettait aussi en garde contre la manipulation de l'embryon ou du patrimoine génétique humain (thérapie génique, clonage humain, utilisation thérapeutique des cellules souches, tentative d'hybridation).

Le Comité consultatif national d'ethique (CCNE)

En France est créé, en 1983, le Comité consultatif national d'éthique (CCNE) à la demande du président de la République François Mitterrand. Il avait pour mission de donner un avis sur les problèmes moraux soulevés par les recherches scientifiques dans le domaine de la biologie, de la médecine et de la santé. Le rôle du CCNE n'était que consultatif et ses avis ne pouvaient pas se substituer aux lois et règlements en vigueur. Les membres du CCNE étaient 36 et parmi eux 5 appartenaient à l'univers philosophique et religieux. Concernant les catholiques, l'un des membres les plus marquants fut Jean Gélamur (1920-2008), à la tête du groupe Bayard Presse. Ingénieur civil dans le domaine de l'aéronautique, il fut président-directeur général de la Bonne Presse devenue le groupe Bayard presse de 1960 à 1985. De 1983 à 1988, il fut membre du CCNE. En raison de sa fonction à la tête de ce groupe de presse très influent sur le catholicisme français, les évêques de l'Hexagone lui ont demandé d'intégrer cette structure regroupant pour l'essentiel des scientifiques dont les pouvoirs publics attendaient des avis éthiques. Jean Gélamur n'a accepté sa nomination au CCNE qu'à la demande expresse de l'épiscopat français avec lequel il entretenait une relation permanente. Il se faisait aider par un groupe de trois théologiens : le père Olivier de Dinechin (jésuite) sur les questions morales concernant la vie humaine, le père Xavier Thévenot (salésien), professeur d'éthique à l'Institut catholique de Paris, enfin le père Patrick Verspieren (jésuite), rédacteur à la revue *Études* et professeur d'éthique au Centre Sèvres. Jean Gélamur était bien conscient de la situation difficile dans laquelle il se trouvait au CCNE face à une majorité écrasante de médecins qui souhaitait multiplier les recherches sur l'embryon avec le minimum de contraintes morales.

En 1984, les AFC se sont associées à la Confédération des juristes catholiques de France pour rédiger et déposer à l'Assemblée nationale un projet de loi « relatif au statut de l'enfant conçu et aux recherches médicales le concernant ». Dans ce domaine, elles ont aussi mobilisé l'Association des médecins pour le respect de la vie. Au début des années 1990, elles ont monté une commission « bioéthique » composée de quelques bénévoles spécialisés sur le sujet, collaborant activement avec le député de l'Aveyron Bernard Seillier (républicain indépendant) et Christine Boutin. En 1994, les AFC ont soutenu Christine Boutin, Bernard Seillier et Philippe de Villiers qui souhaitaient interdire les manipulations sur les embryons dans le cadre de l'assistance médicale à la procréation et du diagnostic prénatal. Les trois élus se plaçaient sous l'autorité du professeur Lejeune qui dénonçait que le « droit à l'enfant remplaçât le droit de l'enfant[1] ». L'échec électoral de Philippe de Villiers lors de l'élection présidentielle de 1995 avec 4,75 % a, sans aucun doute, affaibli le mouvement pro-vie en France sur le plan politique. En 1999, Bernard Seillier et Christine Boutin ont participé à la rédaction d'un livre[2] collectif *Le mythe bioéthique*.

1. Constance CHEYNEL, *op. cit.*, p. 457.
2. *Le mythe bioéthique*, Bassano, 1999.

En 1988, paraissait le rapport[1] de Guy Braibant, *Sciences de la vie. De l'éthique au droit.* Le but était de légiférer sur les nouvelles techniques en termes de procréation humaine. Le père Olivier de Dinechin[2] rappelait que les êtres humains devaient être respectés et protégés dès leur conception. Il percevait le mariage comme le lieu de la parenté, de la maternité et de la filiation. Le jésuite dénonçait l'utilisation des fœtus pour la recherche médicale. Il condamnait, ici, un acte immoral dans la mesure où on mettait un terme à une vie qui avait débuté. Pour le père de Dinechin, le corps médical considérait le fœtus comme un matériau sur lequel pouvaient être effectuées des expériences. Le jésuite s'interrogeait sur le vocabulaire utilisé. Il remarquait qu'un avortement était jugé légal par le seul fait qu'il avait lieu dans un cadre hospitalier. Il dénonçait aussi la très forte pression sociale exercée sur le corps médical en matière d'avortement. En 1988, le père de Dinechin, au nom de l'épiscopat français, s'est positionné contre la pilule RU 486 avec le principe suivant : « L'embryon doit être respecté comme une personne dès sa conception ». À propos de cet abortif, le jésuite aimait dire que la possibilité d'avorter « sans y penser[3] » n'était pas un progrès moral. Pour le père de Dinechin, un avortement précoce était aussi grave qu'un avortement tardif. Il précisait que le recours à la pilule RU 486 constituait un acte abortif, même s'il pouvait apparaître moins traumatisant qu'une IVG réalisée lors d'une hospitalisation à la douzième semaine.

À l'occasion de la Journée nationale d'éthique du 13 décembre 1990, le père de Dinechin a fait une déclaration remarquée à propos de l'avis du CCNE qui approuvait des greffes inter-cérébrales à partir de tissus fœtaux chez des malades atteints de la maladie de

1. Guy Braibant, *Sciences de la vie. De l'éthique au droit*, Paris, La Documentation française, 1988.

2. *Documents-Episcopat*, n° 17, décembre 1989.

3. *Note sur le RU 486 par le père Olivier de Dinechin. Actualité éthique de la pilule abortive*, archives du CNAEF, mars 1988.

Parkinson afin d'améliorer leur état de santé. Le cœur de son argumentation était de montrer que l'embryon était une personne dès sa conception et qu'à partir de là, il était contraire à la morale la plus élémentaire, supprimant ainsi des embryons pour en prendre des tissus dans le but de soigner des individus touchés par des maladies dégénératives. En 1992, le père de Dinechin demandait à ce que les embryons puissent bénéficier d'un statut juridique[1]. Il se positionnait aussi contre le don de ceux-ci en vue de la PMA. Persuadé de la composante très disparate du CCNE qui pouvait être paralysante et la rendre inefficace, il écrivait : « Le médecin clinicien, le psychologue, le chercheur en biologie, le juriste, l'anthropologue n'ont pas le même point d'observation sur l'être humain, ni la même vision du bien à promouvoir et du mal à éviter[2] » Quelques mois avant la loi sur le mariage pour tous, soit en 2012, le président François Hollande a créé la sensation en écartant du CCNE tout représentant des grandes familles religieuses en France, ce qui a été perçu comme une défiance de l'État à leur égard. C'était une première depuis 1983, et la création de cette instance par le président François Mitterrand.

Les lois de bioéthique et l'action de Christine Boutin

Au moment des débats sur la bioéthique à l'Assemblée nationale en mai 1993, Christine Boutin a été à l'initiative du Groupe interparlementaire pour le respect de la vie où Bernard Seillier, sénateur de l'Aveyron, lui a apporté un soutien déterminant. C'est dans ce contexte-là qu'est née l'Alliance pour les droits de

1. Olivier de Dinechin, *Réflexions sur les projets de lois bioéthiques*, archives du CNAEF, 4 mai 1992.

2. Olivier de Dinechin, *L'homme de la bioéthique*, Desclée de Brouwer, 1999, p. 18.

la vie devenue plus tard Alliance Vita. Cette association a visé à informer le public sur les lois traitant de la bioéthique et sur ses déviations éventuelles. Au milieu des années 1990, Christine Boutin n'a eu de cesse de réclamer une stricte application de la loi Veil, demandant ainsi à cette dernière d'engager des poursuites contre les IVG illégales. En 1995, alors qu'il venait de publier *L'Évangile de la vie*, Jean-Paul II l'a nommée consulteur au Conseil pontifical pour la famille. En 1996, à la suite de la première conférence sur la famille, un groupe parlementaire sur la famille et l'enfant fut constitué à l'initiative de Christine Boutin et d'Etienne Pinte. Ce travail a donné naissance, en janvier 1997, au rapport « Oser la Famille ». Il comportait 40 propositions et en particulier une simplification du système d'aides aux familles qui devait se traduire par la réduction à trois prestations au lieu de 23. Comme dans le cas du rapport de Colette Codaccioni en 1993, le gouvernement de droite de l'époque a jugé celui de Christine Boutin et d'Etienne Pinte trop coûteux. Une fois de plus, le budget de la branche « famille » faisait les frais d'une politique de réduction des dépenses publiques.

Le PACS (Pacte social de solidarité)

Dans les années 1990, différents projets ont vu le jour afin d'obtenir une reconnaissance légale des couples de même sexe. Ils vont se traduire par le PACS en 1999. Dès le 16 novembre 1996, les évêques de France ont fait une déclaration pour réagir au projet de loi du PACS. Ils voyaient à travers lui une concurrence au mariage en tant qu'institution. Ils écrivaient ainsi : « Une proposition de loi est actuellement à l'étude visant à établir un cadre juridique pour des couples qui ne peuvent ou ne veulent pas se marier. Les auteurs de projet affirment qu'il n'est pas question d'un mariage bis et qu'il ne porte pas atteinte à l'institution matrimoniale. Il s'agirait de simples mesures pratiques sans prétention. Mais comment comprendre de tels propos quand ce projet emprunte, sans les obligations correspondantes, la plupart des droits inhérents au mariage rendant finalement celui-ci inutile ? Le mariage n'est pas seulement un contrat ou une affaire privée mais constitue l'une des structures fondamentales de la société dont il maintient la cohérence. Le mariage doit être valorisé comme l'alliance privilégiée entre un homme et une femme [1] ».

En juin, 1997, le basculement politique de la France à gauche avec la nomination de Lionel Jospin comme Premier ministre dans un gouvernement de cohabitation, à la suite de la dissolution de l'Assemblée nationale par le président Jacques Chirac, a créé les conditions de la future loi sur le Pacs. Alors qu'il n'était encore qu'un projet de loi, il a entraîné une forte mobilisation [2] des catholiques. Le projet de loi se précisant, la sphère catholique a tenté de réagir à partir de 1998 avec l'Association pour la promotion de la famille (APPF), fondée en 1994 par deux anciens membres de l'Opus Dei, qui appelait dans le périodique *Famille chrétienne* à combattre [3] les unions entre individus homosexuels. La vice-présidente de l'APPF, Isabelle Muller, toujours en 1998, s'est associée à Michel Pinton, maire de Felletin, commune de la Creuse occitane, et fondateur de l'UDF, pour lancer le Collectif des maires de France pour le mariage républicain. Fort du soutien de 12 000 maires, cet organisme avait obtenu que la signature du Pacs n'ait pas lieu en mairie. Au-delà de cette action, plusieurs intellectuels [4] catholiques de sensibilités diverses comme les philosophes

1. *Déclaration des évêques de France sur le PACS*, archives du CNAEF, 16 novembre 1996.

2. Céline Béraud et Philippe Portier, chapitre « Les prémices de la mobilisation », *Métamorphoses catholiques*, OpenEdition books, 2017, p. 2.

3. *Famille chrétienne*, 26 mars 1998.

4. Romain Carnac, « De à la Manif pour tous : l'ère des *Catho Pride* », sous la direction de Florian Michel et Yann Raison du Cleuziou, *À la droite du Père. Les catholiques et les droites de 1945 à nos jours*, Paris, Seuil, 2022, p. 473.

Guy Coq et Chantal Delsol, l'historien Emmanuel Le Roy Ladurie et le juriste et ancien ministre Jean Foyer ont exprimé dans la presse leur opposition à l'union officielle de couples homosexuels. Encore en 1998, les AFC ont organisé une pétition contre le PACS qui a rassemblé 30 000 signatures, ce qui n'a pas eu d'impact sur la mise en place de ce dernier en France. Dans leur opposition au PACS, elles ont pu compter sur le soutien de Christine Boutin, députée des Yvelines, et Michel Pinton.

Les revendications politiques et sociales autour du PACS ont été très liées aux craintes importantes que constituait la pandémie du sida. À partir de 1991, plusieurs associations homosexuelles ont demandé l'instauration d'un contrat d'union civile pour les couples de même sexe. Cette revendication a été portée par les associations Aides et Act Up, ainsi que par la Ligue des droits de l'homme. Au cours de la période 1990-1998, cette requête a été reprise par des parlementaires et chevènementistes qui ont déposé des projets de loi en ce sens. Pour la gauche, promouvoir le projet du PACS, c'était lutter contre la discrimination des populations homosexuelles, ainsi que prendre la défense de la liberté et de l'égalité appliquées à toutes les formes de conjugalité. En 1998, juste avant le dépôt du projet de loi instituant le Pacs, le père Tony Anatrella, incardiné dans le diocèse de Paris, publiait[1] *La différence interdite*. Selon lui, l'homosexualité relevait d'une immaturité affective qui provoquait la négation de l'altérité. Ses réflexions sur le sujet ont beaucoup influencé l'épiscopat français de l'époque, à commencer par le cardinal Louis-Marie Billé, archevêque de Lyon. En 1998, de manière prémonitoire, ce dernier avertissait que le projet du Pacs était une « valise à double-fond[2] ». En effet, selon lui, cette loi, si elle était adoptée, permettrait une évolution juridique menant au mariage de personnes de même sexe, ces derniers ayant les

1. Tony ANATRELLA, *La différence interdite*, Paris, Flammarion, 1998.
2. *Homélie de Mgr Louis-Marie Billé*, 8 septembre 1998.

mêmes droits que les couples hétérosexuels : « mariage, adoption, PMA[1] ».

En 1998, le Premier ministre Lionel Jospin considérait que le projet du PACS était un progrès social qui « manifestait l'expression de la neutralité de l'État face à l'individu dans ses choix personnels[2] ». En affirmant cela, il laissait entendre que les pouvoirs publics renonçaient à soutenir une norme sur le plan familial mais qu'ils encourageaient les diverses formes de couples au nom de la liberté et de l'individualisme, sans référence à une loi morale ou à un principe transcendant. La loi sur le PACS était issue d'une proposition faite par Jean-Pierre Michel, député de Haute-Saône (Mouvement des citoyens, MDC) de Haute-Saône et Patrick Bloche député PS de Paris. Ils se sont appuyés sur les travaux de la sociologue Irène Théry qui avait étudié les familles recomposées et qui préconisait l'élargissement des droits à tous les concubins. Au grand regret de Lionel Jospin, le PACS n'a concerné ni l'adoption, ni l'autorité parentale ni la procréation médicale assistée. Quant aux militants LGBT (Lesbiennes, gays, bisexuels et trans), il leur apparaissait comme une union au rabais.

L'Église catholique a été la principale institution à s'être opposée au PACS. Dès 1975, par sa *Déclaration sur certaines questions d'éthique sexuelle*, elle réaffirmait le caractère illicite des actes homosexuels, tout en se montrant ouverte à l'accueil des personnes les pratiquant. Par ce texte, l'Église catholique entendait qu'il ne pouvait y avoir de promotion de la dignité humaine en dehors de l'ordre naturel. Selon elle également, la fonction sexuelle ne pouvait se réaliser en dehors du mariage, donc d'une union légitime. Dans la *Déclaration sur certaines questions d'éthique sexuelle*, Rome décrivait les actes homosexuels comme « intrinsèquement désordonnés ». Jean-Paul II s'est situé dans le même sillage en

1. Romain CARNAC, *op.cit.*, p. 480.
2. Cité par Céline BÉRAUD et Philippe PORTIER, *op. cit.*, 3.

affirmant en 1994 : « Les unions entre homosexuels constituent (...) une déplorable distorsion de ce que devrait être une communion d'amour et de vie entre un homme et une femme, dans un don réciproque ouvert à la vie (...). Le lien de deux hommes et de deux femmes ne peut pas constituer une vraie famille et on peut encore moins attribuer à une telle union le droit d'adopter des enfants[1] ». Déjà en 1992, le père Michel Paysant, secrétaire de la Commission familiale regrettait l'amalgame fait entre les couples hétérosexuels et les couples homosexuels. En 1996, Mgr Guy Thomazeau dénonçait les certificats de cohabitation délivrés par certaines mairies à des couples homosexuels, parlant ainsi de dérives. Il évoquait aussi une « érosion du droit de la famille[2] ». Le 17 septembre 1998, le Conseil permanent de l'épiscopat français dénonçait le PACS comme un projet de loi qu'il jugeait inutile et dangereux dans la mesure où il symbolisait pour les évêques de France une déstabilisation de la famille perçue comme la cellule de la société. Il s'est entouré de divers spécialistes pour montrer le caractère nuisible du PACS. Ainsi, trouvait-on Philippe Malaurie (droit), Michel Rouche (histoire) et le père Tony Anatrella (anthropologie). Dans son opposition au PACS, l'épiscopat français a reçu le soutien ferme de parlementaires situés à la droite de l'échiquier politique comme Christine Boutin députée des Yvelines et consulteur de la Sacrée congrégation pontificale pour la famille, Philippe de Villiers (La droite indépendante) et Jean-François Mattéi (Démocratie libérale).

Une grande partie de la droite est venue en soutien à l'Église sur la question du Pacs. Ainsi, le RPR (Rassemblement pour la République) a pris position contre le projet de loi en 1998. Dans la foulée, 20 000 maires ont signé une pétition « pour le mariage républicain » et contre « le mariage homosexuel ». Les

1. *Discours de Jean-Paul II à la XIVe assemblée plénière du Conseil pontificale pour la famille*, allocution lors de l'Angélus, 20 février 1994.

2. *La Croix*, 8 juin 1996.

débats au Parlement ont été acharnés, renforcés par le fait que 1 200 amendements avaient été déposés par l'opposition de droite. L'intervention, qui a marqué le plus à l'époque, est celle de Christine Boutin, brandissant la Bible[1] en pleine Assemblée nationale. Injuriée par le Premier ministre Lionel Jospin, qui l'avait qualifiée de « marginale et outrancière[2] », elle a été défendue par les AFC. Les députés de droite craignaient que le Pacs soit un mariage bis et qu'il permette l'adoption. La droite a parfois été divisée sur cette question. Philippe Séguin et Alain Madelin se sont abstenus, alors que Roselyne Bachelot votait pour le Pacs. Toutefois, Christian Vanneste fut l'un des députés les plus virulents contre le Pacs, critiquant la « propagande homosexualiste[3] ». Ses propos contre le lobby homosexuel lui vaudront d'être exclu de l'UMP à la veille des législatives de 2012. Plusieurs mouvements, presque toujours catholiques, se sont mobilisés contre le projet de loi. Ainsi, les AFC ont diffusé une pétition demandant la revalorisation du mariage civil contre le Pacs. Mais cette mobilisation a été plutôt un échec. Des manifestations soutenues par des députés de droite et des associations catholiques ont eu lieu les 7 novembre 1998 et 31 janvier 1999. Parmi ces dernières trouve-t-on l'Alliance pour les droits de la vie que Christine Boutin a créée en 1993, ainsi que Familles de France, enfin l'APEL (Association des parents d'élèves de l'enseignement libre). Ces manifestations ont aussi reçu le soutien de la droite nationale, que ce soit le Front national avec en particulier Bruno Gollnisch ou le Mouvement national républicain avec ici Bruno Mégret.

Si 125 députés de droite ont battu le pavé lors de ces mobilisations, issus de l'Entente parlementaire pour la famille, les partis

1. Céline Béraud et Philippe Portier, « Les prémices de la mobilisation », *Métamorphoses catholiques*, OpenEdition books, 2017, p. 11.

2. *Compte-rendu du Conseil d'administration élargi de la CNFAC*, 3K1 26, AFC 4, archives historiques du diocèse de Paris, 12 décembre 1998.

3. Romain Carnac, *op. cit.*, p. 488.

de droite en tant que tels sont restés sourds aux appels à manifester. Pour peser politiquement, les catholiques ont cherché à mobiliser davantage en sollicitant les autres religions comme l'islam, mais le succès n'a pas été tellement au rendez-vous. Afin d'assurer un meilleur audimat à leurs mobilisations contre le Pacs, les forces catholiques ont fait défiler des chars avec de la musique de variétés et ont souhaité que les manifestants adoptent un style décontracté, « loin du stéréotype bourgeois, bigot, réactionnaire en affirmant une image colorée, jeune et dynamique [1] », plus proche de celui des Journées mondiales de la jeunesse (JMJ) qui avaient séduit les médias. On y trouve déjà des slogans comme « Deux papas, deux mamans, bonjour les dégâts » que l'on retrouvera en 2013 lors des rassemblements contre le mariage pour tous. Mais le catholicisme français est parfois apparu divisé sur la question du Pacs. Ainsi, les associations catholiques de gauche, évoluant au sein des réseaux du Parvis, et le périodique *La Vie* ont pris le contre-pied des catholiques de droite, ainsi que de la hiérarchie, en se déclarant favorables au Pacs. Jean-Claude Petit, à la tête de *La Vie*, a alors reçu une lettre de réprobation du père Olivier de La Brosse, porte-parole de la Conférence des évêques de France. Le directeur de *La Vie* a alors plaidé un droit au désaccord même s'il concernait la hiérarchie. Le Pacs a été institué par la loi du 15 novembre 1999. Il réintroduisait dans le Code civil le concubinage. De ce point de vue-là, le Pacs se situait dans le sillage de la loi du 8 janvier 1993 qui prescrivait, dans l'article 372 du Code civil, que désormais « l'autorité parentale serait exercée en commun par les deux parents non mariés à condition qu'ils vivent en commun au moment de la reconnaissance concomitante ou de la seconde reconnaissance [2] ». Les responsables des partis de droite, souvent

1. *Ibid.*, p. 13.

2. Marie-Hélène RENAUT, *Histoire du droit de la famille*, Paris, Ellipses, 2012, p. 47.

en accord avec l'Église catholique pour dénoncer le Pacs, ont souvent changé d'avis dès la loi adoptée, donnant bien souvent l'impression que leur combat politique était électoraliste et qu'il ne reposait pas sur des convictions profondes. Nicolas Sarkozy a été un bon exemple de cette évolution. Ainsi, en 1998, président du RPR, il expliquait qu'une famille supposait un homme, une femme et des enfants, alors qu'un an après, il commençait à valoriser les couples homosexuels pacsés. En 2004, il a reconnu avoir fait une erreur en s'opposant au Pacs, allant jusqu'à aligner son régime fiscal sur celui du mariage, alors qu'il était ministre des Finances.

Le genre

À la suite de la IVe conférence mondiale de l'ONU sur les femmes qui a eu lieu en 1995 et de la multiplication des études sur le genre, l'Église catholique s'est inquiétée car elle voyait une menace pour la stabilité de la famille. En 2004, Rome, sous la signature du cardinal Joseph Ratzinger, donnait naissance au document, *Lettre aux évêques sur la collaboration de l'homme et de la femme dans l'Église et dans le monde*, afin de rejeter la théorie du genre. Pour le Vatican, elle remettait en cause la différenciation sexuelle et les spécificités du mariage chrétien. En 2008, Benoît XVI a parlé « d'écologie humaine » pour contrer également les théories du genre. À travers ce terme, il a défendu la différence des sexes qui, selon lui, relevait de l'ordre de la création et de la volonté du Créateur. L'écologie humaine avait deux sources principales. La première avait comme origine Jean-Paul II qui a évoqué ce concept lors de son *Message pour la Journée mondiale de la paix* en 1990. Pour lui, la crise écologique avait pour origine l'effondrement de la morale qu'il avait constaté en Occident depuis le début des années 1970. Benoît XVI a repris ce concept d'écologie humaine[1] mais en le développant davantage en direction de l'éthique conjugale. En effet, il considérait que l'écologie humaine ne devait pas se limiter à la protection de l'environnement mais qu'elle devait aussi s'étendre à la nature humaine au sens de la loi naturelle, intégrant la morale sexuelle axée sur la différenciation sexuelle et le mariage chrétien. Ce concept d'écologie humaine a été repris avec un certain succès par la Manif pour tous et Tugdual Derville, à la tête d'Alliance Vita.

À travers cette réflexion, Benoît XVI a présenté la théorie du genre comme menant à la destruction de l'humanité. Afin de lutter contre ce courant de pensée, le Conseil pontifical pour la famille a fait éditer, en 2003, le *Lexique des termes ambigus et controversés*. Il est d'abord paru en italien, puis dans d'autres langues[2]. Dans cet ouvrage volumineux, étaient listés les termes qui selon, Rome, étaient présents dans les discours prononcés dans des parlements et des réunions internationales et qui cachaient une défense de l'homosexualité et de la théorie du genre. À travers ce lexique, il s'agissait pour les plus hautes autorités de l'Église catholique d'avertir les décideurs politiques sur les enjeux de protéger la famille dans ses fondements.

Les controverses autour de la question du genre dans le monde catholique ont généré une querelle autour des manuels scolaires de Science de la vie et de la Terre (SVT) au cours de l'année 2011. Les classes de première ES et L étaient concernées et les critiques des catholiques portaient sur le chapitre qui traitait du rapport « masculin/féminin ». Les mobilisations les plus importantes sont venues de la Confédération nationale des associations familiales catholiques (CNAFC) et de l'association Familles de France

1. Romain Carnac et Magali Della Sudda, « De la loi naturelle à l'écologie : évolution des conceptions de la nature mobilisées dans la morale sexuelle catholique (XXe et XXIe siècles) », *Cahiers d'histoire*, n° 147, 2020.

2. *Lexique des termes ambigus et controversés sur la famille, la vie et les questions éthiques*, Paris, Tequi, 2005.

présidée par le professeur Joyeux qui appartenait au mouvement « pro-vie », enfin de membres de l'APEL (Association des parents d'élèves de l'enseignement libre). Le professeur Joyeux insistait auprès de l'épiscopat français sur la nécessité de repenser l'éducation sexuelle pour mieux préparer les jeunes au mariage et à la vie chrétienne. Selon lui, il fallait reprendre à frais nouveau l'éducation en matière de sexualité en favorisant le dialogue entre les parents et les enfants, enfin en aidant les premiers à mieux répondre aux questions des jeunes plus largement.

Des figures politiques, toutes placées à la droite de l'échiquier politique, ont répercuté à l'Assemblée nationale les critiques à l'encontre des manuels de SVT qui étaient accusés de répandre la théorie du genre. Dans ce cadre, se trouvaient Christine Boutin, Hervé Mariton et Philippe Gosselin. Des conférences et des débats sur ce thème ont eu lieu dans quelques diocèses comme à Fréjus-Toulon, Paris et Rennes. Dans ce dernier diocèse, l'archevêque, Mgr Pierre d'Ornellas, a mis en place un groupe de travail sur la question du genre. D'autres mobilisations catholiques contre la théorie du genre ont eu lieu comme avec la communauté de l'Emmanuel qui a organisé un colloque sur ce thème en 2011, ainsi qu'avec le périodique *Famille chrétienne* et la revue *Communio*. Des personnalités catholiques comme le père Tony Anatrella, Jacques Arènes, Olivier Montfort, Xavier Lacroix, Thibaud Collin[1], Michel Boyancé[2] et Élizabeth Monfort ont été sollicitées sur les problèmes que posait la théorie du genre. Cette dernière, en particulier, ancienne députée européenne, proche de Philippe de Villiers, a multiplié les conférences sur les « dangers » de la théorie du genre. En 2014, l'épiscopat français s'est clairement divisé sur cette dernière. En effet, la Conférence des évêques de France s'est vue contrainte d'annuler la conférence de Fabienne Brugère,

1. Professeur de philosophie en classes préparatoires.
2. Directeur de l'Institut de philosophie comparée (IPC).

professeur à l'université de Bordeaux III qui devait s'exprimer le 19 mars 2014 devant une centaine de responsables diocésains chargés de la pastorale familiale. Cette décision a été prise sous la pression des catholiques classiques et conservateurs qui n'avaient pas apprécié que cette enseignante intervienne, alors qu'elle était considérée comme la principale disciple de Judith Butler, américaine, à l'origine de la théorie du genre, qui sous-tendait le mariage pour tous. Cela faisait à peine un an que les catholiques avaient mené une bataille perdue contre ce projet de loi, finalement adopté par le gouvernement socialiste.

Devant la polémique qui enflait sur l'intervention de Fabienne Brugère, Mgr Jean-Luc Brunin, évêque du Havre, et président du Conseil famille et société a préféré décommander la conférence de l'universitaire, spécialisée en éthique. Les catholiques de gauche, qualifiés de progressistes, ont vu à travers cette attitude une « reculade de l'épiscopat face au diktat d'une extrême droite infiltrée dans l'Église via la Manif pour tous[1]... ». Jean-Marie Guénois, journaliste au *Figaro*, précisait : « Le fait que le service Famille et société de l'épiscopat (...) n'ait pas perçu que le symbole de cette invitation (celle de Fabienne Brugère) serait ressenti comme une provocation pour les centaines de milliers de familles qui avaient manifesté (contre le mariage pour tous) démontre qu'une partie de l'épiscopat n'a pas encore pris la mesure du mouvement, ni du poids de l'indignation des familles ». Monique Baujard, qui avait été à l'origine de l'invitation de Fabienne Brugère, s'est défendue en affirmant que le thème choisi pour la conférence de l'universitaire portait sur un sujet bien différent de la théorie du genre puisqu'il était intitulé : « Prendre soin de l'autre, un appel lancé à tous ». Les catholiques identitaires n'avaient pas manqué de remarquer que Fabienne Brugère, proche de Vincent Feltesse[2], s'était

1. *Le Figaro*, 12 avril 2014.
2. Candidat socialiste à la mairie de Bordeaux.

déclarée favorable[1] au mariage pour tous et au droit à l'avortement, ce qui expliquait leur réaction vive et leur volonté de faire annuler sa conférence devant les responsables diocésains de la pastorale familiale.

Monique Baujard était dans le collimateur des catholiques identitaires depuis le début des années 2010. En effet, avec Mgr Jean-Luc Brunin, l'évêque qui présidait le Conseil famille et société, elle avait choisi une « ligne de dialogue » lors des controverses houleuses sur le mariage pour tous, ce qui n'était pas du goût des sites du catholicisme traditionnel comme le *Salon beige*, les accusant de complaisance envers les partisans d'une reconnaissance par l'État des unions homosexuelles. Les catholiques identitaires reprochaient à Monique Baujard de considérer que Paul VI, dans *Humanae Vitae*, avait adopté une position trop rigide sur la contraception chimique, expliquant qu'il aurait dû se contenter de donner des repères aux époux et de les laisser décider en conscience d'avoir recours ou non à la pilule.

Lors de la polémique sur l'invitation faite à Fabienne Brugère, les catholiques identitaires et, donc de droite, avaient demandé la démission tant de Mgr Brunin[2] que de Monique Baujard, d'origine hollandaise et avocate de profession, inscrite au barreau de Paris. Dans leurs éditoriaux, *Ouest-France* et *La Croix*, ont largement soutenu cette dernière. Le père Dominique Greiner, religieux assomptionniste a regretté la décision de l'épiscopat français de renoncer à la conférence de Fabienne Brugère. Il écrivait dans des mots assez durs : « Les croisés (catholiques identitaires) semblent avoir marqué un point dans la bataille contre-culturelle qu'ils mènent. L'épiscopat a perdu ici une belle occasion de manifester qu'envers et contre tout, l'Église est conversation. Dialoguer

---

1. *Le Monde*, 20 mars 2014.
2. Jean-Luc Brunin, *Les familles, l'Église et la société. La nouvelle donne*, Paris, Bayard, 2013.

avec les représentants de la pensée contemporaine fait partie de sa nature et de sa mission. Dans un mois, les évêques se retrouveront à Lourdes pour leur Assemblée plénière. Ils auront à s'expliquer sur une décision qui voulait apaiser les esprits mais, d'ores et déjà, déchire l'épiscopat et sans doute les communautés. Les débats promettent d'être houleux[1] ». À la suite de l'affaire « Brugère », les évêques de France ont eu une franche explication qui ne masquait plus désormais des conceptions divergentes sur la famille. Le journaliste Jean-Marie Guénois écrivait : « À Lourdes, les évêques ont éteint un incendie mais ils restent divisés. Ils se sont certes franchement et comme jamais expliqués et ce fut *un moment de vérité* estime leur porte-parole, le père Podvin, en particulier sur la politique familiale de l'Église de France, mais les divergences profondes demeurent au terme de cette assemblée de printemps, tenue à huis clos. La question de fond est celle de l'attitude de l'Église, hier sur la Manif pour tous, aujourd'hui sur la théorie du genre. Aucun évêque ne remet en cause la théologie catholique de l'union stable, fidèle et féconde d'un homme et d'une femme dans le cadre du mariage, mais la levée en masse de milliers de catholiques contre le mariage pour tous a servi de révélateur à des approches épiscopales très différentes[2] ».

Le mariage pour tous

Avant 2013 et la loi Taubira sur le mariage pour tous, l'épiscopat français a sollicité un petit groupe d'experts, en 2007, pour réfléchir sur l'homosexualité et sur une éventuelle loi autorisant un mariage entre des personnes de même sexe. L'année 2007 ne devait rien au hasard car la vie politique française allait être marquée par un moment collectif important avec les élections

1. *La Croix*, 14 mars 2014.
2. *Le Figaro*, 12 avril 2014.

présidentielles. Dans les mois qui ont précédé cette échéance électorale, les divers candidats ont été régulièrement sollicités par les médias pour savoir s'ils étaient favorables à un mariage entre personnes homosexuelles. En 2007, Mgr Jean-Louis Bruguès, évêque d'Angers, en lien étroit avec le cardinal Philippe Barbarin, a présidé un petit groupe d'experts sur cette question hautement sensible. S'y trouvaient une majorité de laïcs comme Jacques Arènes, Marie Balmary, Thibaud Collin, Catherine Labrusse-Riou, Xavier Lacroix, Philippe Lefebvre, Véronique Margron et Michel Rouche. Ces personnes étaient de sensibilités politiques et ecclésiales diverses. Elles avaient été rassemblées afin d'apporter à l'épiscopat français des réflexions afin de répondre aux partis de gauche qui défendaient massivement le mariage homosexuel.

Initialement, le projet d'un mariage entre des personnes de même sexe est venu des Verts très engagés sur ce terrain depuis les années 1990, puis du parti socialiste au début des années 2000. En 2012, juste après l'élection de François Hollande, Frigide Barjot a lancé avec Béatrice Bourges et Ludovine de La Rochère le « Collectif pour l'humanité durable, avec l'objectif de fédérer un grand mouvement d'opposition au programme socialiste ayant trait aux questions de société ».

Le 7 novembre 2012, le projet de mariage homosexuel a été présenté en Conseil des ministres mais il avait fait objet d'une réaction mitigée du Conseil constitutionnel. Après plusieurs mois de débats, la loi Taubira[1] sur le mariage entre personnes de même sexe a été votée le 23 avril 2013. Mais dès 2003, la Congrégation pour la doctrine de la foi affirmait qu'une union entre personnes homosexuelles ne pouvait en aucune façon constituer un mariage car ce dernier supposait un homme et une femme. En 2006, dans la déclaration *Qu'as-tu fait de ton frère ?*, le Conseil permanent

1. Du nom de la ministre de la Justice Christiane Taubira qui avait porté le projet à l'Assemblée.

de l'épiscopat français rappelait, une fois de plus, que la solidité des familles supposait un mariage entre un homme et une femme, reconnu comme institution et tourné vers la procréation. Encore en 2008, au sein de l'épiscopat français, Mgr Jean-Claude Descubes, président du Conseil et société, insistait sur le fait que le mariage était l'engagement d'un homme et d'une femme devant la société et avec elle, décidant de fonder une cellule familiale stable. L'année suivante, il affirmait que l'adoption nécessitait un couple formé d'un homme et d'une femme, enfin que cette complémentarité constituait un modèle déterminant et structurant pour l'éducation des enfants. Afin de peser sur l'opinion publique, l'Église catholique a organisé des colloques respectivement en décembre 2010 à Bordeaux (La mission du couple) en juin 2011 à Strasbourg (La mission éducative de la famille) et en septembre 2011 à Lille (Le rôle social de la famille, premier lieu de solidarité). Toutes ces actions ont débouché sur un grand colloque national les 1er et 2 octobre 2011 à Paris, ponctué par un rassemblement au sanctuaire de Lourdes à la fin du mois.

L'Église souhaitait un dialogue avec le chef de l'État pour faire en sorte que le président François Hollande revienne sur sa décision de faire voter une loi autorisant le mariage homosexuel. Mais ce sera peine perdue car la rencontre entre ce dernier et le cardinal André Vingt-Trois, président de la Conférence des évêques de France, le 17 juillet 2012, ne donnera rien. Le 15 août 2012, jour de l'Assomption, pour solenniser le combat de l'Église en faveur du mariage chrétien, donc hétérosexuel, le cardinal Vingt-Trois a demandé qu'une « prière pour la France » soit prononcée dans toutes les paroisses de France, renouant ainsi avec le vœu de Louis XIII qui avait consacré le pays à la Vierge Marie en 1638. Benoît XVI, qui n'a pas fait de la famille l'un des axes centraux de son pontificat comme avait pu le faire Jean-Paul II, s'est montré hostile au mariage pour tous. Ce refus s'est enraciné dans une vision traditionnelle de la famille qui, selon lui, avait une portée universelle. Il déclarait au Conseil pontifical pour la famille, le 13 mai 2006, que la famille était « la cellule vitale et le pilier de la société » et qu'elle concernait les croyants comme les non-croyants. Benoît XVI a souligné le rôle décisif de la famille[1] tant du point de vue démographique, éthique, pédagogique, économique que politique.

L'opposition des catholiques au projet de mariage pour tous s'est traduite par la naissance du collectif « La manif pour tous » en septembre 2012. Elle s'ancrait en très grande partie dans le catholicisme identitaire, très clairement à droite, même si elle a cherché à élargir son spectre. Au cœur de celle-ci, on trouvait les AFC, le CLER, différentes associations pro-vie, dont surtout Alliance Vita qui était le prolongement de l'Alliance pour les droits de la vie, forte de 35 000 bénévoles. Tugdual Derville, à la tête d'Alliance Vita, a développé le concept d'écologie humaine issu de la pensée de Benoît XVI.

Le moment crucial pour les catholiques fut la manifestation du 13 janvier 2013 organisée par la Manif pour tous. Seuls quelques évêques y ont participé ou ont salué la foule avant le départ du défilé. Ainsi trouvait-on parmi eux Mgr Pierre Raffin, évêque de Metz, Mgr Marc Aillet, évêque de Bayonne, Mgr Jean-Marie Le Vert, évêque de Quimper, le cardinal Philippe Barbarin, archevêque de Lyon, enfin le cardinal André Vingt-Trois, archevêque de Paris. Mais l'épiscopat français s'est en partie divisé sur l'union homosexuelle. Ainsi, si Mgr Philippe Gueneley, évêque de Langres, Mgr Jacques Blaquart, évêque d'Orléans et Mgr Hippolyte Simon, évêque de Clermont-Ferrand ont rejeté le mariage pour tous, ils ont néanmoins valorisé le Pacs et considéré que l'Église avait fait une erreur en 1999 en s'y opposant. Il s'agissait pour eux d'institutionnaliser l'union homosexuelle sans lui donner la forme du mariage.

---

1. Denis Metzinger, *Benoît XVI, guide de la famille*, Artège, 2012.

D'autres évêques se sont montrés réservés sur la manifestation du 13 janvier car ils craignaient une récupération politique et que ce rassemblement divise davantage les catholiques. Mgr Claude Dagens, évêque d'Angoulême, persuadé que la manifestation du 13 janvier 2013 pouvait servir les intérêts de la droite nationale, allait jusqu'à écrire : « Les responsables catholiques français seraient mal inspirés s'ils cherchaient à prendre en marche le train des poussées politiques en essayant de faire plaisir aux ultras. Si cet opportunisme l'emportait, il faudrait en payer le prix dans quelques années[1] ». La Manif pour tous a donné l'apparence d'une certaine pluralité dans les premiers temps même si les AFC ont dirigé ses actions protestataires et surtout assuré son financement. Toutefois, dans les débuts, le collectif a donné l'impression d'une certaine diversité dans la mesure où émergeaient quelques figures comme Frigide Barjot (Virginie Tellenne de son vrai nom) qui se présentait comme une humoriste et une chroniqueuse télévisuelle. Cette fille de la bourgeoisie catholique de Lyon tranchait avec les autres dirigeants de la Manif pour tous par son apparence très décontractée et son langage « dans l'air du temps ». Dans les années 1990, après des études de droit et de science politique, elle s'était mise au service de la communication du RPR, le parti gaulliste. Revenue à la foi de son enfance, elle a défendu Benoît XVI qui avait condamné l'usage du préservatif et elle avait lancé sur Internet un manifeste « Touche pas à mon pape » qui avait recueilli presque 400 000 signatures. Son parcours et son initiative plaidaient « pour un décloisonnement des mondes[2] ».

Outre Frigide Barjot, les autres principaux animateurs de la Manif pour tous étaient Xavier Bongibault, président de l'association Plus gay sans mariage, Laurence Tcheng, professeure des

---

1. *La Croix*, 22 avril 2013.
2. Céline Béraud et Philippe Portier, « Les protagonistes de la mobilisation », *Métamorphoses catholiques*, OpenEdition books, 2017, p. 27.

écoles et qui était à la tête du Collectif pour le mariage républicain situé à gauche, enfin Béatrice Bourges, président du Collectif pour l'enfant qui était dans la mouvance pro-vie. Tugdual Derville, à la tête d'Alliance Vita et Antoine Renard, président de la CFAFC, bien que bien moins médiatisés que Frigide Barjot, ont été les principaux artisans du dynamisme de la Manif pour tous en assurant un lien avec l'épiscopat français et avec des organisations internationales comme la National organization for Mariage. La Manif pour tous a pu aussi s'appuyer sur la communauté de l'Emmanuel qui a servi de puissant relais à la mobilisation, ainsi que sur le *Salon beige*. Créé en 2004, ce dernier a surtout connu un développement lorsqu'il a été racheté par Guillaume de Thieulloy en 2010. Ce blog, ancré dans le catholicisme identitaire, s'est surtout opposé au mariage pour tous, à l'avortement, à l'euthanasie et à la théorie du genre. Au printemps 2013, au plus fort de l'activité de la Manif pour tous, il a revendiqué 100 000 connexions par jour.

Dans un premier temps, elle a sollicité du gouvernement socialiste un véritable débat sur le mariage pour tous mais ce dernier s'y est refusé. Face à cet échec, la Manif pour tous a changé de stratégie et a multiplié les manifestations tant au plan local que national pour faire reculer le pouvoir en place. Cette organisation n'était pas sans rappeler celle qui avait régi, en 1984, la lutte des catholiques pour préserver l'école privée face à la tentative du gouvernement socialiste de mettre en place un service national d'éducation au sein duquel l'enseignement libre serait fondu. Selon les organisateurs, la grande manifestation du 13 novembre 2013 a rassemblé plus d'un million de personnes mais face à cette marée humaine le gouvernement est resté ferme, bien décidé à faire passer la loi sur le mariage pour tous. La Manif pour tous avait pu compter sur le puissant militantisme des AFC et de l'APEL (Association des parents de l'enseignement libre), sans compter les réseaux des paroisses qui ont su relayer ses manifestations et ses mots d'ordre. Les catholiques intégristes représentés par Civitas et son président Alain Escada, qui s'opposaient aussi au mariage pour tous, n'ont pas été associés aux manifestations de la Manif pour tous. Ils ont donc défilé à part. Leurs rassemblements regroupaient de 5 000 à 15 000 personnes au maximum. Au printemps 2013, sous l'influence de l'avocat Jacques Trémolet de Villers, Béatrice Bourges, l'une des porte-parole de la Manif pour tous a été écartée du mouvement pour avoir réclamé une action dure contre le gouvernement socialiste qui devait se traduire par une occupation des Champs-Élysées pendant plusieurs jours. En effet, Frigide Barjot avait rappelé que les actions de la Manif pour tous devaient se situer dans un cadre légal. Ainsi, Béatrice Bourges, proche du mouvement Ictus, issu de la Cité catholique de Jean Ousset et ancienne attachée parlementaire RPR, se voyait désavouée. Frigide Barjot a été de loin la personnalité la plus médiatisée de la Manif pour tous, radios et chaînes de télévision rivalisant d'oxymores pour créer la sensation. Au début des années 1990, elle s'est fait embaucher comme responsable de la communication au sein du RPR mais la nuit, elle fréquentait assidûment les clubs branchés de la capitale, ce qui lui permettait d'entrer en contact et de tisser des liens solides avec le milieu homosexuel. Lors des grands rassemblements de la Manif pour tous, elle a beaucoup joué là-dessus pour donner une image « décomplexée » à une organisation essentiellement composée de catholiques conservateurs qui aurait pu être facilement caricaturée par les principaux médias français. Frigide Barjot devait son ascension médiatique essentiellement à Bruno Tellenne, assistant de Raymond Barre, puis de Charles Pasqua. Bruno Tellenne deviendra son mari et lui trouvera son surnom. Avec lui, elle a organisé des « happenings parodiques absurdes et publié des pastiches tournant en dérision les codes de la politique et des médias[1] ». Fortement marquée par la person-

1. Sous la direction de Florian MICHEL et Yann RAISON du CLEUZIOU, *Les catholiques et les droites de 1945 à nos jours, A la droite du père*, « Notice sur Frigide Barjot », Paris, Seuil, 2022, p. 502.

nalité du cardinal Lustiger, elle a dit avoir vécu une conversion au catholicisme en voulant désormais apparaître comme « l'attachée de presse de Jésus ». Lors de la mort de Jean-Paul II en 2005, elle a commercialisé des T-shirts portant l'inscription « *santo subito* » afin qu'une enquête canonique en vue d'une canonisation le concernant soit rapidement entreprise.

En mai 2013, la Manif pour tous a connu une deuxième rupture importante puisque, cette fois, Frigide Barjot et Xavier Bongibault en ont fait les frais. Le conflit, ici, était davantage idéologique. En effet, leur volonté de promouvoir un nouveau contrat civil pour les unions homosexuelles les a opposés au noyau dur du mouvement pour lequel aucune reconnaissance des couples de même sexe n'était envisageable. Ces profonds changements au sein de la Manif pour tous se sont traduits par la montée en puissance de Ludovine de La Rochère, professeur certifiée en Histoire, qui fut chargée tour à tour du secrétariat de la revue *Commentaire* fondée par Raymond Aron, puis de la communication auprès de la Conférence des évêques de France en 2003, avant de se mettre au service de la Fondation Lejeune en 2010. Ces transformations au sein de la Manif pour tous ont pu être interprétées comme une reprise en main du mouvement par les catholiques institutionnels, c'est-à-dire bien insérés au sein de l'appareil ecclésial. Le mariage pour tous a révélé un profond clivage politique. En effet, en novembre 2012, si les Français de gauche se déclaraient[1] à 82 % en faveur du mariage pour tous, ils n'étaient que 31 % à droite à y être favorables. Une bonne partie de ce dernier groupe était catholique ou au moins avait des sympathies marquées pour l'Église.

Lors des actions menées par la Manif pour tous, les slogans, pour renforcer l'unité du mouvement, ont joué un rôle de premier plan. Non dénués d'humour, ils clamaient haut et fort la différenciation sexuelle, ainsi que la complémentarité entre homme

1. Sondage BVA de novembre 2012.

et femme. Ainsi trouvait-on : « Un père, une mère, c'est élémentaire », « Papa, maman et les enfants, c'est naturel », « Deux papas sans maman, c'est pas l'égalité des droits », « On veut du sexe, pas du genre » ou « Nous sommes tous des enfants d'hétéro. Première génération, deuxième génération, troisième génération ». Le combat de l'Église catholique contre le mariage pour tous a été fortement soutenu par 170 professeurs et maîtres de conférences enseignant dans des Facultés de droit. Les professeurs de droit les plus connus étaient Guillaume Drago (Paris II), Françoise Dekeuwer-Défossez (Université Lille II), Serge Guinchard (Université Paris II), Anne-Marie Le Pourhiet (Université Rennes I), Laurent Aynès (Université Paris-Sorbonne) et André Varinard (Université Lyon III). Après le vote de la loi Taubira en 2013, la Manif pour tous a continué ses actions mais avec moins de succès, la médiatisation cette fois-ci n'a plus été au rendez-vous. Avec désormais, Ludovine de La Rochère à la manœuvre, qui avait été la principale inspiratrice de la Manif pour tous, elle a cherché à mobiliser en 2019 sur « les droits de l'enfant, la dignité des femmes, la marchandisation du vivant et l'esclavage des mères porteuses ». Cette mobilisation n'a toutefois pas empêché l'adoption de la quatrième loi de bioéthique, le 2 août 2021, qui autorisait les femmes seules ou celles qui formaient un couple homosexuel à recourir à la PMA. Cette dernière s'inscrivait dans un contexte plus général d'une explosion du nombre de femmes célibataires qui éduquaient 2,5 millions d'enfants en 2023. Cette situation de la désagrégation de la famille faisait dire à Ludovine de La Rochère, présidente du Syndicat de la famille qui a succédé à la Manif pour tous : « La famille ne se fait plus. Elle se défait par la grande désunion des couples. Ce n'est plus le couple, trop fragile, qui fait la famille, mais le lien entre l'adulte et l'enfant, censément indestructible. C'est la grande révolution[1] ».

1. *Famille Chrétienne*, 6-12 mai 2023.

Le parti Sens commun

Le parti Sens commun est né au printemps 2013 pour prolonger l'action de la Manif pour tous contre le mariage homosexuel, même si progressivement tous ses militants ne se sont pas retrouvés dans les options de cette formation politique. Dès sa création, il a intégré l'UMP, souhaitant être un groupe de pression pour défendre la famille traditionnelle en s'opposant à la PMA pour tous les couples de femmes et les mères célibataires, ainsi qu'à la GPA. Sens commun voulait faire de la diminution des avortements une grande cause nationale et supprimer le délit d'entrave à l'avortement.

Le jeune parti politique a dû « veiller en permanence à se légitimer comme le meilleur prolongement de la Manif pour tous auprès de ses militants, et à se présenter comme un partenaire indispensable à l'UMP pour mobiliser cet électorat[1] ». En 2015, lorsque l'UMP est devenu le parti des Républicains (LR), Sens commun a pris de l'importance est s'est davantage structuré. En effet, trois de ses cadres sont alors appelés dans l'organigramme du grand parti de droite : Sébastien Pilard comme secrétaire général du Comité des entrepreneurs, Madeleine de Jessey comme déléguée nationale en charge des programmes de formation et Anne Lorne comme secrétaire nationale à la petite enfance. Entre juin 2015 et janvier 2016, Sens commun a encore gagné en notoriété en organisant les états généraux de la droite et du centre à travers une série de forums thématiques dans des capitales régionales. Le parti a pu s'appuyer sur des intellectuels catholiques tels que le philosophe François-Xavier Bellamy et l'historien Jean-François Chemain. Sens commun a continué de beaucoup insister sur la politique familiale en critiquant vertement la loi Taubira et en valorisant la

---

1. Yann Raison du Cleuziou, *Une contre-révolution catholique. Aux origines de la manif pour tous*, Paris, Seuil, 2019, p. 237.

complémentarité homme-femme au sein des couples. Mais ses faiblesses étaient patentes sur d'autres grandes thématiques de la vie politique en raison d'un programme assez pauvre. Le parti issu de la Manif pour tous, eu égard à son lobbying, a fait l'objet de critiques au sein de LR. Il était vu comme une sévère concurrence par le Parti chrétien-démocrate fondé par Christine Boutin et dont la présidence était revenue à Jean-Frédéric Poisson en 2015, les deux formations politiques ayant un programme voisin et un électorat très proche idéologiquement. Sens commun a été courtisé par les deux principaux partis de la droite nationale, que ce soit Debout la république ou le Front national. Il s'agissait pour ces deux formations politiques de capter cet électorat catholique, grand défenseur des valeurs familiales, et de faire en sorte qu'il ne se mobilise pas exclusivement pour la primaire de la droite. Sens commun a toujours rejeté les sollicitations de l'une et de l'autre. Même Nicolas Sarkozy avait essayé de le neutraliser en le fondant dans le collectif Horizon dirigé par l'un de ses fidèles de l'époque, Guillaume Peltier, sans y réussir.

Le parti défenseur de la famille traditionnelle, comme groupe de pression au sein de LR, a cherché à peser sur les primaires de la droite. Il a fait le choix de François Fillon. Cette décision a parfois été contestée au sein de Sens commun. Bien des militants lui auraient préféré Henri Guaino, Hervé Mariton ou Jean-Frédéric Poisson. Au sujet du soutien de Sens commun à François Fillon, les sites du *Salon beige* et *Boulevard Voltaire* ont raillé « l'électoralisme et la logique bourgeoise du jeune parti [1] ». Marine Le Pen, qui lorgnait sur l'électorat catholique et conservateur, a réagi fermement au rapprochement entre Sens commun et François Fillon, estimant que cette union avait quelque chose d'illégitime. Elle s'exprimait ainsi : « Comme Nicolas Sarkozy en 2007, Fillon est en train de tenter une escroquerie électorale (...). Il ne répond pas aux

1. Yann RAISON du CLEUZIOU, *op. cit.*, p. 246.

critères de la Manif pour tous. Le soutien que lui a apporté Sens commun est injustifiable. À l'arrivée, la révolution conservatrice de la Manif pour tous s'est transformée en concession conformiste. Sens commun déchantera[1] ». Lors de l'élection présidentielle de 2017, Madeleine de Jessey s'est investie personnellement auprès de François Fillon. Quant à Laurence Trochu, Jacques Lefort et Hubert de Segonzac, tous cadres de Sens commun, ils ont été ses porte-parole. Lors de l'affaire Fillon, qui laissait entendre que son épouse Penelope avait peut-être bénéficié d'un emploi fictif, Sens commun a fait bloc autour de lui. Pour preuve, ce parti a joué un rôle décisif dans la réussite du meeting du Trocadéro, le 5 mars 2017, qui avait été organisé pour redorer le blason de François Fillon dont l'image avait terni à la suite d'un article[2] du *Canard enchaîné* sur les fortes suspicions qui portaient sur sa femme, laquelle aurait été payée pour un emploi fictif, alors qu'elle était censée avoir travaillé comme attachée parlementaire auprès de son mari. En 2022, la justice a condamné François Fillon en appel à cinq ans d'emprisonnement, dont un an ferme, et 375 000 euros d'amende. Quant à son épouse, elle a écopé de deux ans de prison avec sursis. En 2020, Sens commun a changé de nom et il est devenu le Mouvement conservateur. En 2022, il s'est rallié à Éric Zemmour lors des élections présidentielles, rompant ainsi avec le parti LR.

La PMA

La loi sur la PMA pour toutes a été votée définitivement le 29 juin 2021 alors que le texte de loi avait été déposé à l'été 2019 et que le Sénat dominé par la droite avait refusé son extension au profit des mères célibataires et des couples de lesbiennes.

1. *Le Journal du dimanche*, 11 décembre 2016.
2. *Le Canard enchaîné*, 25 juillet 2017.

Il aura fallu trois ans de réflexion, trois allers-retours entre l'Assemblée et le Sénat pour six lectures, des séances de nuit, enfin plus de 5 000 amendements. En 2017, le président Emmanuel Macron avait fait de la loi sur la PMA une promesse de campagne. Jusque-là, elle était réservée aux couples hétérosexuels. La loi de 2021 sur la PMA a donc été étendue à toutes les femmes, y compris célibataires et homosexuelles. Emmanuel Macron, cherchant un large consensus pour éviter les fractures sociétales occasionnées par la loi Taubira autorisant le mariage pour tous, a sollicité l'avis du CCNE qui a organisé des états généraux[1] pour sonder la population sur la PMA et sur la recherche au sujet des embryons. Après des mois de discussions, cette instance s'est dite favorable à la PMA en 2018. Le CCNE s'était contenté jusque-là de s'appuyer sur les « grands principes de la bioéthique à la française tels que l'inviolabilité et l'indisponibilité du corps humain[2] », comme l'avait relevé le sociologue Dominique Mehl. Mais, en rendant cette décision favorable pour la première fois à la PMA, cette instance prenait aussi en compte l'évolution de la famille en France. Parallèlement, une mission d'information a été mise en place et présidée par Xavier Breton, député LR, et qui se présentait comme catholique. Le rapporteur du projet de loi sur la PMA était Jean-Louis Touraine, député LREM et franc-maçon. Leur mission était d'auditionner experts, sociologues, associations et de solliciter le Conseil d'État, le Défenseur aux droits et l'Office parlementaire d'évaluation des choix scientifiques et technologiques.

Le binôme a plutôt bien fonctionné malgré de profonds différends idéologiques entre Jean-Louis Touraine et Xavier Breton. Ce dernier et Patrick Hetzel, très hostiles à la loi sur la PMA pouvaient écrire : « La bioéthique est l'une des rares réformes n'ayant pas fait l'objet d'une procédure accélérée. Pour autant, on sentait

1. *La Croix*, 29 juin 2021.
2. *Le Monde*, 1er juillet 2001.

bien que la majorité (parlementaire) voulait l'imposer[1] ». Jean-Louis Touraine, aux positions très libérales, a attisé les tensions, y compris au sein de LREM, car il s'était montré favorable à la PMA post-mortem, à la PMA appliquée aux personnes transgenres, ainsi qu'à la GPA. Selon Dominique Mehl, les débats ont beaucoup plus porté sur l'absence du père[2] dans le processus de la PMA que sur l'homophobie. Avec la loi sur la PMA, Xavier Breton constatait que l'individualisme l'emportait sur les grands projets de société. Il s'exprimait ainsi : « Dans ce projet de loi bioéthique, l'individu décide et la société enregistre ses caprices[3] ». Il trouvait dangereux que les débats nés autour de la loi sur la PMA se soient produits dans une logique d'affrontements. Xavier Breton reprenait à son compte les réflexions de Damien Sicard, ancien président du Comité consultatif national d'éthique, qui pointait du doigt « la posture théâtrale[4] » d'Emmanuel Macron et de sa majorité, laquelle, selon lui, rompait avec les discussions apaisées que cette instance avait eues par le passé.

Plusieurs psychiatres rejoignaient les positions de l'Église catholique sur les risques psychiques que la loi sur la PMA faisait peser sur les enfants quant à la recherche sur leur origine. Le pédopsychiatre Pierre Lévy-Bensoussan s'inquiétait de voir une surreprésentation, dans ses consultations, d'enfants nés d'une PMA avec donneur et considérait que la nouvelle loi l'autorisant ne ferait que complexifier les choses. Ainsi affirmait-il : « Prenons l'exemple de la filiation. Jusqu'ici, elle reposait sur le principe de la ressemblance biologique. En instaurant dans les couples d'homosexuelles une double filiation maternelle, la loi désormais supprime la figure du père et risque de plonger l'enfant dans ce que j'appelle un *abîme originaire*. Car il ne peut être né de deux

1. *La Croix*, 29 juin 2021.
2. *Le Monde*, 1er juillet 2021.
3. *Valeurs actuelles*, 9 juin 2021.
4. *Ibid.*

mères[1] ». Pour le praticien, on négligeait l'intérêt de l'enfant, au nom de la souffrance des adultes. Les catholiques, à commencer par la Manif pour tous, ont beaucoup moins mobilisé contre la PMA. Si les évêques ont critiqué clairement le projet de la loi la concernant sous la plume de Mgr Éric de Moulins-Beaufort, président de la Conférence des évêques de France, ils n'ont pas eux-mêmes manifesté. L'échec de la Manif pour tous et de nombreux catholiques plus largement, qui n'avaient pas pu éviter le vote de la loi autorisant le mariage pour tous, avait laissé des traces. Il a pesé lourd dans leur faible mobilisation contre la loi sur la PMA.

Néanmoins, Mgr de Moulins-Beaufort, archevêque de Reims, au nom de l'épiscopat, s'est montré très hostile à la PMA et aux dérives possibles qu'elle pouvait engendrer. Il considérait que les recherches sur l'infertilité des couples n'avaient probablement pas été suffisantes, ce qui, selon lui, aurait évité de se lancer dans la multiplication des PMA. Il écrivait ainsi : « Ne nous sommes-nous pas laissés fasciner, depuis le premier bébé-éprouvette, par la possibilité de fabriquer la vie[2] ? ». L'archevêque de Reims s'inquiétait du développement d'une sorte de procréation sans corps dans lequel le géniteur ne serait qu'un fournisseur de matériel génétique. Il craignait que ce processus aboutisse à l'effacement de la figure du père. Mgr de Moulins-Beaufort constatait qu'à chaque révision de la loi de bioéthique, des garde-fous étaient levés. L'archevêque de Reims écrivait ainsi : « Il semble en effet qu'à chaque révision de la loi (de bioéthique), les encadrements sautent, que les précautions, qui avaient été prises la fois précédente, soient rabotées[3] ». Des philosophes catholiques comme François-Xavier Bellamy, Élisabeth Geffroy et Pierre Manent se montraient très

1. *La Croix*, 30 juin 2021.
2. *La Croix*, 25 juillet 2019.
3. *Ibid.*

critiques[1] sur la loi de bioéthique permettant l'ouverture de la PMA aux femmes célibataires et lesbiennes car selon eux, elle masquait des éléments qu'ils jugeaient dangereux pour le respect de la dignité humaine comme la création de chimères homme-animal, d'embryons transgénétiques, de bébés-médicaments, de gamètes artificielles, à laquelle s'ajoutait la conservation d'ovocytes sans motif médical.

1. *Le Monde*, 29 juin 2021.

Conclusion

La famille fait partie de l'ADN de l'Église. Le Christ a choisi de vivre dans une famille pour manifester son incarnation. Traditionnellement, l'Église a assigné deux missions à la famille : procréer et éduquer. Cela a amené le catholicisme à être profondément nataliste. Dès le XXe siècle, en France, les AFC ont défendu une politique familiale qui s'est matérialisée par l'octroi d'allocations familiales, spécialement à partir du troisième enfant, gage du renouvellement des générations. Si l'Église a fait du mariage un sacrement assez tôt dans son histoire, elle a très longtemps négligé la préparation des fiancés à ce dernier. Elle n'a vraiment pris conscience de cette lacune qu'au XXe siècle avec l'action de l'abbé Viollet et de l'AMC, soit très tardivement. La dimension spirituelle du couple a aussi été très longtemps ignorée et il a fallu toute la détermination de l'abbé Caffarel et des Équipes Notre-Dame, à la veille de la Seconde Guerre mondiale, pour que cet aspect de la vie familiale soit valorisé. Le concile Vatican II, sans minimiser la fin première du mariage que sont la procréation et l'éducation, a insisté sur la richesse humaine, affective, sexuelle et spirituelle du couple.

Toutefois, les catholiques français se sont notablement divisés sur les grandes évolutions sociétales qui ont marqué la famille à partir des années 1960. Ces tensions entre catholiques sur la question familiale ont été au moins aussi importantes que celles qui ont concerné les changements liturgiques à la suite du concile Vatican II. C'est ainsi qu'est apparu un vrai clivage entre l'aile droite et conservatrice de l'Église et son aile gauche et progressiste.

Ces divergences profondes ont concerné tant la contraception, l'avortement que le mariage pour tous. Ainsi a-t-on vu s'établir une opposition entre des catholiques de droite attachés à un modèle classique de la famille s'appuyant sur un couple stable ayant donné naissance à des enfants, et des catholiques de gauche qui mettaient en avant le terme de « familles » au pluriel. Pour cette frange du catholicisme, il n'existait plus de modèle unique en ce qui concerne la famille. Pour ces catholiques de gauche, l'Église se devait de tenir compte des évolutions sociétales qui ont profondément modifié l'univers familial, de par la forte hausse du nombre des divorces et des unions hors mariage. Pour eux, il s'agissait de faire une plus grande place dans l'Église aux personnes en marge de celle-ci, en particulier aux divorcés remariés, afin qu'ils accèdent à l'eucharistie, plus précisément.

Les scandales sexuels, qui ont concerné des membres du clergé en France, dont se sont fait l'écho le rapport Sauvé, ainsi que des ouvrages comme *La Trahison des pères*[1] ou *L'Affaire*[2], ont écorné le discours de l'Église catholique sur la famille, jusqu'à le rendre parfois inaudible. Les accusations d'abus sexuels portées contre des prélats tels que le cardinal Jean-Pierre Ricard (Bordeaux), Mgr Georges Collomb (La Rochelle) et Mgr Jean-Pierre Grallet (Strasbourg) ont aussi jeté le discrédit sur la parole de l'Église ayant trait à la question familiale. Les silences reprochés à des membres de l'épiscopat comme le cardinal Philippe Barbarin et Mgr Hervé Gosselin (Angoulême) à propos de prêtres ayant commis des actes condamnables sur le plan sexuel, ont aussi plongé les fidèles dans un certain désarroi. Aujourd'hui, une question centrale se pose à l'Église catholique sur le plan familial : comment, pour l'institution ecclésiale, tenir ensemble le modèle classique du couple,

1. Céline HOYEAU, *La Trahison des pères*, Paris, Bayard, 2021.
2. Tangi CAVALIN, *L'Affaire. Les dominicains face au scandale des frères Philipe*, Paris, Éditions du Cerf, 2023.

marié, stable avec enfants, et d'autres formes de familles ayant pris l'aspect d'unions recomposées ou de femmes célibataires élevant seules leur progéniture ? Cela revient à une autre question : comment concilier tradition et évolutions sociétales sur le plan familial, recouvrant assez largement le clivage droite-gauche au sein de l'institution ecclésiale ? La solidité institutionnelle de l'Église et son dynamisme apostolique en dépendent largement.

Sources d'archives

Archives du CNAEF (Centre national des archives de l'Église de France)

1 CE, 1 CO, 3 CO, 19 CO, 32 CO, 117 CO, 1 PP21, 12 IR 6

Archives de l'Université catholique de Lyon (UCLY)

Archives des Associations familiales catholiques (AFC)

Archives du CLER

Archives historiques du diocèse de Paris

3K 2 26 AFC

Bibliographie

Ouvrages généraux

Tony Anatrella, *La différence interdite*, Paris, Flammarion, 1998.

—, *Le sexe oublié*, Paris, Flammarion, 1993.

Guy Bedouelle, Jean-Louis Bruguès, Philippe Becquart, *L'Église et la sexualité*, Paris, Éditions du Cerf, 2006.

Philippe Bordeyne, *Familles en quête de Dieu*, Paris, Éditions du Cerf, 2023.

Guy Braibant, *Sciences de la vie. De l'éthique au droit*, Paris, La Documentation française, 1988.

Jean-Luc Brunin, *Les familles, l'Église et la société. La nouvelle donne*, Paris, Bayard, 2013.

Sous la direction d'André Burguière, Christiane Klapisch-Zuber, Martine Segalen, Françoise Zonabend, *Histoire de la famille*, volume III, Paris, Colin, 1986.

Paul Chanson, *L'art d'aimer*, Paris, Éditions familiales de France, 1949.

Jean-Louis Flandrin, *L'Église et le contrôle des naissances*, Paris, Flammarion, 1970.

Jacques Jullien, *Demain la famille*, Paris, Mame, 1992.

Jean-Michel Gaillard, *La famille en miettes*, Paris, Sand, 2001.

Lexique des termes ambigus et controversés sur la famille, la vie et les questions éthiques, Paris, Tequi, 2005.

Frédéric Mounier, *L'amour, le sexe et les catholiques*, Paris, Centurion, 1994.

Marc Oraison, *Vie chrétienne et problème de sexualité*, Paris, Lethielleux, 1951.

Pape François, *Amoris laetitia*, Paris, Téqui, 2016.

PAUL VI, *Sur le mariage et la régulation des naissances*, Encyclique *Humanae vitae*, Paris, Téqui, 2007.

Marie-Hélène RENAUT, *Histoire du droit de la famille*, Paris, Ellipses, 2012.

Michel ROUCHE, *Sexualité, intimité et société. Entretien avec Benoît de Sagazan*, Chambray-les-Tours, 2002.

Alfred SPIRA, Nathalie BAJOS et le groupe ACSF, *Les comportements sexuels en France*, Rapport au ministre de la Recherche et de l'Espace, Paris La Documentation française, 1992.

Sous la direction de Sylvie STEINBERG, *Une histoire des sexualités*, Paris, PUF, 2018.

Xavier THÉVENOT, *Repères éthiques pour un monde nouveau*, Paris, Salvator, 1982.

Alain THOMASSET, Oranne de MAUTORT, *Familles, belles et fragiles*, Paris, Éditions jésuites, 2020.

Agnès WALCH, *La spiritualité conjugale dans le catholicisme français, XVIe-XXe siècle*, Paris, Éditions du Cerf, 2002.

Michel WIEVIORKA (sous la direction de), *La famille dans tous ses états*, Auxerre, Les entretiens d'Auxerre, 2015.

OUVRAGES SPÉCIALISÉS

Philippe BORDEYNE, *Répondre à l'inquiétude de la famille humaine*, Paris, Bayard, 2014.

—, *Divorcés remariés*, Paris, Salvator, 2017.

William BRENNAN, *The abortion holocauste. Today's final solution*, Landmark Pr, 1983.

Christophe CAPUANO, *Vichy et la famille*, Rennes, PUR, 2009.

Paul CHAUCHARD et Marie-Andrée LAGROUA-WEILL-HALLÉ, *La pilule et le planning familial*, Nancy, Berger-Levrault, 1967.

Pierre CHAUNU et Georges SUFFERT, *La peste blanche. Comment éviter le suicide de l'Occident*, Paris, Gallimard, 1976.

Yves CHIRON, *Précurseur dans le combat pour la famille : Pierre Lemaire*, Paris, Éditions Pierre Téqui, 2015.

Commission épiscopale de la famille, *Les divorcés remariés dans la communauté chrétienne*, Paris, Le Centurion, 1992.

—, *Note doctrinale sur l'avortement*, Paris, Éditions du Centurion, 1971.

Congrégation pour la doctrine de la foi, *Instruction « Dignitatis personnae » sur certaines questions de bioéthique*. Présentation de Mgr Pierre d'ORNELLAS, Paris, Bayard, Cerf, Fleurus-Mame, 2009.

Olivier de DINECHIN, *Le défi génétique*, Paris, le Centurion, 1982.

—, *L'homme de la bioéthique*, Paris, DDB, 1999.

Matthias GARDET, *Jean Viollet et l'apostolat laïc*, Paris, Beauchesne, 2005.

Sacha GELLER, *La température, guide de la femme*, Paris, Julliard, 1960.

Yves de GENTIL-BAICHIS, Xavier THÉVENOT. *Passeur vers l'autre, passeur vers Dieu*, Paris, DDB, 2008.

François et Michèle GUY, *Île Maurice, régulation des naissances et action familiale*, Mappus, 1968.

Xavier LACROIX (sous la direction de), *Le divorce est-il une fatalité*, Paris, DDB, 1992.

—, *Osez dire le mariage indissoluble*, Paris, Éditions du Cerf, 2001.

Armand LE BOURGEOIS, *Chrétiens divorcés remariés*, Paris, DDB, 1990.

—, *Questions des divorcés à l'Église*, Paris, DDB, 1994.

Céline BÉRAUD et Philippe PORTIER, *Métamorphoses catholiques*, OpenEdition books, 2017.

JEAN-PAUL II, *Lettre aux familles*, Paris, Centurion, 1994.

—, *L'Évangile de la vie*, Paris, Cerf, Flammarion, 1995.

Philippe LAGGER, *Mouvement populaire des familles*, Cabédita, Divonne-les-Bains, 2022.

Stanislas de LESTAPIS, *La limitation des naissances*, Paris, Spes, 1959.

Robert MC CLORY, *Rome et la contraception. Histoire secrète de l'encyclique Humanae Vitae*, Paris, Éditions de l'Atelier, 1998.

Geneviève MÉDEVIELLE et Mgr Joseph DORÉ (sous la direction de), *Une parole pour la vie. Hommage à Xavier Thévenot*, Paris, Cerf/Salvator, 1998.

Denis METZINGER, *Benoît XVI, guide de la famille*, Artège, 2012.

Florian MICHEL et Yann RAISON du CLEUZIOU (sous la direction de), *À la droite du Père. Les catholiques et les droites de 1945 à nos jours*, Paris, Seuil, 2022.

J.T Noonan, *Contraception et mariage*, Paris, Éditions du Cerf, 1969.

Pierre d'Ornellas et les évêques du groupe de travail sur la bioéthique, *Bioéthique. Propos pour un dialogue*, Paris, DDB, 2009.

—, *Bioéthique. Questions pour un discernement, paris, DDB,* 2009.

Yann Raison du Cleuziou, *Une contre-révolution catholique. Aux origines de la manif pour tous*, Paris, Seuil, 2019.

Yves Semen, *La famille selon Jean-Paul II*, Paris, Presse de la Renaissance, 2016.

Martine Sevegrand, *Les enfants du bon Dieu. Les catholiques français et la procréation au XXe siècle*, Paris, Albin Michel, 1995.

Marie-Josée Thiel et Xavier Thévenot, *Pratiquer l'analyse éthique.*

Étudier un cas. Analyser un texte, Paris, Éditions du Cerf, 1999.

Jean Toulat, *L'avortement. Crime ou libération ?*, Paris, 1973.

Fiammetta Venner, *L'opposition à l'avortement. Du lobby au commando*, Paris, Peter Lang, 1995.

Bernard et Annick Vincent, *La grande joie d'aimer. Préface du père de Lestapis,* Paris, Spes, 1960.

Index des noms

E

F

G

H

J

Table des matières

Imprimé en France

Composition : PCA/CMB

N° d'imprimeur : N09137241112
Achevé d'imprimer : janvier 2025
Dépôt légal : février 2025